Trabalho Mediúnico
Desafios e Possibilidades

Trabalho Mediúnico
Desafios e Possibilidades

Carlos Campetti e
Vera Campetti

Copyright © 2014 *by*
FEDERAÇÃO ESPÍRITA BRASILEIRA – FEB

1ª edição – Impressão pequenas tiragens – 11/2024

ISBN 978-85-7328-914-5

Todos os direitos reservados. Nenhuma parte desta publicação pode ser reproduzida, armazenada ou transmitida, total ou parcialmente, por quaisquer métodos ou processos, sem autorização do detentor do *copyright*.

FEDERAÇÃO ESPÍRITA BRASILEIRA – FEB
SGAN 603 – Conjunto F – Avenida L2 Norte
70830-106 – Brasília (DF) – Brasil
www.febeditora.com.br
editorial@febnet.org.br
+55 61 2101 6161

Pedidos de livros à FEB
Comercial
Tel.: (61) 2101 6161 – comercial@febnet.org.br

Adquirindo esta obra, você está colaborando com as ações de assistência e promoção social da FEB e com o Movimento Espírita na divulgação do Evangelho de Jesus à luz do Espiritismo.

Dados Internacionais de Catalogação na Publicação (CIP)
(Federação Espírita Brasileira – Biblioteca de Obras Raras)

C195t   Campetti, Carlos, 1958–

        Trabalho mediúnico: desafios e possibilidades / Carlos Campetti e Vera Campetti. – 1. ed. – Impressão pequenas tiragens – Brasília: FEB, 2024.

        360 p.; 23 cm

        ISBN 978-85-7328-914-5

        Inclui índice geral e referências

        1. Espiritismo. I. Campetti, Vera, 1952–. II. Federação Espírita Brasileira. II. Título.

CDD 133.9
CDU 133.7
CDE 30.03.04

> [...] Mediunidade é uma faculdade dada para o bem e os bons Espíritos se afastam de quem quer que pretenda transformá-la em trampolim para alcançar seja o que for que não corresponda aos desígnios da Providência. [...]
>
> ALLAN KARDEC[1]

> [...] O principal motivo dos erros e insucessos, em matéria de psiquismo experimental, é a falta de preparação. [...] A primeira das condições, por conseguinte, é aparelhar-vos moral e mentalmente. [...]
>
> LÉON DENIS[2]

> [...] E a realidade, meu amigo, é que todos nós, que nos contamos por centenas de milhões, não prescindimos de medianeiros iluminados, aptos a colocar-nos em comunicação com as fontes do Suprimento Superior. Necessitamos do auxílio de mais Alto, requeremos o concurso dos benfeitores que demoram acima de nossas paragens. Para isto, há que organizar recursos de receptividade. Nossa mente sofre sede de luz, como o organismo terreno tem fome de pão. Amor e sabedoria são substâncias divinas que nos mantêm a vitalidade. [...]
>
> CALDERARO[3]

Agradecemos aos amigos que estimularam e apoiaram nossos estudos e pesquisas.

Sumário

Trabalho Mediúnico: Desafios e Possibilidades

Labor transcendental 15

Apresentação 17

Nota 21

Considerações iniciais 23

Introdução 25

PARTE I – Desafios e possibilidades

1	**FORMAÇÃO DO GRUPO MEDIÚNICO**	33
1.1	O papel da prática mediúnica na Doutrina Espírita	33
1.2	Por que formar um grupo mediúnico? ...	34
	1.2.1 Porque os Espíritos necessitam de atendimento mediúnico	35
	1.2.2 Porque os encarnados participam em trabalhos mediúnicos	38
	1.2.3 Porque a tarefa mediúnica é interessante para a Casa Espírita	40
1.3	Características dos grupos mediúnicos	41
1.4	Como formar um grupo mediúnico?	43
	1.4.1 Quem dirige?	45
	1.4.2 Estudo-harmonização	47

Sumário

Trabalho Mediúnico: Desafios e Possibilidades

1.4.3	Os candidatos à mediunidade...	52
1.4.4	Os requisitos para participação	61
1.4.5	Quanto ao local e horário..........	68

2	**ORGANIZANDO O ESTUDO**	75
2.1	**Vantagens da adoção de um programa de estudo**	75
	2.1.1 Variedade de programas............	75
2.2	**O acordo de grupo**.............................	76
	2.2.1 Definindo diretrizes...................	77
	2.2.2 Definindo procedimentos	78
	2.2.3 Compromissos dos membros do grupo	81
	2.2.4 As bases de avaliação.................	90
	2.2.5 Aprovando o acordo de grupo..	92
2.3	**Iniciando o estudo**..............................	93
	2.3.1 A prática desde o início	93

3	**ORGANIZANDO O TRABALHO MEDIÚNICO**.................................	105
3.1	**A seleção dos participantes**	106
	3.1.1 Autoavaliação..............................	107
	3.1.2 Avaliações periódicas com o grupo...	109
	3.1.3 Avaliações com o dirigente........	110
3.2	**Adaptando o acordo de grupo**	112
3.3	**A continuidade do estudo**....................	113
3.4	**Os tipos de trabalhos mediúnicos**.......	115

Sumário
Trabalho Mediúnico: Desafios e Possibilidades

3.5	As reuniões mediúnicas		117
	3.5.1	As funções no grupo mediúnico	117
	3.5.2	Como organizar a atividade mediúnica	118
	3.5.3	O desenvolvimento dos trabalhos	120
3.6	Análise das mensagens recebidas		128
4	A EQUIPE DE TRABALHADORES ENCARNADOS		131
4.1	A direção do grupo		131
	4.1.1	O dirigente	132
	4.1.2	O dialogador	137
4.2	Os médiuns e as mediunidades		148
	4.2.1	Desenvolvimento e educação da mediunidade	148
	4.2.2	Médiuns que oferecem consultas	173
4.3	Outras funções no grupo		175
	4.3.1	O apoio vibratório	175
	4.3.2	Os passistas	176
	4.3.3	A participação de convidados	177
4.4	Características desejáveis aos membros do grupo – Resumo		179
5	A EQUIPE DE TRABALHADORES DESENCARNADOS		183
5.1	Os mentores		183
5.2	Os trabalhadores espirituais		185
5.3	Ação espiritual nos trabalhos mediúnicos		186

Sumário
Trabalho Mediúnico: Desafios e Possibilidades

5.3.1	Preparação do ambiente da reunião	189
5.3.2	Seleção e preparação dos espíritos trazidos à comunicação mediúnica	193
5.3.3	O atendimento oferecido aos Espíritos na reunião mediúnica	197
5.4	**Interação entre as equipes encarnada e desencarnada**	**205**
5.4.1	Preparação durante a semana e no dia da reunião	207
5.4.2	Durante o sono	208
5.4.3	As consultas aos trabalhadores espirituais	211
5.5	**Como reconhecer os Espíritos trabalhadores**	**212**
5.6	**Elementos definidores de uma mensagem dos Espíritos superiores**	**215**
6	**A MANUTENÇÃO DO GRUPO MEDIÚNICO**	**219**
6.1	**Terminou o curso. O que vamos estudar agora?**	**220**
6.2	**Os processos obsessivos ao longo do trabalho**	**222**
6.2.1	Os inimigos encarnados e desencarnados do grupo	222
6.2.2	Alguns desafios	223
6.3	**Objetivos permanentes**	**226**
6.3.1	Fatores de desequilíbrio	227
6.3.2	Fatores de equilíbrio	227

Sumário

Trabalho Mediúnico: Desafios e Possibilidades

6.4	Como agregar novos membros	231
6.5	Novos grupos de estudo da mediunidade	233

PARTE II – Diálogo e situações

7	O DIÁLOGO COM OS ESPÍRITOS	237
7.1	Breve visão do plano espiritual e as regiões de sofrimento	238
7.2	Breve visão do mundo interior do Espírito em desequilíbrio	241
7.3	Começando o diálogo	243
	7.3.1 Observação	243
	7.3.2 Empatia	246
7.4	O quê, como e quando dizer aos Espíritos	247
7.5	Outros elementos de apoio ao atendimento	249
7.6	Fazer perguntas aos Espíritos necessitados?	252
7.7	O processo de despertamento e o reequilíbrio	253
	7.7.1 A raiz da problemática do Espírito sofredor	253
	7.7.2 O que o Espírito sofredor necessita	254
	7.7.3 Como utilizar esse conhecimento na reunião mediúnica	257
8	ALGUMAS SITUAÇÕES EM QUE OS ESPÍRITOS SE ENCONTRAM	261
8.1	Principais tipos de Espíritos trazidos aos trabalhos mediúnicos	262

Sumário

Trabalho Mediúnico: Desafios e Possibilidades

8.1.1	Vinculados à vida física	262
8.1.2	Vinculados à modalidade de desencarnação	265
8.1.3	Culpados e arrependidos	274
8.1.4	Em estado de inferioridade deliberada	276
8.1.5	As congregações das regiões espirituais inferiores	287
8.1.6	"Enviados" de congregações espirituais inferiores	301
9	**Conclusão**	**313**

"O corpo responde conforme o comando da cabeça" 315

Anexo 1 – Alguns livros relacionados com o estudo da mediunidade 317

Anexo 2 – Algumas sugestões para o acordo de grupo – estudo/harmonização 321

Anexo 3 – Caso: Os primeiros passos de um grupo de estudo da mediunidade 325

Anexo 4 – Algumas sugestões para o acordo de grupo – estudo/prática 333

Índice geral 339

Referências 351

Labor transcendental

É necessário que exerçamos a mediunidade com Jesus.

Que a figura incomparável do doce Rabi nos penetre, e que logremos insculpi-la no ádito do nosso coração.

Fomos chamados para um labor de natureza transcendental, a nossa é uma tarefa de abnegação e de sacrifício.

Médium sem as cicatrizes do sofrimento ainda não se encontra em condições de servir em plenitude Aquele que é o exemplo máximo da doação.

Convidados ao banquete da Era Nova na vinha do Senhor, trabalhemos as vestes espirituais que são os nossos hábitos para que, em chegando o dono do banquete, possa nos colocar no lugar que a nós está destinado.

Companheiros de jornada, filhos do coração, honrados com a faculdade mediúnica para o serviço do bem, estendei os vossos tesouros íntimos, oferecendo-os aos transeuntes da vida.

Não podeis imaginar o benefício do socorro espiritual em uma reunião mediúnica, quando alguém crucificado nas traves do sofrimento do Além-Túmulo por decênios, em se utilizando da vossa aparelhagem, consegue receber o lenitivo da palavra que ilumina e que liberta da ignorância, a energia que lhe atenua a dor, a página de esperança que lhe acena na direção do futuro.

Entregai-vos ao labor da caridade na condição de trabalhadores, que somos, da última hora.

Jesus espera que nos desincumbamos das tarefas que nos foram confiadas e, dentre muitas, a da mediunidade dignificada pela conduta coerente com os postulados espíritas que têm primazia.

Filhas e filhos do coração, não vos esqueçais de que Jesus nos fez um pedido e de que ainda não o atendemos: "Amai-vos uns aos outros para que todos saibam que sois meus discípulos."

Foi um pedido do Mestre. Busquemos atendê-lo de tal forma que o amor flua de nós como uma cascata de bênçãos, a aridez do terreno dos corações se fertilize, e se transforme o deserto em jardim, o pântano das paixões em pomar...

O Senhor espera-nos com ternura, compaixão e misericórdia. Façamos, dentro das nossas possibilidades, o melhor ao nosso alcance.

Os Espíritos espíritas que aqui mourejam, por meu intermédio, pedem que nos unamos na construção de um mundo melhor.

E rogamos, por fim, ao Senhor da Vinha que nos abençoe e nos dê a Sua paz.

Que essa paz, filhos e filhas da alma e do coração, permeie-nos hoje e sempre.

São os votos do servidor humílimo e paternal de sempre,

BEZERRA DE MENEZES

(Mensagem psicofônica obtida pelo médium Divaldo Pereira Franco no encerramento da conferência, no Grupo Espírita André Luiz, no Rio de Janeiro, na noite de 22 de agosto de 2013.)

Apresentação

Eis um livro simples, objetivo, despretensioso. De leitura agradável e leve, a obra contém significativo peso doutrinário por guardar sintonia com os princípios da Doutrina Espírita.

Sabemos, contudo, não ser fácil escrever ou falar com simplicidade a respeito da prática mediúnica na Casa Espírita ou de como melhor capacitar o trabalhador da mediunidade.

Tal constatação se revela na tendência generalizada de reduzir a mediunidade à mera manifestação fenomênica, comumente envolvida em uma aura de complexidade e de mistério. No sentido oposto, detectam-se descuidos e banalização de tema tão relevante para o espírita, em geral, e para os integrantes da reunião mediúnica, em particular, independentemente se entre eles há pessoas portadoras de faculdade mediúnica que "[...] se mostra bem caracterizada e se traduz por efeitos patentes, de certa intensidade [...]", como assinala Allan Kardec em *O livro dos médiuns* (2008, cap. XIX, it. 159, p. 256).

Carlos Campetti e Vera Campetti nos oferecem, então, um caminho a seguir sem complicações, tendo como referência o aprendizado espírita adquirido, em especial, no Brasil, como membros ativos da Instituição Espírita. Contudo, o desafio a que foram chamados para conviverem por muitos anos com diferentes culturas e nacionalidades, em atendimento a compromissos profissionais, forneceu-lhes experiência e maturidade para adquirirem visão mais realista do processo de intercâmbio mediúnico, desmitificando-o. Assim, é relevante destacar que, se não fora a segurança da base espírita que ambos se esforçaram para adquirir, poderiam ter absorvido práticas estranhas, místicas ou exóticas que pululam por toda parte.

Nesse sentido, percebemos que o livro não necessita de maiores explicações: as ideias dos autores falam naturalmente por eles, transmitidas na forma de interpretações pessoais ou ilustradas nas citações de respeitáveis autores, encarnados e desencarnados.

O livro traz, efetivamente, boa contribuição ao estudo e à prática mediúnica, demonstrando de forma inequívoca dois pontos essenciais:

Primeiro, a mediunidade é "[...] faculdade inerente ao homem e, por conseguinte, não constitui um privilégio exclusivo. [...]", como ensina o Codificador do Espiritismo (*O livro dos médiuns*. 2008, cap. XIV, it. 159, p. 256);

Segundo, não é a força mediúnica que distingue o indivíduo, como bem lembra Emmanuel (*Seara dos médiuns*, 2008, p. 74-75):

> O que difere, em cada pessoa, é o problema do rumo.
>
> Não valem médiuns que apenas produzam fenômenos.
>
> Não valem fenômenos que apenas estabeleçam convicções.
>
> Não valem convicções que criem apenas palavras.
>
> Não valem palavras que apenas articulem pensamentos vazios.
>
> A vida e o tempo exigem trabalho e melhoria, progresso e aprimoramento.
>
> [...]

A importância e a significação que possa adquirir dependem da orientação que se lhes dê.

MARTA ANTUNES MOURA
Vice-presidente da Federação Espírita Brasileira

Nota

A obra de Allan Kardec é a base para o desenvolvimento deste trabalho. Para facilitar a identificação dos livros referidos, utilizaremos o seguinte critério indicativo, adicional ao número da referência:

LE = *O livro dos espíritos*, seguido do número da pergunta correspondente (ex. LE 459);

LM = *O livro dos médiuns*, seguido do número do capítulo e número do item citado (ex. LM XX:230);

EE = *O evangelho segundo o espiritismo*, indicados os capítulos por algarismos romanos e os itens dentro de cada capítulo por números ordinários antecedidos de dois pontos (ex. EE XX: 5);

CI = *O céu e o inferno*, indicada a parte antes da citação dos capítulos e respectivos itens (ex. CI 1ª III: 9);

GE = *A gênese*, segue o mesmo critério utilizado para *O evangelho segundo o espiritismo* (Ex. GE I: 3);

RE = *Revista Espírita*, indicados ano, mês e página da 1ª edição da Federação Espírita Brasileira (ex. RE 1858, fev., p. 30).

Considerações iniciais

Allan Kardec, em *O livro dos médiuns*, legou conhecimentos colecionados, ponderados e organizados por um bom senso impecável que destacou sua obra como o pilar no qual se assentaram todos os estudos subsequentes sobre a mediunidade. Essa questão tem merecido análise dedicada de diversos estudiosos, que a examinaram sob aspectos os mais variados, aprofundando conceitos, distendendo consequências, avaliando impactos e discernindo matizes.

O exercício da mediunidade é questão central para todo espírita que se dedica às lides relacionadas ao estudo, à prática e à divulgação do Espiritismo. Como não dedicar atenção máxima a esse instrumento do sublime Auxílio? É por meio da mediunidade que fluem conhecimentos espirituais, consolações para os aflitos, conforto nas perdas afetivas, esperança para os sofredores e recursos de toda ordem e natureza que a Bondade divina consente sejam esparzidos generosamente a todos os seres para o atendimento das necessidades espirituais da humanidade.

A contribuição da mediunidade para o enriquecimento da vida no plano físico é tão intensa e apresenta facetas tão diferenciadas que, por mais se estude e se analise, sempre haverá um novo prisma a enfocar, uma contribuição a ser oferecida para a boa utilização das possibilidades mediúnicas no atendimento das problemáticas e dos desafios apresentados pela vida.

Inspirados e estimulados pelos pedidos de amigos e seareiros espíritas, com quem pudemos trabalhar o tema da mediunidade em diversas oportunidades ao longo de nossa trajetória no Movimento Espírita, demos acolhida à ideia de escrever este livro como instrumento de apoio à formação de novos grupos mediúnicos, oferecimento de sugestões para a reavaliação e renovação de grupos já existentes, ou exame de possibilidades pouco exploradas, de ação no campo da mediunidade. Procuramos reunir, em um único texto, a experiência da doutrinadora/dialogadora e do médium para que os trabalhadores da mediunidade pudessem examinar a questão mediúnica de um ângulo não apenas teórico, mas essencialmente prático.

O objetivo deste estudo é, assim, compartilhar ideias e iniciativas e divulgar o material que elaboramos, coletamos e utilizamos como base para a formação, o aperfeiçoamento e a manutenção de grupos mediúnicos em países e sociedades tão diferentes quanto Brasil, nossa terra-mãe, Uruguai, Espanha, Estados Unidos, Paraguai e Coreia do Sul, para onde a vida profissional e familiar nos conduziu em diversas etapas da presente reencarnação.

Nosso ânimo é o de contribuir para o estudo e a prática da mediunidade. Ninguém perde tempo por estudar, meditar, fortalecer-se e preparar-se devidamente para uma atividade que redundará em benefício de cada um dos membros e de todos os que puderem aproximar-se do grupo mediúnico ou dele receber a influência.

A base do nosso trabalho é a orientação segura da Espiritualidade superior, selecionada por Allan Kardec em sua obra magistral pela profundidade do conteúdo apresentado.

Introdução

A mediunidade não é patrimônio do Espiritismo, pois existe desde o alvorecer da humanidade, sob as formas primitivas que o Espírito Emmanuel designou por *mediunismo*,[4] e segue produzindo fenômenos fora dos meios espíritas. Foi, no entanto, poderoso instrumento utilizado pela Espiritualidade superior para a transmissão do conhecimento e o estabelecimento da filosofia espírita. E, como a revelação é progressiva, a mediunidade desempenha e desempenhará, ainda, papel importante no processo evolutivo dos seres a caminho do autoconhecimento e do conhecimento da Lei divina que rege a existência.

O Espiritismo não está subordinado ao fenômeno da comunicação mediúnica. Uma vez estabelecidas as bases da filosofia espírita por Allan Kardec, com o apoio dos Espíritos superiores, ainda que uma pessoa não venha jamais a participar de uma atividade mediúnica, pelo estudo poderá compreender o Espiritismo e o significado da Criação divina, bem como o papel de cada ser dentro da vida.

O conhecimento espírita, todavia, valorizou o fenômeno mediúnico, reconhecendo-lhe a importância fundamental para o desenvolvimento espiritual do ser, seja nas experiências do plano físico, seja na vivência no mundo espiritual. O Espiritismo oferece excelentes ensinamentos que proporcionam ao estudioso condições de fazer da mediunidade um instrumento produtivo para si e para os seus semelhantes.

A Doutrina Espírita aportou bases de melhor compreensão das manifestações e dos comunicantes, oferecendo, ademais, noções básicas para auxiliar as pessoas a não se deixarem enganar pelos Espíritos infelizes e desorientados que procuram suas vítimas entre os encarnados, para continuar usufruindo de recursos da matéria, mesmo estando no mundo espiritual. Esse aporte assinala a importância do estudo do Espiritismo antes de iniciar a prática mediúnica. Trata-se, contudo, de desafio encarado por poucos espíritas, pois é comum a participação em atividades mediúnicas sem o conhecimento básico da proposta espírita ou com conhecimento superficial e insuficiente para dar sustentação a uma prática mediúnica segura. Há, também, por outro lado, grupos que começaram com muito entusiasmo, mesmo com a opção inicial pelo estudo, mas que, com o tempo, acabaram por entregar-se à acomodação, chegando mesmo a ser dominados por Espíritos enganadores e pseudossábios. Grupos nessa condição dificilmente aceitam estar passando por essa dificuldade e tampouco compreendem a necessidade de manter estudo constante e atitude humilde, fugindo da rotina asfixiante que cria barreiras para a influência positiva das ideias renovadoras, baseadas no conhecimento seguro da obra espírita.

* * *

A mediunidade é processo de comunicação entre dois planos de vida, que se manifesta de formas diferentes e serve a diversas funções. O ato mediúnico, quanto a sua finalidade, pode objetivar o atendimento de Espíritos desencarnados ou encarnados.

O atendimento mediúnico aos encarnados se faz, mais diretamente, em reuniões de cura, quando a mediunidade se torna instrumento da atenção que especialistas espirituais prestam a questões de saúde física. É o caso, também, de reuniões em que pessoas que perderam entes queridos recorrem à mediunidade para ter notícias e receber mensagens e consolações de seus afetos desencarnados. As reuniões de esclarecimento espiritual aos desencarnados e desobsessão oferecem apoio indireto, pela orientação aos Espíritos que influenciam desequilibradamente, assediam, perseguem ou dominam encarnados. Nesse caso, os encarnados são assistidos paralelamente, sem a necessidade da presença nas atividades mediúnicas, por meio dos passes, do atendimento fraterno, das reuniões públicas e outras de estudo mantidas pelos Centros Espíritas, nos quais recebem também o concurso espiritual.

Esta obra vai deter-se especialmente na questão do atendimento aos Espíritos na reunião mediúnica, campo de trabalho de nossa mais extensa experiência e sobre a qual muito se tem escrito. Efetivamente, a literatura disponível no meio espírita é ampla e variada. Os autores costumam discorrer sobre as distintas situações espirituais com as quais os desencarnados se apresentam, indicando exemplos de como os atendimentos se processam, transmitindo orientações sobre a postura interior do dialogador, elucidando sobre os comportamentos adequados, ensinando a respeito do papel do grupo espírita e dissertando sobre as qualidades desejáveis em seus membros, entre outros assuntos.

Geralmente, os livros são escritos por peritos e estudiosos que acumularam, nos longos anos que devotaram aos trabalhos de atendimento mediúnico, conhecimento profundo da problemática espiritual dos recém-desencarnados e dos Espíritos que se demoram em desvãos do caminho, sem querer ou ousar dar o passo necessário para a retomada das experiências desafiadoras no campo do bem.

Ensinamentos valiosos podem ser obtidos nessas obras especializadas. Contudo, nômades por necessidades profissionais e familiares, tivemos a oportunidade de acompanhar a criação de alguns Centros Espíritas e de seus grupos de apoio mediúnico, principalmente em países onde o Espiritismo está dando passos iniciais, levado, geralmente, pela mão de imigrantes brasileiros. Nesses lugares e nessas ocasiões, ao observar o início de atividades de assistência aos desencarnados, verificamos que alguns conhecimentos e conceitos primários, expostos de forma direta e dispostos de maneira a facilitar sua localização e seu entendimento, auxiliariam na compreensão e na prática da mediunidade por parte de pequenos grupos que esperam poder trabalhar nessa área. Poderia também oferecer apoio a alguns outros que, às vezes, mesmo com anos de experiência, podem estar passando por momentos difíceis de acomodação ou desarmonia da equipe e desejam examinar possibilidades de reestruturação para voltar ao campo da ação produtiva na área da mediunidade.

Diversos materiais procuram oferecer elementos para um curso de estudo e educação da mediunidade, mas não dispensam a ação direta de pessoa especializada na área que, geralmente, orienta o grupo conforme sua experiência pessoal. Muitas vezes falta destaque a elementos fundamentais na estruturação do grupo, necessários a habilitá-lo à continuidade equilibrada e produtiva de suas tarefas mediúnicas.

Porque observamos carência nesse campo, procuraremos dar ênfase às possibilidades de organização dos grupos, dos elementos definidores de sua instalação, trajetória e manutenção. Informações preliminares sobre procedimentos básicos que poderão ser utilizados com bons resultados para disciplinar as atividades do grupo, noções primárias sobre o ambiente e as condições com que os desencarnados costumam se defrontar ao passar a fronteira da morte física, sobre como tratar o desencarnado que comparece ao grupo em busca de ajuda não serão deixadas de lado, ainda que pareçam óbvias ou extremamente simples.

Do dialogador se espera um conhecimento tão importante da Doutrina Espírita, das condições sob as quais se processa a comunicação mediúnica e da realidade *post mortem*, que os ensinamentos usuais dão grande destaque aos casos mais complexos e especiais do atendimento ao desencarnado.

O que observamos nos grupos iniciantes nos revela outros aspectos importantes a considerar. Os que iniciam a tarefa do diálogo, geralmente, são irmãos de boa vontade que começam a desenvolver, pela leitura sistemática e pelo estudo, os seus conhecimentos de Doutrina Espírita. Muitos dos companheiros que iniciam as lides da orientação espiritual aos desencarnados têm dificuldades para assimilar os conhecimentos básicos, esparzidos em tantos livros e algumas vezes de modo bem genérico. Dificuldades também se apresentam no momento de aplicar esses conhecimentos à tarefa do atendimento aos Espíritos.

Assim considerando, daremos atenção também a aspectos básicos do conhecimento necessário ao dialogador para, a partir de uma melhor compreensão das situações vividas pelos recém-desencarnados, poder prestar atendimento direcionado às suas necessidades específicas. Examinaremos casos simples de atendimento, como, por exemplo, o de Espíritos que desconhecem sua desencarnação e que seguem com marcas intensas das enfermidades que os conduziram através do fenômeno da morte física, sem conseguir reconhecer a nova realidade em que vivem e ignorando suas opções para prosseguir o exercício de crescimento espiritual. Não deixaremos, no entanto, de apresentar algumas situações mais complexas e desafiadoras do intercâmbio mediúnico, dentre as que se fazem mais usuais nos trabalhos mediúnicos.

Também o ambiente diferente em que vivem os seres desencarnados tem aspectos que ainda desconhecemos, já que a revelação é progressiva e cada livro espírita publicado nos brinda com conhecimentos que se ampliam à medida que amadurecemos na tarefa. Ademais, se é fácil estudar que os Espíritos não são abstrações e sim gente como a gente, não é automático para o dialogador compreender e sentir, no companheiro que se manifesta, uma individualidade que vive, sofre, ri e se comove, que ama e sente saudades, que tem suas inseguranças, seus temores e seus anseios.

Acresce que os Espíritos enfrentam as situações peculiares que derivam de suas experiências próprias, na última reencarnação e em sucessivas vidas antecedentes, constituindo cada atendimento um caso específico que não se repete jamais. Por isso mesmo, sem ânimo de criar regras fixas ou escrever um manual, baseados nas experiências mediúnicas e na vivência no diálogo com o plano espiritual, procuraremos traçar algumas linhas básicas em que se movimentam os que iniciam o atendimento aos Espíritos necessitados, de modo a que tenhamos um ponto de apoio para o começo do trabalho ou sua reestruturação, quando for o caso.

A ideia, neste estudo, é procurar consolidar algumas informações disponíveis em obras espíritas sobre temas específicos do atendimento mediúnico, procurando delinear e sistematizar os conceitos básicos e oferecer propostas iniciais de trabalho que poderão ser desenvolvidas e adaptadas na medida em que o grupo passe a ganhar experiência e encontre caminhos próprios e adequados às especificidades do ambiente físico e espiritual em que atua.

Para esse fim, será essencial trabalhar dentro da compreensão de que cada ser e cada grupo tem seu mundo próprio e sua ótica singular da vida e de si mesmo e de que as generalizações possíveis se fazem necessárias somente para fins de simplificação e facilitação do entendimento dos assuntos propostos.

De início, procurar-se-á responder a algumas questões básicas que poderão parecer de solução óbvia para espíritas mais experientes, mas que podem representar barreiras à implantação e manutenção da tarefa do intercâmbio mediúnico. Dessa forma, o assunto será aprofundado progressivamente, à medida que se forme uma base de conhecimentos, pré-requisito para o entendimento de temas mais complexos, que permitirá explorar as diversas possibilidades do exercício do bem ensejado pelo trabalho mediúnico.

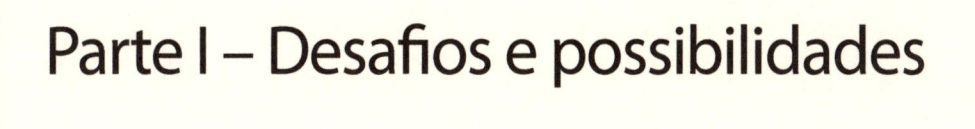

Parte I – Desafios e possibilidades

Capítulo 1
Formação do Grupo Mediúnico

[...] Não basta [...] que se evoquem bons Espíritos; é preciso, como condição expressa, que os assistentes estejam em condições propícias, para que eles assintam em vir. Uma reunião só é verdadeiramente séria quando cogita de coisas úteis, com exclusão de todas as demais. [...] Numa palavra, qualquer que seja o caráter de uma reunião, haverá sempre Espíritos dispostos a secundar as tendências dos que a componham. [...] (LM XXIX: 327).[5]

1.1 O papel da prática mediúnica na Doutrina Espírita

Os espíritas sabem que a mediunidade não é patrimônio do Espiritismo. Há referências ao fenômeno da comunicação dos chamados mortos com os "vivos" desde as mais remotas épocas da Humanidade. Com o Espiritismo, no entanto, a mediunidade ganha uma conotação mais profunda e efetiva, tornando-se instrumento de educação moral do ser integral — do Espírito imortal que todos somos. O papel da prática mediúnica na Doutrina Espírita é, assim, o de servir de instrumento para a educação moral dos Espíritos encarnados e desencarnados que travem, direta ou indiretamente, contato com o fenômeno e suas consequências. Para esse fim, será de todo conveniente evitar a prática da mediunidade de forma impulsiva ou apressada, em função da curiosidade, de problemas obsessivos ou de outro qualquer motivo que possa despertar o interesse pelo assunto.

A mediunidade, em termos espíritas, deve ser encarada com seriedade e o interessado em praticá-la precisa compreender o papel e a importância da disciplina, da humildade, da renúncia, do serviço ao semelhante e do constante trabalho de reforma íntima exigido de todo candidato ao trabalho na seara do Senhor.

A prática mediúnica nas reuniões espíritas equilibradas não poderá jamais ser motivo de satisfação e projeção pessoal, nem campo de batalha de pessoas egocentradas, desejosas de atenção pública. Tampouco deve ser campo de ação de pessoas que se mantenham na ignorância quanto aos verdadeiros propósitos do trabalho e, assim, se façam dóceis às sugestões que os induzem a venerar médiuns "especiais" ou dirigentes supostamente distinguidos pelo amparo e deferência especiais que aparentam receber da Espiritualidade superior. Nesse sentido, é recomendável dedicar atenção às páginas de *O evangelho segundo o espiritismo* que trata dos "falsos profetas da erraticidade" (EE XXI: 10),[6] que se dedicam a manipular médiuns e dirigentes incautos, impossibilitando o trabalho mediúnico construtivo, jogando, inclusive, uns grupos contra os outros.

Sendo a mediunidade neutra em relação à moral, é esta, no entanto, que lhe dá a qualidade indispensável para que aquela se faça verdadeiramente equilibrada e produtiva. Não sendo patrimônio do Espiritismo, este lhe brinda com novo significado ao ligá-la à prática da caridade de uns em favor dos outros, dando aos interessados a oportunidade de integrarem-se como cooperadores conscientes no trabalho de autoaperfeiçoamento e de auxílio aos que estão despertando para essa mesma necessidade.

1.2 Por que formar um grupo mediúnico?

São motivos básicos para a formação de um grupo mediúnico o estudo e a prática do Espiritismo. Mas esses motivos precisam ser mais bem especificados para o entendimento de todos os que se pretendem dedicar a essa tarefa sem a experiência necessária, ou, ainda, para aqueles que desejem rememorar os conceitos básicos que norteiam a atividade mediúnica.

Quando se pergunta o porquê da formação de um grupo mediúnico, a indagação se refere aos seus objetivos. Vamos examinar algumas ideias que podem servir de reflexão quanto aos caminhos para a formação, reestruturação e manutenção de um grupo mediúnico.

1.2.1 Porque os Espíritos necessitam de atendimento mediúnico

Parece natural que os Espíritos necessitados, estando no mundo espiritual, sejam atendidos por Espíritos bons, lá mesmo, sem necessidade de se comunicarem em grupos mediúnicos. Em realidade, a atividade mediúnica não é imprescindível para os Espíritos necessitados. André Luiz[7] nos auxília a compreender o assunto quando pergunta a Alexandre:

> — Por que a doutrinação em ambiente dos encarnados? — indaguei. — Semelhante medida é uma imposição no trabalho desse teor?
>
> — Não — explicou o instrutor — não é um recurso imprescindível. Temos variados agrupamentos de servidores do nosso plano, dedicados exclusivamente a esse gênero de auxílio. [...] Em determinados casos, porém, a cooperação do magnetismo humano pode influir mais intensamente, em benefício dos necessitados que se encontrem cativos das zonas de sensação, na Crosta do Mundo. Mesmo aí, contudo, a colaboração dos amigos terrenos, embora seja apreciável, não constitui fator absoluto e imprescindível [...].

Dessa forma, apesar de não ser imprescindível, o processo de diálogo, com a doação de recursos magnéticos pelos encarnados, resulta positivo para os desencarnados. Em certos casos, os irmãos desorientados no plano espiritual não compreendem nem aceitam sua situação, sendo facilitado o seu despertamento pelos recursos oferecidos no conjunto do trabalho entre encarnados e desencarnados que se devotam ao seu auxílio e recuperação. Há Espíritos em processos de dor, restrições perispirituais ou em estado de rebeldia que, em função de diferenças vibratórias e fluídicas, têm dificuldades para perceber os Espíritos superiores, em nível mais avançado de evolução, não podendo, assim, ouvir e entender aqueles que os buscam para auxiliá-los.

Ilustrativo sobre o assunto é o que descreve Irmão Jacob[8] ao referir-se a certo trabalho mediúnico visitado por ele na companhia de Guillon Ribeiro e Cairbar Schutel:

> Que os infortunados ali, diante de nós, eram perseguidores sombrios não padecia dúvida. Não viam os benfeitores que até ali acorriam para melhorar-lhes as condições, embora agissem constrangidos pelas forças magnéticas que deles emanavam; contudo, ouviam-lhes as instruções e advertências edificantes, através daqueles mesmos aprendizes das aulas do Cirne.
>
> Reparei, então, com mágoa, a diferença que existia entre mim e os abençoados companheiros que me haviam trazido. Ao passo que nenhum deles era visível aos irmãos ignorantes e perturbados, não obstante as irradiações brilhantes que lhes marcavam a individualidade, notavam-me a presença, entre os ajudantes intermediários, pertencentes aos cursos preparatórios de Espiritualidade superior.

Em outras situações, os Espíritos precisam do atendimento mediúnico para passar por momentos de verdade, de despertamento, que são facilitados pela utilização dos recursos mais materializados com os quais ainda se afinizam. São, portanto, encaminhados às atividades mediúnicas para que, com o apoio vibratório dos participantes da reunião e no contato com os médiuns, se revigorem, sejam escutados, ouçam a orientação de que necessitam, tenham e vivenciem recordações do passado, passem por embates psíquicos difíceis, mas que permitem finalmente que os Espíritos trabalhadores consigam encaminhá-los a estações de socorro e recuperação na espiritualidade. Mesmo quando intermediários de mediana evolução se prestam a auxiliar os Espíritos superiores no trabalho de assistência aos mais ignorantes, muitas vezes, o resultado almejado é muito facilitado pelo concurso de uma equipe encarnada.

Esse é o caso do Espírito Marinho, referido por André Luiz.[9] Marinho foi sacerdote quando encarnado na Terra. Sua mãe, que já o conduzira ao atendimento mediúnico em oportunidades anteriores, notando-lhe disposições modificadas e certo tédio diante da situação de desequilíbrio em que vivia, solicitou ao mentor Alexandre novo concurso mediúnico para o filho. No dia do atendimento, Marinho foi conduzido ao círculo magnético da reunião mediúnica, onde foi necessária a coleta de forças mentais dos presentes e do organismo mediúnico, que envolveram a benfeitora materna de modo a torná-la visível ao filho, propiciando-lhe o reavivamento da emotividade positiva e renovadora.

Explica o instrutor Alexandre a André Luiz que a doutrinação no ambiente dos encarnados é um recurso valioso nos casos em que é necessária a cooperação do magnetismo humano, para os necessitados que se encontrem cativos das zonas de sensação, na crosta do mundo. Ao mesmo tempo, o recurso à mediunidade serve como ensinamento aos encarnados e exemplificação edificante.

O atendimento a seguir, descrito por André Luiz,[10] é representativo de situações como aquelas a que nos referimos:

> [...] Quando a hora de amor cristão aos desencarnados começou a funcionar, os orientadores trouxeram Gaspar (Espírito obsessor) à organização medianímica, a fim de que pudesse ele recolher algum benefício, ao contacto dos companheiros materializados na experiência física, que lhe haviam fornecido energias vitalizantes, tal como acontece às flores que sustentam, sem perceber, o trabalho salutar das abelhas operosas. Reparei que os sentidos do insensível perseguidor ganharam inesperada percepção. Visão, audição, tato e olfato foram nele subitamente acordados e intensificados. Parecia um sonâmbulo, despertando. À medida que se lhe casavam as forças às energias da médium, mais se acentuava o fenômeno de reavivamento sensorial. [...]

> Escutando agora, com aguçada sensibilidade, conversou detidamente com o doutrinador. [...]

A gama de Espíritos atendidos nos grupos mediúnicos é ampla. Há os que nem sequer percebem que desencarnaram. Outros há que desencarnaram em acidentes terríveis e precisam do choque anímico que proporciona o contato com o médium para que possam ter seus perispíritos recompostos. Outros, ainda, empedernidos no mal, não aceitam aproximação e contato com os bons, sendo atraídos para o grupo mediúnico, muitas vezes, de modo imperceptível para eles. Outros integram grupos de enfrentamento ao Espiritismo que vêm ameaçar os trabalhadores da mediunidade, sendo beneficiados, sem o esperar, por meio do esclarecimento e do magnetismo, elementos que contribuem para promover mudanças de rumos em suas vidas, seja pela reencarnação, seja pelo remorso e desejo de reconstrução interior, seja pela imersão em estado de sono provocado.

Um grande *et coetera* teria que ser aqui colocado, pois são muitos os motivos que desencadeiam a necessidade do atendimento mediúnico aos Espíritos necessitados desencarnados. A série André Luiz está repleta de exemplos esclarecedores a esse respeito.

1.2.2 Porque os encarnados participam de trabalhos mediúnicos

Infelizmente, há pessoas que iniciam as atividades mediúnicas sem saber por quê. Outros as frequentam durante algum tempo sem saber o que estão fazendo e permanecem desatentos ao que se passa ao seu redor. Uma parte dos que comparecem se dirige à atividade por curiosidade, gosta e fica. Outra parte, são as dores e os sofrimentos que a conduzem a buscar o socorro do Centro Espírita. Não há, de modo geral, motivos únicos para que as pessoas busquem a reunião mediúnica. Cada caso é um caso. Por outro lado, nem todas as Instituições Espíritas estabelecem requisitos, procedimentos ou rotinas organizadas para o acesso ao grupo mediúnico, que requer, seguramente, um nível mínimo de conhecimentos específicos e preparo no assunto.

A situação fica sem solução quando o grupo não promove estudo da mediunidade sob a ótica espírita e, portanto, se dedica exclusivamente à prática mediúnica. O mesmo acontece quando o estudo carece de planejamento adequado e de aprofundamento, sendo feito ao sabor da improvisação ou de orientações esparsas recebidas por um ou outro médium.

Irmão Jacob[11] faz referência a aulas dadas por Leopoldo Cirne a Espíritos menos evoluídos. "Era uma aula perfeita na qual o velho amigo preparava futuros companheiros para a contribuição espiritual de ordem elevada." A tônica fundamental dos esclarecimentos de Cirne era a fraternidade, que, mesmo depois da morte do corpo físico, segue sendo o caminho da salvação. Um pouco mais adiante, no mesmo capítulo de *Voltei*, Jacob faz referência a "ajudantes intermediários, pertencentes aos cursos preparatórios de Espiritualidade superior". Se no mundo espiritual há cursos e aulas para preparar trabalhadores para tarefas diversas, não seria isso também conveniente para nós, os encarnados?

Os objetivos norteadores da participação dos encarnados em atividades mediúnicas estão relacionados com o servir ao próximo e com o aperfeiçoamento individual necessário para ampliar o potencial de serviço, com a educação moral proporcionada pelos exemplos que a atividade mediúnica revela. Alexandre, uma vez mais, esclarece sobre o assunto, na continuação da citação de *Missionários da luz*.[12]

> [...] mas, quando é possível e útil, valemo-nos do concurso de médiuns e doutrinadores humanos, não só para facilitar a solução desejada, senão também para proporcionar ensinamentos vivos aos companheiros envolvidos na carne, despertando-lhes o coração para a espiritualidade. [...] Ajudando as entidades em desequilíbrio, ajudarão a si mesmos; doutrinando, acabarão igualmente doutrinados [...].

Irmão Jacob[13] registra um esclarecimento de Guillon Ribeiro (Espírito) que aponta nessa mesma direção. Segundo Guillon, ainda que os desencarnados endurecidos pudessem ser instruídos no plano espiritual, "os benefícios decorrentes da colaboração atingiriam particularmente os amigos encarnados, não somente lhes aumentando o conhecimento e a experiência, mas também lhes suprimindo lastimáveis impulsos para o mal." Ou seja, o intercâmbio mediúnico visa também à orientação dos encarnados pelos exemplos que oferece das consequências da ignorância e do mal.

Cabe à Instituição Espírita, portanto, promover condições para que as pessoas que se vinculem às atividades mediúnicas compreendam que aprender, educar-se e cooperar com fraternidade são os objetivos que devem nortear os esforços dos interessados em trabalhar com a mediunidade.

1.2.3 Porque a tarefa mediúnica é interessante para a Casa Espírita

Dois aspectos fundamentais podem aqui ser considerados: as vantagens no âmbito individual para frequentadores e trabalhadores do Centro e as vantagens para o próprio Centro como instituição.

Não é novidade que os Espíritos, tanto os de natureza inferior quanto os bem-intencionados de diversos níveis evolutivos, acompanham e influenciam os encarnados. Quando uma pessoa vai à Casa Espírita acompanhada por um Espírito sofredor ou obsessor, ambos são beneficiados com os esclarecimentos e o serviço de passes oferecido na reunião pública. Mas se a Instituição conta com um trabalho mediúnico equilibrado, é possível que o Espírito seja encaminhado pelos mentores espirituais para a reunião em que será esclarecido e orientado, numa tentativa de auxiliá-lo a mudar de rumo e encontrar caminhos mais produtivos para a vida e para si mesmo. Com isso, o frequentador ou trabalhador encarnado da Casa é beneficiado, ainda que não se dê conta disso.

Quanto à Casa Espírita, para usufruir das vantagens da atividade mediúnica, esta precisa ser realizada com base na orientação de Kardec, com bom senso e equilíbrio. Se uma Casa Espírita inicia a prática mediúnica sem estudo prévio que ofereça às pessoas condições de compreender o processo e as implicações do desenvolvimento mediúnico, poderá estar expondo seus trabalhadores a sérios riscos de obsessão.

Essa preparação é necessária e deve ser feita de tal forma que, ao cabo de algum tempo, pelo menos alguns dos participantes estejam em condições de iniciar o trabalho prático com a espiritualidade.

É verdade que o intercâmbio mediúnico faz parte de nossa vida diária, pois, conforme orienta *O livro dos espíritos*, na questão 459, de ordinário são os Espíritos que nos dirigem. Por esse mesmo motivo é que se requer de nós, como indivíduos, um comportamento moral e padrões de pensamento elevados que nos habilitem à simpatia e proteção dos Espíritos trabalhadores do bem. No caso do Centro Espírita e da reunião mediúnica, mais ainda se pede, pois não é só a questão individual que está sendo considerada, mas sim o coletivo de nossas possibilidades e disposições íntimas. Para que esse coletivo possa ser adequado à manifestação, orientação e amparo dos Espíritos do bem, são necessários o conhecimento e o preparo dos participantes, como indivíduos e como grupo.

Quando um Centro Espírita, por distintos motivos, adia indefinidamente a implantação de um grupo mediúnico, está negando aos seus frequentadores excelente oportunidade de educação, de adestramento de suas potencialidades e de prestar serviço ao próximo. Além disso, priva os trabalhadores de outras vantagens, entre elas o desenvolvimento de amizade ostensiva com Espíritos superiores; a geração de créditos pela cooperação com a Espiritualidade maior no auxílio a Espíritos que necessitam do concurso dos encarnados para seu despertamento e correção de rumo; a conquista do respeito dos irmãos sofredores e ignorantes beneficiados pelo exercício da fraternidade que redunda em seu despertamento para novos rumos na vida; o apoio mais direto e muitas vezes declarado do Mais Alto para outras tarefas que pretenda desenvolver; a geração de energias positivas que possibilitam aos técnicos da espiritualidade a proteção do ambiente e de seus frequentadores e trabalhadores etc.

1.3 Características dos grupos mediúnicos

Compreendida a importância da atividade mediúnica para os desencarnados, encarnados e para a Casa Espírita, vamos examinar as características que os grupos mediúnicos podem assumir.

O ponto fundamental de qualquer trabalho mediúnico deve ser a caridade. Quando nos afastamos do aspecto moral da Doutrina, nos distanciamos da essência mesma do Evangelho e nos predispomos ao desequilíbrio. Tal é o risco de se atribuir primazia às manifestações mediúnicas, como objetivo *de per si*, ou, ainda, de se procurar centralizar os recursos da mediunidade em atividades sem fim útil ou sem natureza elevada.

Poder-se-á arguir que as manifestações mediúnicas de toda natureza foram muito intensas no começo do Espiritismo, proporcionando importante "efeito demonstração" para chamar a atenção das massas para uma nova realidade que se vinha desvelar. Isso não pode ser contraditado. Poder-se-á alegar, indo além, que esse objetivo segue atual e relevante. Nesse ponto, devemos observar que o momento é outro e as relações de importância diferem. A Doutrina Espírita está estabelecida e, para os nossos dias, mais importância tem o conhecimento que herdamos de nossos antecessores espíritas, que adveio do contato massivo com o plano espiritual, origem de material valioso de estudo para os trabalhos de pesquisa científica ou filosófica, do que o efeito demonstração. Para a própria divulgação doutrinária, hoje, mais importância têm a consolação e a esperança esparzida e os esclarecimentos sobre a vida além da morte. Ainda nos resta muito a aprender de todos os ensinos recebidos, de todas as pesquisas feitas até agora.

Todavia, não se pode deixar de reconhecer, por sua importância, o trabalho que hoje fazem os espíritas especialistas com preparo acadêmico e/ou largo tempo de experiência na área da análise científica, trabalho que exige dedicação e grande conhecimento acerca dos resultados obtidos por outros pesquisadores e do que se projeta para o futuro em termos dos rumos da ciência e de sua aplicação em pesquisa espírita. A respeito do assunto, deve-se destacar que a credibilidade e o valor desse trabalho estão relacionados ao preparo dos pesquisadores, necessário à conquista do respaldo científico que valide suas experiências e respectivos resultados.

A potencialidade do amor, ressaltada na mensagem da Doutrina Espírita, que requer de cada um mais esforços de superação para desenvolver-se, é o ponto nevrálgico de nossa colaboração para com a obra do Consolador e, por isso, deve receber toda a ênfase em nossos grupos mediúnicos. No Movimento Espírita, para que possamos realizar a programação de Jesus, devemos centrar nossos esforços na assistência aos necessitados de toda ordem.

A natureza dos trabalhos a serem realizados dependerá basicamente: dos diferentes tipos de mediunidade e das disposições reunidas; do grau de sensibilidade, tato, inteligência, conhecimento e evangelização de cada um e de todos os membros; da qualidade do relacionamento pessoal entre os que se propõem a trabalhar juntos no grupo e das necessidades dos encarnados e desencarnados a serem beneficiados. Por consequência, são infinitos em suas nuances os tipos de trabalhos mediúnicos que realizam as Casas Espíritas.

Alguns grupos destinam-se ao esclarecimento e atendimento fraterno a entidades sofredoras. Neles, é mais comum a manifestação de Espíritos que trazem todo tipo de sofrimento causado pela ignorância das Leis divinas, da realidade da vida espiritual, da verdadeira finalidade da vida física. Nesses grupos, além de médiuns e colaboradores experimentados, podem atuar os que estão iniciando atividades mediúnicas.

Os casos mais intrincados, mais complexos e difíceis são, normalmente, reservados, pelos mentores espirituais, para os grupos mais experientes, principalmente os de desobsessão. Somente a prática e o estudo continuados podem proporcionar condições para que a pessoa atue com proveito e produtividade em trabalhos dessa natureza.

Por isso, nos trabalhos de desobsessão, não é conveniente a presença de pessoas que estão iniciando a prática do intercâmbio mediúnico, pois eles exigem a colaboração de uma equipe experiente no contato com o plano espiritual e que já tenha segurança quanto ao conhecimento e à prática do Espiritismo.

1.4 Como formar um grupo mediúnico?

Conforme explica Allan Kardec, "[…] de muitas dificuldades se mostra inçada a prática do Espiritismo e nem sempre isenta de inconvenientes a que só um estudo sério e completo pode obviar […]" (LM

Introdução).¹⁴ E segue informando: "Sendo a unidade de princípios um dos pontos importantes, não pode existir naqueles que, não tendo estudado, não podem ter opinião formada."(RE, 1861, dez, p. 538).¹⁵ Esclarece, ainda, o Codificador que "uma reunião é um ser coletivo, cujas qualidades e propriedades são a resultante das de seus membros e formam como que um feixe. Ora, esse feixe tanto mais força terá quanto mais homogêneo for [...]" (LM XXIX:331).¹⁶

Consequentemente, antes da prática mediúnica propriamente dita, é necessário que o grupo e seus membros preencham dois requisitos básicos. O primeiro é o conhecimento na área da mediunidade, que só um estudo sério e continuado pode oferecer, e o segundo, que o grupo seja homogêneo, harmônico. Homogeneidade não é fácil de alcançar. Para chegar lá, um dos caminhos pode ser a convivência no estudo. Pelo estudo se chega ao conhecimento e pela convivência, à harmonização do grupo. Simples para se escrever ou falar, mas não tão simples para se executar.

Léon Denis¹⁷ fala, baseado na experiência de anos no campo do intercâmbio mediúnico:

> Muitas tentativas se tornam infrutíferas, grande número de grupos não têm mais que uma existência efêmera, em consequência da falta de paciência, de dedicação e coesão.
>
> Procura-se com avidez obter os fenômenos transcendentes; desde que, porém, para os obter se fica sabendo que é preciso submeter-se a uma disciplina gradual de muitos meses, de muitos anos, reunir-se em dia fixo, todas as semanas pelo menos, e não desanimar com os repetidos insucessos, muitos hesitam e recuam. É preciso, pois, nos grupos em formação só admitir membros absolutamente resolvidos a perseverar, não obstante a lentidão e os obstáculos. Só com o tempo e mediante esforços reiterados é que o organismo dos médiuns e dos experimentadores pode sofrer as profundas modificações que permitem exteriorizar as forças indispensáveis à produção dos fenômenos. [...]

Ainda que os interessados em formar um grupo mediúnico encontrem pessoas experimentadas no assunto, faz-se necessário que todos se submetam humildemente ao estudo da mediunidade, o que propiciará o surgimento das afinidades, o aparecimento de eventuais divergências a serem resolvidas e o desenvolvimento do hábito da constante busca da fraternidade entre todos. Se a atividade for bem conduzida, com o aprofundamento dos conhecimentos virá, também, a harmonização de pensamentos e sentimentos indispensável para a atividade segura.

A formação do grupo mediúnico cumpriria, assim, duas etapas distintas, embora complementares entre si. A primeira poderia ser chamada de *estudo-harmonização* e a segunda, de *estudo-prática* ou trabalho mediúnico. Contudo, essas não são as únicas etapas da existência de um grupo dedicado à mediunidade. A elas se acresceria uma terceira, enfocada adiante: a de sua *manutenção e preservação*.

Importante destacar neste momento que não necessariamente o estudo da mediunidade produzirá como resultado um grupo mediúnico. Isso vai depender de muitos fatores que serão examinados oportunamente.

1.4.1 Quem dirige?

Não estamos tratando ainda do trabalho mediúnico propriamente dito. Falamos da definição de quem vai dirigir o *estudo-harmonização*, para assumir a difícil e desafiadora tarefa de encaminhar o grupo, ou parte dele, à prática mediúnica equilibrada e produtiva no futuro.

Sugerimos o *estudo-harmonização* como etapa inicial de um grupo de estudo da mediunidade na qual se buscará formar uma base comum de conhecimentos e gerar harmonia entre os seus membros. Só depois de cumprida esta etapa o grupo ou parte dele poderá iniciar a segunda etapa que seria a do estudo-prática, na qual o estudo seria mantido em tempo reduzido para abrir espaço ao exercício da mediunidade.

Para dirigir essa etapa, precisa-se de uma pessoa experiente, tanto em relação à prática mediúnica quanto — e principalmente — à condução do estudo da mediunidade e dos desenvolvimentos do relacionamento humano, para orientar o grupo em suas diversas etapas de aprendizado e harmonização.

Essa pessoa poderá, ou não, vir a ser o dirigente do possível futuro grupo mediúnico. Caso não venha a ser, terá a tarefa de identificar e/ou preparar alguém que possa fazê-lo ao longo do período de *estudo-harmonização*. Ideal é que o futuro dirigente do grupo mediúnico participe de toda essa etapa inicial de preparação. Ele mesmo estará passando pelo processo de adaptação junto com os demais participantes.

A decisão de quem dirige, tanto uma quanto outra etapa, é da diretoria ou da área específica que cuida do tema na Casa Espírita, conforme a estrutura vigente.

Considerando que a liderança precisa ser consentida pelo grupo, pode ocorrer que, no desenvolvimento do estudo, se identifique outra pessoa dentro da equipe com melhores condições de direção que a inicialmente cogitada para a tarefa. Nesse caso, a pessoa previamente indicada precisa ser suficientemente humilde para reconhecer que o grupo estará mais bem conduzido por outrem. Um grupo mediúnico no qual o dirigente precisa ser imposto não terá grandes chances de funcionar satisfatoriamente. Essa situação é bem diferente daquela outra, ideal, em que o dirigente adquire o respeito do grupo pelo seu conhecimento do Espiritismo e vivência da moral cristã, condição que resultará, seguramente, no bom relacionamento do dirigente com os membros do grupo.

Mais adiante serão examinadas as qualidades dos membros do grupo, com destaque para as condições necessárias para o desempenho do papel de liderança nos grupos de estudo e de prática mediúnica.

Deve-se considerar a possibilidade, comum em lugares onde o Espiritismo ainda está sendo implantado, de que não haja pessoa com experiência suficiente na prática mediúnica ou no estudo da mediunidade para dirigir um grupo de pessoas que desejam e identificam a necessidade de trabalhar com a mediunidade. Principalmente nesses casos, além da dedicação ao conhecimento da obra básica, é importante a adoção de um programa de estudo que facilite o processo inicial de *estudo-harmonização*. Quando não há uma pessoa experiente para dirigir o grupo, um programa bem estruturado, ainda que não substitua ou dispense a necessidade da experiência, pode ajudar muito o grupo a caminhar pelas vias da aquisição do conhecimento e da harmonização indispensáveis para a sadia prática mediúnica. Depois de formada uma sólida base de conhecimento e conquistados os fundamentos de sustentação do equilíbrio para o exercício da mediunidade, membros do grupo, especialmente o dirigente, poderão ser admitidos em grupos experientes e equilibrados que lhes possibilitem uma necessária, ainda que rápida, visão do funcionamento de uma atividade mediúnica.

Nada substitui a experiência, mas os primeiros grupos mediúnicos, surgidos nos primórdios do Movimento Espírita, não contavam com a orientação doutrinária de que hoje dispomos. Só com o tempo foi possível a formação ou a reestruturação de grupos com base nas orientações de Allan Kardec e Léon Denis e, mais recentemente, em obras escritas por estudiosos trabalhadores encarnados da área da mediunidade ou psicografadas por médiuns confiáveis pela coerência de seus exemplos, como Francisco Cândido Xavier, Yvonne Pereira, Divaldo Pereira Franco entre outros.

Dessa forma, obedecidos os princípios exarados pelo Codificador, é possível iniciar uma prática mediúnica que poderá vir a ser produtiva se a prudência e a perseverança forem as tônicas norteadoras do comportamento dos envolvidos no processo.

Aliás, este é um dos objetivos deste livro: auxiliar, inclusive os menos experientes, a estruturar um estudo sério e continuado que possibilite as condições indispensáveis para a aquisição de uma base conjunta de conhecimento e dê suporte ao processo de harmonização, no relacionamento e na atividade, dos membros de um grupo que deseje servir à causa do Amor, por intermédio do trabalho mediúnico.

1.4.2 Estudo-harmonização

Tudo o que dá resultado positivo e controlado nas atividades humanas parte de metas e objetivos claramente definidos e compreendidos pelos envolvidos no processo. Portanto, para a primeira etapa — a do estudo e busca de harmonização entre os participantes, com vistas à homogeneidade proposta por Kardec —, seria interessante definir objetivos que, uma vez compreendidos pelo grupo, possam guiá-lo no rumo desejado. É muito importante que esses objetivos, assim como tudo o que o grupo fizer, sejam decididos por análise e aprovação conjunta de todos os seus participantes. Por isso mesmo, não se pode ter a intenção de oferecer ideias prontas e acabadas. A título de exemplo, portanto, um grupo de estudo da mediunidade, em sua fase de *estudo-harmonização*, poderia ter por objetivos gerais:

- Promover, pelo estudo da mediunidade e pelo desenvolvimento da harmonia entre os participantes, condições para o intercâmbio mediúnico equilibrado;

- Apoiar os membros do grupo, que evidenciem perseverança e sincero interesse, na identificação e educação de suas capacidades e faculdades mediúnicas.

Esses objetivos são estabelecidos em nível de grupo. Orientados por um dirigente, os participantes, como grupo, buscariam cumprir objetivos que dissessem respeito à formação e manutenção da própria atividade que é o fim, o porquê da existência daquela equipe de trabalho. Os dois requisitos, destacados por Kardec como essenciais — estudo para o estabelecimento e desenvolvimento do conhecimento básico (LM III:34 e 35)[18] e constante trabalho pelo desenvolvimento da harmonia indispensável para o surgimento da homogeneidade almejada (LM XXIX:331) —, apareceriam logo de início, estando claro a todo o grupo o papel que lhe cabe como condição indispensável à sua própria existência.

***

De forma complementar, *cada participante*, individualmente, poderia buscar também alcançar objetivos de natureza semelhante, expressos de forma a evidenciar o conteúdo básico a seguir desenvolvido.

Estudar a mediunidade, suas manifestações, seus mecanismos e suas consequências

Difícil chegar a algum lugar determinado sem conhecer o caminho ou sem ter um mapa. Ainda tendo um mapa, sem o entender, ele de nada adianta. Ninguém pode candidatar-se aos serviços de enfermagem sem ter passado pelo curso de preparação. O que se quer dizer é que a mediunidade é uma atividade especializada dentro do Centro Espírita e os que dela se desejem servir precisam conhecer suas manifestações e seus mecanismos, no máximo de suas particularidades, para aprender a julgar suas consequências.

Além disso, o conhecimento tem papel relevante no que diz respeito à atividade mediúnica, especificamente para os médiuns ostensivos, mas também para todos os demais participantes da reunião, todos, afinal, médiuns no desempenho de diferentes funções. Assim, o que vamos reproduzir a seguir, dos Espíritos Erasto e Timóteo (LM XIX:225),[19] referente aos médiuns, pode ser aplicado a todos os membros do grupo, porque todos podem ser inspirados em diferentes graus de intensidade durante a atividade mediúnica, a depender das aptidões que adestraram.

> [...] Assim, quando encontramos em um médium o cérebro povoado de conhecimentos adquiridos na sua vida atual e o seu Espírito rico de conhecimentos latentes, obtidos em vidas anteriores, de natureza a nos facilitarem as comunicações, dele de preferência nos servimos, porque com ele o fenômeno da comunicação se nos torna muito mais fácil do que com um médium de inteligência limitada e de escassos conhecimentos anteriormente adquiridos. [...]

Como dizíamos, esse esclarecimento pode ser aplicado por extensão, se consideramos a equipe como um organismo coletivo e a reunião como um campo de trabalho mais ou menos favorável à ação da espiritualidade, a depender dos recursos e capacidades que ela encontre nos seus integrantes. Para ações de maior profundidade no campo do atendimento aos Espíritos necessitados ou no da recepção da orientação oferecida pelos Espíritos mentores, a equipe espiritual obterá resultados mais efetivos e profundos com grupos que se dediquem ao estudo e à preparação, em conjunto e cada participante individualmente, elementos que os colocam em melhores condições para atuar na área do serviço ao próximo.

Compreender a mediunidade como meio de comunicação e recurso de esclarecimento e redenção de encarnados e desencarnados

A mediunidade pode ser compreendida dentro do contexto da comunicação, pois é meio de intercâmbio de informações entre dois planos de vida. Em termos espíritas, tem finalidades muito precisas e, nos trabalhos dos grupos especializados, tem por função o esclarecimento e a redenção de encarnados e desencarnados. Os primeiros beneficiados por ela são os próprios participantes, que, muitas vezes, julgam tão somente estar prestando um serviço ou fazendo a caridade ao juntar-se a um grupo. No entanto, antes de doar algo, se o trabalho obedece a requisitos de seriedade e honestidade, cada participante receberá a ajuda, a inspiração, a assistência da Espiritualidade superior, encarregada de dirigir e apoiar as atividades desde o mundo espiritual.

A mediunidade como meio de comunicação entre dois planos de vida pode manifestar-se em qualquer lugar e não somente dentro do grupo mediúnico. A qualidade da prática mediúnica, contudo, vai depender das opções dos envolvidos no processo, muito especialmente dos que se candidatem à sua prática em um grupo de orientação espírita. O tipo de suporte ou de influência espiritual que vão receber, como membros de um grupo de estudo da mediunidade e, possivelmente, de prática mediúnica, dentro de algum tempo, depende muito da utilização que pretendam dar a esse meio de comunicação.

Daí a importância de que cada participante tenha sempre presente esse aspecto essencial da mediunidade no meio espírita, que é servir, porque, quando essa função básica é atendida, o participante da atividade é automaticamente servido dentro do processo no qual está envolvido. Caso contrário, por uma questão de afinidade e necessidade de aprendizado, sofrerá as naturais consequências de sua ignorância, por não ter-se dedicado convenientemente ou ter negligenciado a oportunidade de compreender o enraizamento estreito da mediunidade no serviço ao próximo.

Outros encarnados beneficiados pela atividade mediúnica são os frequentadores dos Centros Espíritas, que vêm para as reuniões públicas ou outras de estudo e trabalho, com suas companhias espirituais. Quando se faz necessário e há condições para o serviço, alguns desses Espíritos são encaminhados para a(s) atividade(s) mediúnica(s) com vista ao esclarecimento, orientação e encaminhamento possíveis.

Há ainda os encarnados que se beneficiam pelas orações e pelos pedidos de auxílio feitos pelos frequentadores de Centros Espíritas. Os Espíritos auxiliares visitam, em se dando as condições necessárias, os lares e os ambientes frequentados pelas pessoas mencionadas nas orações e podem, também, promover o encaminhamento para um grupo de esclarecimento espiritual dos desencarnados menos esclarecidos que as cercam e prejudicam de alguma forma.

Dentre os desencarnados, não são amparados e beneficiados pela atividade mediúnica apenas os referidos nos dois últimos parágrafos. Esse tema é detalhado na segunda parte deste livro, Capítulo 8 – Algumas situações em que os Espíritos se encontram.

Assimilar e vivenciar os princípios educativos oferecidos pela Doutrina Espírita e o Evangelho de Jesus

Se compreender diz respeito ao intelecto, faz-se necessário completar o processo, buscando recursos que apoiem o desenvolvimento do sentimento. O Espiritismo e o Evangelho de Jesus apresentam a base para o autoconhecimento e a transformação moral ou, em outras palavras, a integração do indivíduo consigo mesmo. Essa integração o leva à compreensão da finalidade de sua existência e à imperiosa necessidade de buscar os caminhos de ser útil, em um processo de interação com o próximo, na vivência da caridade, em obediência — consciente e consentida — às Leis divinas e, consequentemente, à sua integração com o Pai. Assimilar é mais do que simplesmente compreender. É absorver os conteúdos que passam a fazer parte, a integrar o ser e a guiar sua personalidade, orientando suas atitudes e ações, em vivência cada vez mais ampla e profunda, reflexo de seu autodescobrimento como filho de Deus, irmão de todos, destinado à felicidade, que é conquista de seu próprio esforço de evolução, atitude que se faz cada vez mais consciente à medida que o ser avança. Mas tudo tem um começo, e o começo não pode estar no último degrau da escada. Passo a passo, é preciso iniciar pelas lições mais simples e ir aprofundando a assimilação e vivência das opções mais profundas. É interessante começar pelo que já entendemos, para abrir campo para o que ainda não estamos preparados para assimilar e vivenciar.

Capacitar-se para a atuação mediúnica produtiva e equilibrada

Quando se deseja trabalhar com a mediunidade, é preciso buscar a capacitação. A integração no grupo de estudo da mediunidade é passo importante, mas não suficiente.

* * *

Podemos utilizar as palavras de Áulus, instrutor espiritual de André Luiz, para resumir essa necessidade: "O problema é de aprender sem desanimar e de servir ao bem sem esmorecer".[20]

1.4.3 Os candidatos à mediunidade

Allan Kardec afirma (RE, 1861, dez, p. 538).[21]

> [...] Infelizmente, quando criamos um grupo, somos muito pouco rigorosos na escolha, porque, antes de tudo, queremos formar um núcleo. Para nele ser admitido, basta, na maioria das vezes, um simples desejo ou uma adesão qualquer às ideias gerais do Espiritismo. Só mais tarde é que percebemos ter facilitado em demasia a admissão. [...] Aquele que tem a intenção de organizar um grupo em boas condições deve, antes de tudo, assegurar-se

do concurso de alguns adeptos sinceros, que levem a doutrina a sério e cujo caráter, conciliador e benevolente, seja conhecido.

De fato, um dos maiores desafios enfrentados por quem decide formar um grupo mediúnico é a seleção dos participantes. Conforme orientação de Léon Denis:[22]

> [...] Se é conveniente escolher com cuidado os colaboradores, é preciso, entretanto, não levar as coisas ao extremo, nem ser demasiado exclusivista. Com o auxílio do Alto e a assistência dos Espíritos guias, as discordâncias que reinam ao começo em alguns círculos podem-se atenuar e ceder lugar à homogeneidade. [...]

Atentos às palavras de Kardec e de Léon Denis, vamos examinar as possibilidades normalmente utilizadas para a seleção dos participantes de uma atividade mediúnica.

A escolha "a dedo"

Uma das práticas mais antigas é a de selecionar "a dedo" as pessoas mais aptas a participar do trabalho mediúnico. Alguém, indicado pela diretoria do Centro ou que se julgue com autoridade ou capacitado para decidir, se propõe a formar um grupo mediúnico e busca na Casa Espírita, ou entre suas relações, as pessoas com "conhecimento e vivência" para assumir as responsabilidades da prática mediúnica.

Nesse caso, é frequente que, ao aparecer um "novato", sem qualquer experiência ou afirmando haver participado desse tipo de trabalho em outros grupos, ele seja colocado diretamente dentro do grupo mediúnico, ao sabor da simpatia despertada no dirigente, ou receba a recomendação de ficar assistindo às reuniões públicas ou outros eventos do Centro por tempo indeterminado — raramente menos de um ano —, até que alguém o veja (se isso acontecer) e o convide para a tarefa. Neste segundo caso, quando o interessado é persistente, pode vir a ser admitido se conseguir convencer diretamente o dirigente ou encontrar alguém do grupo que o recomende.

Note-se que o simples impedimento da participação de desconhecidos ou inexperientes, por algum tempo, gera insatisfação. Há quem afirme não ser bem recebido nos Centros Espíritas, porque não lhe é permitido integrar o (ou um) grupo mediúnico da casa.

A simples seleção de pessoas experientes não oferece solução para a problemática, pois além de nem sempre ser fácil encontrar pessoas nessa condição, que ainda não estejam comprometidas com algum grupo, nada garante que a "experiência" não tenha contribuído para a formação de vícios e cacoetes que dificultam a compreensão da proposta do Espiritismo para um trabalho mediúnico equilibrado e produtivo. Também não é solução manter as pessoas desconhecidas em espera pura e simples, por algum tempo, sem lhes oferecer condições para que se preparem para a tarefa à qual desejam vincular-se.

A exigência de conhecimento doutrinário

Outra prática muito comum para a seleção de participantes das atividades mediúnicas é a exigência de conhecimento prévio das obras da Codificação. Considera-se que as pessoas precisam ter, pelo menos, lido *O livro dos espíritos* e *O livro dos médiuns*, mas se estima ideal o conhecimento de toda a Codificação.

Essa prática não deixa de ser uma variação do critério de escolha "a dedo". A única diferença é que a escolha está orientada pelo critério do conhecimento doutrinário.

No entanto, a simples leitura de alguns livros ou de toda a Codificação pode constituir garantia de que as pessoas estão preparadas e cumpriram os requisitos para participar da atividade mediúnica? Como na situação anterior, não se oferece aos interessados possibilidades de adquirir as condições mínimas, que só um estudo específico e bem orientado sobre a mediunidade pode proporcionar. Além disso, onde está a garantia de harmonização de equipe assim formada para habilitá-la à entrada direta na prática mediúnica?

Os cursos e estudos de Espiritismo

Para suprir a deficiência observada, alguns Centros Espíritas desenvolvem ou adotam programas específicos de estudo da mediunidade com vistas a melhor preparar os candidatos à prática mediúnica. No entanto, os grupos, em sua maior parte, continuam a exigir que as pessoas tenham certo conhecimento prévio do Espiritismo, e alguns deles encaminham os candidatos à atividade mediúnica para cursos doutrinários antes de admitir sua inscrição no estudo específico da mediunidade.

No entanto, há instituições que levam todos os participantes que concluem esses cursos à prática da mediunidade sem um critério de avaliação que indique se o interessado está ou não preparado para a atividade. Nem sempre a participação em estudos gerais, ou sobre temas específicos, assegura a preparação da pessoa para a prática mediúnica. Não se pode esquecer os fatores fundamentais recomendados por Kardec, que são o conhecimento da mediunidade e a harmonização do grupo.

Tivemos a oportunidade de observar experiência dessa natureza. A Instituição Espírita, cedendo a pressões de participantes do Estudo Sistematizado da Doutrina Espírita (ESDE), que estava chegando ao último programa, decidiu criar um grupo mediúnico com todos os interessados que finalizariam o ESDE. Tudo começou com muito entusiasmo, mas não tardaram a aparecer os problemas. Apesar de haverem estudado juntos por aproximadamente quatro anos e tratado da mediunidade na parte específica prevista pelo programa, o estudo do ESDE não é direcionado para a preparação das pessoas para a prática mediúnica. A iniciativa culminou, ao longo do tempo, com a exclusão de vários participantes, que findaram por deixar a Casa Espírita angustiados e ressentidos. O dirigente, que aceitou assumir a tarefa sem conhecer efetivamente o grupo, também sofreu muito até chegar a uma condição mínima de manutenção da prática mediúnica produtiva, sendo acusado, muitas vezes, de incompreensivo e "dono da verdade" por aqueles que não desejavam fazer os esforços necessários para sua adequação às exigências de um trabalho sério.

Os estudos doutrinários (por exemplo, estudo sistematizado da Doutrina Espírita, estudo da obra básica etc.) não substituem, assim, o *estudo-harmonização*, que se faz indispensável para a preparação específica de trabalhadores para a área da mediunidade.

Nada impede, no entanto, especialmente onde é grande o afluxo de interessados nos grupos de estudo do Centro Espírita, que a diretoria estabeleça, como critério, a prática de somente permitir a entrada no estudo específico da mediunidade a quem haja feito, por exemplo, o Estudo da Obra Básica, o Estudo Sistematizado da Doutrina Espírita, o Estudo do Evangelho, o Estudo das Obras de André Luiz, ou outros estudos do Espiritismo mantidos pela Casa. Esse critério funciona como um filtro, pois, com as exceções que sempre existem, chegarão aos grupos de estudo da mediunidade somente aqueles que resistiram e se adaptaram à disciplina que deve fazer parte de um estudo semiprivado da Casa Espírita.*

* * *

Naturalmente, há casos em que, tanto nas práticas descritas acima quanto em variações daquelas, se estabelece um estudo, considerado suficiente, no qual os membros "escutam" uma preleção por um tempo breve antes da prática mediúnica. Não costuma haver avaliação periódica das atividades, nem acompanhamento da participação por critérios claramente definidos e compreendidos por todos. Há outros casos em que o dirigente é mais exigente e nos quais pode até mesmo haver excessivo rigor nos critérios de participação. Alguns participantes passam a cumprir os requisitos por dever e não por haver compreendido propriamente o que fazem, enquanto outros vão driblando as "normas" como podem ao longo do tempo.

---

* Nota dos autores: Entendemos que um Centro Espírita, em termos de organização administrativa e funcional, conta com três tipos de atividades: *as públicas*, para as quais podem concorrer todos os interessados como simples frequentadores, sem nenhum tipo de compromisso formal com a casa, como é o caso das palestras, passes e assistência social (no caso das pessoas atendidas) ou alguns grupos de estudo livres de controle de participação; *as semiprivadas*, com as quais o frequentador já assume algum tipo de compromisso (minimamente de participação assídua), como é o caso das reuniões do tipo Estudo Sistematizado da Doutrina Espírita; e *as privadas*, com as quais os trabalhadores assumem compromissos mais formais, aceitando compartilhar das responsabilidades pelos destinos da própria atividade, como é o caso de todas as reuniões para trabalhadores e das de estudo e prática da mediunidade.

Em todos os casos, permanece a grande dificuldade que é saber quem de fato está preparado ou não para a tarefa. Há critérios a serem utilizados para saber se a pessoa está ou não apta? Seria conveniente adotá-los? Quem tem autoridade para decidir sobre o assunto? O quê e como fazer?

Democratizando o processo de seleção

Para a solução desse dilema, como de tantos outros, o caminho mais natural e lógico é buscar orientação na Codificação. O que o Codificador falou sobre o assunto? Em diversas oportunidades (por ex. em LM III:31 a 33),[23] ele destacou a importância de as pessoas não se entregarem à prática antes de conhecerem a teoria. Indicou, inclusive, que são certos os prejuízos para aqueles que se entregam ao exercício da mediunidade sem antes conhecerem as condições necessárias para a sua prática segura, os riscos e escolhos que enfrentarão, os obstáculos que deverão superar para que o trabalho seja produtivo. Portanto, para Allan Kardec, assim como para todo espírita consciente, o estudo antes da prática mediúnica é fundamental.

Outras considerações também merecem atenção: o estudo deve ser específico, direcionado, mas quem convidar para o estudo? Não seria bom desenvolver algum critério do tipo: somente pode participar do estudo da mediunidade quem já leu a Codificação ou pelo menos os dois primeiros livros de Kardec?

Contudo, esses critérios nada garantem, além de poderem ser considerados discriminatórios. Quem pode assegurar que uma pessoa tenha aprendido o suficiente por simplesmente haver lido determinado livro? Há imensa distância entre ler e estudar com dedicação e afinco. O que se busca é o desenvolvimento de uma consciência espírita que somente pode ser conquistada com o estudo sério e continuado conforme proposto pelo codificador (LE Introdução VIII).[24] Há muitas pessoas que necessitam de ajuda para desenvolver o hábito do estudo organizado.

Além disso, as pessoas que se queixam de falta de oportunidade para participar das atividades mediúnicas dos Centros não consideram ou ignoram o fato de que os dirigentes espíritas seriam levianos se as admitissem em uma atividade cujas consequências desconhecem.

Uma boa opção poderia ser a democratização do processo, ou seja, convidar para o estudo todos os interessados na prática mediúnica, conheçam ou não o assunto, com a condição de lhes serem fornecidos recursos para a aprendizagem necessária.

"— Ah, mas essas pessoas vão atrapalhar os outros que já sabem alguma coisa!" — poderá afirmar alguém. E com razão! Mas se não aprendemos a ser caridosos e fraternos com nossos companheiros na vida física, como poderemos sê-lo com os desencarnados quando as atividades mediúnicas iniciarem? Quem não quer estar com os "inferiores" não pode atuar em um grupo mediúnico de assistência a Espíritos sofredores. Essa é uma realidade que deve ser aprendida, de início, por todo candidato a trabalhar com a mediunidade.

Efetivamente, não é saudável nem seguro permitir que pessoas inexperientes e sem conhecimentos adequados participem de atividades mediúnicas nas Casas Espíritas. Mas negar ou restringir suas oportunidades de estudo pode significar discriminação ou a simples negação de uma chance para os que, de boa vontade, a partir daí, passem a dedicar-se ao estudo e à prática do Espiritismo, fazendo-se, com o tempo, aptos para integrar-se na ação mediúnica produtiva.

Naturalmente, para que propostas dessa natureza funcionem, orientações de trabalho claramente definidas e aceitas por todos precisam ser estabelecidas, oferecendo condições para que os de boa vontade se desenvolvam e se façam aptos para a tarefa. Aqueles que não aceitarem o desafio do *estudo-harmonização,* ou desistirem no meio do caminho, já não poderão afirmar que não tiveram a oportunidade de participar das atividades mediúnicas da Casa. Tiveram, sim, a oportunidade, mas não quiseram aceitar as condições necessárias para que pudessem realmente ser beneficiados e contribuir com a tarefa.

Portanto, para iniciar um grupo de estudo da mediunidade, especialmente nas pequenas instituições, voltamos a destacar, a divulgação pode ser ampla dentro da Casa, alcançando todos os possíveis candidatos, sendo aceitos todos os interessados. Ao entrar em um grupo sério e bem estruturado, todos poderão ser levados naturalmente ao estudo das obras da Codificação e de outros livros fundamentais para o conhecimento geral da Doutrina e, especificamente, da mediunidade, condições consideradas indispensáveis para adentrar, mais tarde, na prática mediúnica.

A quantidade de participantes

Quantos participantes deve ter um grupo de estudo da mediunidade?

Allan Kardec, em *O livro dos médiuns*, afirma:

> Sendo o recolhimento e a comunhão dos pensamentos as condições essenciais a toda reunião séria, fácil é de compreender-se que o número excessivo dos assistentes constitui uma das causas mais contrárias à homogeneidade.
>
> Não há, é certo, nenhum limite absoluto para esse número e bem se concebe que cem pessoas, suficientemente concentradas e atentas, estarão em melhores condições do que estariam dez, se distraídas e bulhentas. Mas também é evidente que quanto maior for o número, tanto mais difícil será o preenchimento dessas condições. Aliás, é fato provado pela experiência que os círculos íntimos, de poucas pessoas, são sempre mais favoráveis às belas comunicações, pelos motivos que vimos de expender (LM XXIX:332).[25]

Corroborando o pensamento de Kardec, Áulus é objetivo em *Nos domínios da mediunidade*: "Admito que devamos centralizar nossas observações em reduzido núcleo, onde melhor dispomos do fator qualidade".[26]

Para a prática mediúnica, o número ideal recomendado por autores consagrados varia de 4 a 20 pessoas. Léon Denis afirma que "os grupos pouco numerosos e de composição homogênea são os que reúnem as maiores probabilidades de êxito". Para ele, "é prudente não exceder o limite de 10 a 12 pessoas [...]".[27] Adiante, no mesmo livro, Léon

Denis volta ao assunto para fazer a seguinte referência: "constituído o grupo e composto de quatro a oito pessoas...".[28] Podemos deduzir, assim, que, para esse autor, o grupo funciona idealmente com 4 a 8 membros. Em *Desobsessão*, André Luiz[29] inicia o capítulo que trata dos componentes da reunião afirmando que o número não deverá exceder a 14. Para Hermínio Miranda, "[...] o grupo pode funcionar bem até com duas pessoas [...]", observando que um grupo assim pequeno tem que encarar naturais limitações. Para ele, "[...] é possível [...], se alcançada impecável homogeneização, fazer funcionar razoavelmente bem um grupo com mais de 8 pessoas, mas acima de 12 vai-se tornando bastante problemática a sua eficácia" [...].[30] Allan Kardec sugere que os grupos espíritas sejam formados por 15 a 20 pessoas.[31] Como, com raras exceções, as reuniões da Sociedade Espírita de Paris eram mediúnicas, podemos assumir que Kardec sugere esse número para sessões dessa natureza.

Mas deixando de lado, por ora, a prática mediúnica e voltando a falar de grupo de estudo, é preciso considerar certas questões de ordem didática relativas ao assunto. Os profissionais da área recomendam que, para receber atenção individualizada do professor — no caso, do dirigente ou orientador do estudo — e para que o grupo alcance condição ideal de interação entre seus membros, o número de membros deve girar em torno de 20 a 25 pessoas.

Consideremos também que, com o tempo, por distintos motivos e por mais que adotemos providências para evitar a saída de participantes, a tendência natural é a diminuição do grupo. Se o grupo inicia com 25, há boa chance de chegar ao exercício da mediunidade com uns 10 a 15 membros. Ideal, naturalmente, seria que todos perseverassem e, nesse caso, poderiam ser adotadas medidas para a formação de dois grupos de prática mediúnica, dentro dos padrões sugeridos pelos autores e experimentadores reconhecidos. No entanto, a prática evidencia que todo grupo sofre diminuição no período de *estudo-harmonização* e, também, posteriormente, quando já iniciada a prática mediúnica. Por isso, o ideal é iniciar os estudos com cerca de 25 participantes.

Nada impede, contudo, que se iniciem estudos com número menor de pessoas, em locais onde não se consegue formar grupo desse porte. Com o estabelecimento de critérios cuidadosos, pode-se, em alguns casos e sem ânimo de proselitismo, incentivar os participantes a trazerem novos interessados quando o grupo for inferior aos 20 a 25 ideais. Pode-se, ainda, manter o grupo de *estudo-harmonização* aberto por um ou dois meses e lançar a campanha "cada um traz mais um", até esgotar realmente as possibilidades do local ou alcançar o número desejado. Quando a meta estiver próxima a ser alcançada, o dirigente poderá conversar com o grupo para definir eventuais possibilidades de convidar mais participantes somente para completar o número ideal. No caso oposto de haver muitos interessados, o grupo deve ser fechado assim que as inscrições alcançarem o número ideal. Tivemos a oportunidade de vivenciar as duas situações. Houve locais onde foi necessário lançar campanha para aumentar o número de participantes, em outros onde foi necessário formar dois grupos de estudo em dias diferentes, porque apareceram mais de 50 interessados logo na primeira reunião. Quando há pessoas preparadas para conduzir o estudo e a Instituição tem condições para receber todas as pessoas ao mesmo tempo, podem-se formar dois ou mais grupos no mesmo dia e horário.

Uma vez reunido o número ideal ou esgotadas as possibilidades do local, o grupo deve ser fechado, não se admitindo novos membros, salvo em casos excepcionais, a critério do dirigente e com o consentimento de todo o grupo. Quando surge novo contingente de interessados, forma-se novo grupo de *estudo-harmonização*, até o limite estabelecido pela diretoria da Instituição. Essa prática permite a formação de trabalhadores para a criação de novos grupos mediúnicos ou o reforço dos grupos que, naturalmente, vão perdendo seus membros por distintos motivos. No entanto, é importante considerar que a proposta do Codificador[32] é pela existência de centros familiares e não "megalocentros", com muitos grupos mediúnicos e múltiplas atividades em que as pessoas não têm a oportunidade de se conhecerem.

1.4.4 Os requisitos para participação

> Nenhum grupo, sem ser submetido a uma certa disciplina, pode funcionar. – LÉON DENIS[33]

Aqui não temos a intenção, nem as condições, de oferecer regras de funcionamento para as Instituições Espíritas. Na verdade, apresentamos uma sugestão que decorre do fato de que os grupos atuam melhor quando há algum tipo de *acordo de grupo* assumido pelos participantes, ou seja, quando há um consentimento, uma aceitação por parte do participante em relação aos critérios de funcionamento do grupo.

Para que uma proposta nesse sentido seja bem-sucedida, é importante a existência de parâmetros definidos pela Instituição e adaptados, se necessário, às peculiaridades de cada grupo, observadas, naturalmente, as diretrizes do Espiritismo. Mais tarde, veremos que o ideal é a adoção de critérios mais amplos para a criação e manutenção do grupo, inicialmente de *estudo-harmonização* e, depois, reunidas as condições necessárias, de *estudo-prática*. Esses critérios constituiriam um *acordo de grupo* pelo qual todos e cada um dos membros assumiriam o compromisso individual e coletivo de se dedicarem à concretização do que ficar acordado. Esses critérios poderiam ser chamados de *requisitos para a participação* na prática mediúnica. Eles poderiam ser especificados, por exemplo, como:

Conduta

Allan Kardec, definindo os vários tipos de adeptos, afirma que os verdadeiros espíritas são o mesmo que os verdadeiros cristãos (LM III:28)[34] e (EE XVII: 4).[35] É coerente, portanto, que o espírita sincero assuma o compromisso de manter *conduta espírita, ética e moral baseada no Evangelho de Jesus*.

Nessa linha de pensamento, consideremos que o Centro fez ampla divulgação ou aplicou a ação "cada um traz mais um" acima referida. Nessas situações, podem surgir pessoas que ainda não conhecem o Espiritismo. Como pedir a elas que mantenham conduta espírita, ética e moral consentânea com os princípios espíritas? Consideremos a afirmativa de Allan Kardec: "se [...] projetarmos o olhar sobre as diversas categorias de *crentes*, depararemos primeiro com os que são *espíritas sem o saberem*" (LM III:27).[36] Não se pode esperar que se apresentem pessoas prontas para o trabalho, mas aquelas de boa vontade que desejem se preparar para ele. Se os presentes estiverem dispostos a desenvolver comportamento digno, conduta compatível com a proposta ético-moral do Espiritismo, que não é outra senão a do Cristo, isso bastará, inicialmente, para admitir sua integração no grupo de *estudo-harmonização*. O que se pretende é um compromisso conjunto de busca de aperfeiçoamento moral e intelectual, sem o qual não haveria razão para a criação do grupo de estudo.

Consideremos, ainda, que se apresente alguma pessoa que nem seja cristã. O que fazer? Uma vez mais, seguir a orientação do Codificador (LM III: 18, 19, 30 e 31).[37] Não é possível convencer alguém de algo que não deseja. É dever do verdadeiro espírita respeitar as crenças e convicções dos demais. No entanto, as pessoas que se encaminham para um Centro Espírita sabem que ali vão encontrar a proposta de estudar o Espiritismo, vão conviver com pessoas espíritas e precisarão respeitar a filosofia, ao encontro da qual se dirigem espontaneamente, sem imposição de ninguém. Não importa a crença ou a convicção filosófico-religiosa da pessoa. Se ela deseja estudar a mediunidade sob a ótica espírita, que é o propósito de um grupo espírita, precisará manter conduta ético-moral compatível com a proposta do bem ao próximo, do amor e da caridade, conceitos e propostas presentes em todas as filosofias de vida saudáveis espalhadas pelo mundo. Se o rótulo ainda é motivo de divisão para alguém, esse alguém ainda não está suficientemente maduro e preparado para compreender a proposta de trabalho, por meio da mediunidade, oferecida pelo Espiritismo.

Cabe ao responsável pela atividade, com o devido carinho e atenção, buscar oferecer os esclarecimentos necessários, mantendo as possibilidades abertas para a integração de todos os de boa vontade que se disponham ao esforço sincero de manter uma conduta compatível com a proposta cristã de amar a Deus e ao próximo como a si mesmo. Mas a ninguém cabe o direito de mudar as características do Espiritismo, apresentadas pelo Codificador sob a assistência dos Espíritos reveladores, para atrair pessoas para os Centros Espíritas. Não é seu papel mentir ou tergiversar sobre questões fundamentais, a título de agradar ou contemporizar, simplesmente para manter as pessoas que não desejem se entregar ao esforço de transformação necessário para o exercício produtivo da mediunidade conforme a proposta espírita.

Pode, e em certas circunstâncias talvez seja conveniente, que a Casa Espírita mantenha flexibilidade para atrair as pessoas e, com o tempo, esclarecê-las sobre os aspectos fundamentais do Espiritismo. No entanto, aqui estamos tratando do estudo e prática da mediunidade sob a ótica espírita. Se a pessoa não entende, de início, o que se espera dela, pode sentir-se enganada e revoltar-se contra o dirigente, a Instituição ou mesmo o Espiritismo. Veremos, mais adiante, que é preferível ser sincero e dar oportunidade para que os demais também o sejam do que contemporizar ou tergiversar sobre questões que são cruciais dentro do trabalho que se pretende realizar, abrindo possibilidades para decepções posteriores.

Disciplina

A *disciplina* é outro fator fundamental quando nos referimos à mediunidade. *Disciplina* não apenas no sentido restrito de cumprimento de regras estabelecidas, mas no sentido de compromisso interno, que o indivíduo assume consigo mesmo, para o trabalho constante de autoaperfeiçoamento. A *disciplina* para o candidato ao trabalho equilibrado da mediunidade consiste na busca do estabelecimento de linhas de conduta moralmente coerentes, que ultrapassem os limites estreitos das relações sociais, adstritos à forma, para tornar-se uma conquista que, na medida em que é interiorizada, vai sendo absorvida pelo ser essencial, fazendo-se mais e mais espontânea e natural. Nessa etapa, o indivíduo é disciplinado não por imposições externas de qualquer natureza, mas por convicção desenvolvida pelo conhecimento e pela experiência. Em relação especificamente ao exercício da mediunidade em um grupo espírita, tudo começa pela simples observância de compromissos assumidos conjuntamente para a ordenação das atividades, as quais resultarão em benefícios para todos os interessados e para outros que receberão indiretamente as consequências dos seus esforços.

Humildade

Não é possível falar em atividade mediúnica equilibrada e produtiva sem tratar da questão da *humildade*. Essa qualidade é essencial não apenas para os médiuns ostensivos, mas para todos os que assumem a tarefa mediúnica. Sem *humildade*, o trabalhador da mediunidade é candidato seguro à interferência dos Espíritos inferiores e, portanto, à obsessão. É uma simples questão de afinidade. Os Espíritos superiores desejam e trabalham pelo nosso bem, mas não podem fazer por nós o que não permitimos que façam. Os superiores jamais violentarão nosso livre-arbítrio, mas os inferiores, que ainda não admitem as consequências desastrosas do desrespeito ao direito de livre ação do próximo, sabem muito bem usar a falta de *humildade* do potencial trabalhador do bem para desviá-lo dos compromissos, especialmente na área da mediunidade, que é fator fundamental para o esclarecimento de encarnados e desencarnados.

Interesse fraterno

Ainda dentro do tema *conduta*, um fator de agregação e harmonização do grupo é o *sincero interesse fraterno de seus membros uns pelos outros e pelos demais Espíritos encarnados e desencarnados*. Pode ocorrer o fato de as pessoas interessadas em ajudar os Espíritos desencarnados, por circunstâncias diversas da vida, não se darem conta de que um companheiro encarnado do próprio grupo está passando por dificuldades em determinado momento. Se o grupo está atento ao papel da mediunidade, compreenderá que não pode haver auxílio seletivo. Ou seja, não podemos querer ajudar os desencarnados se não nos apoiamos mutuamente, se não somos companheiros e irmãos dentro do próprio grupo.

Por isso, cada membro do grupo estará atento às necessidades dos demais e fará todo o esforço para auxiliar, quando necessário. Não importa o problema ou a situação. Se, por exemplo, alguém está com dificuldades em relação ao estudo de algum dos livros recomendados, outra pessoa que tenha facilidade para isso poderá ajudar aquele companheiro a superar a barreira. Podem-se também formar pequenos grupos para leitura e estudo dos livros em horários compatíveis. Outras vezes, é um companheiro em dificuldades financeiras, como no caso de alguém que perdeu o emprego. Também por meio de uma palavra amiga e esclarecedora pode-se prestar apoio a alguém que está mergulhado em grave problema moral, em consequência, por exemplo, de dificuldades na orientação dos filhos adolescentes.

A caridade se faz por espírito de solidariedade, que somente é real quando alcança todos os que estão em nosso círculo de convivência. Dessa forma, o interesse fraterno pelos membros do grupo é fundamental e precisa, a partir daí, estender-se para os demais encarnados e desencarnados.

* * *

Em resumo, poderíamos dizer que o objetivo é a conscientização do participante do estudo quanto à importância e à necessidade de sua transformação moral e de empreender esforços por domar suas más inclinações (EE XVII: 4). Em outras palavras, é essencial o constante esforço de superar a si mesmo e de se fazer cada dia mais consciente do seu papel na vida. Todos fomos criados por Deus com o objetivo de fazer-nos úteis dentro da obra divina. Ninguém está privado da possibilidade de evoluir e de assumir o papel de cooperador no campo do Senhor. Quanto antes o indivíduo se conscientiza dessa realidade, mais rápido assume o seu papel perante os demais, Deus e si mesmo, fazendo-se disciplinado e humilde, pronto para aproveitar as oportunidades de servir, a começar do próximo mais próximo — os membros do próprio grupo neste caso — para ir depois, progressivamente, ampliando seu raio de ação.

Estudo individual de apoio ao estudo harmonização

É essencial que o estudo de grupo e todo o processo de aquisição de conhecimentos para o trabalho mediúnico sejam acompanhados pelo estudo individual. O esforço de cada um na aprendizagem dos conceitos espíritas e dos mecanismos da mediunidade é parte integrante da inserção no grupo e carreia subsídio necessário ao entendimento do processo de comunicação com o plano espiritual. Ao estudar, o membro do grupo adquire conhecimentos e pode interagir com maior facilidade nas atividades de análise e discussão em grupo.

Afirma Allan Kardec: "o que caracteriza um estudo sério é a continuidade que se lhe dá" (LE Introdução VIII). Logicamente, para que o estudo seja continuado, preciso é que seja feito com certa frequência e, para que seja sério, precisa obedecer a certos critérios. O ideal seria fazê-lo todos os dias. Talvez uns 15 a 30 minutos por dia. Quem dispõe de mais tempo poderia fazê-lo por uma hora. Isso todos os dias sem exceção. Não seria ler simplesmente os livros e parar, considerando que já se fez o suficiente. Seria estudá-los, fazer anotações, comparar conteúdos, compreender e meditar os conceitos, buscar as vias de aplicação prática do conhecimento.

Por onde começar? Pela obra da Codificação, naturalmente. *O livro dos espíritos* foi o primeiro a ser editado e o único com que se contava, em termos de estudo do Espiritismo, por um tempo. Mais tarde, surgiu *O livro dos médiuns* com o objetivo de nortear a prática mediúnica. *O evangelho segundo o espiritismo* é outro livro fundamental para a conquista e manutenção do equilíbrio vibratório e que sugerimos seja estudado sempre e paralelamente ao estudo dos demais livros. Depois, o codificador lançou *O céu e o inferno*, seguido de *A gênese*. Mas a obra de Kardec não se limita a esses livros. Um estudo sério e continuado envolve certamente toda a obra do codificador, incluindo *Obras póstumas* e a *Revista Espírita,* entre outros. À razão de 15 minutos por dia, vários anos são demandados para esse estudo completo. No entanto, se o estudo não for iniciado, o tempo passará igualmente e a tarefa estará adiada para outro momento, talvez mais difícil do que o vivido agora. Quem não dispõe de 15 minutos por dia para estudar Kardec? Quanto tempo despendemos no cuidado e manutenção do corpo físico todos os dias? Quanto tempo despendemos para a manutenção de nosso Espírito? Tudo é uma questão de lógica e definição de prioridades.

Tomou aproximadamente um ano o primeiro estudo que fizemos de *O livro do espíritos* durante 15 minutos por dia. O mesmo tempo foi dedicado para o primeiro estudo de *O evangelho segundo o espiritismo.* Já havíamos lido as duas obras algumas vezes, mas não havíamos feito o estudo sério e continuado recomendado pelo codificador. Posteriormente, voltamos a esse estudo algumas vezes. Para o estudo de toda a obra do codificador, incluídos os 12 volumes da *Revista Espírita*, levamos mais de 14 anos. E o estudo continua...

Como não existe somente a Codificação, a proposta é de estudo também de outras obras, indispensáveis à formação da cultura do espírita sério. Seria, então, uma *busca constante de ampliação do conhecimento doutrinário, extraído das obras espíritas codificadas por Allan Kardec e das complementares a estas de autores fiéis às orientações da Doutrina Espírita*. Para quem vai se dedicar à prática mediúnica, haverá a necessidade do *estudo específico de algumas obras, especialmente relacionadas com a mediunidade*. Como apoio ao iniciante, sem ânimo de apresentar uma lista exaustiva, sugerimos alguns livros no Anexo 1 ao final deste livro.

Colaboração

Participar de outras atividades da Casa Espírita é fundamental para o trabalhador da mediunidade. O trabalho mediúnico é um apoio à Instituição. Como pode a pessoa apoiar o que não conhece? Como pode conhecer se não se integra? Fundamental, portanto, é fazer, realizar e sentir-se parte da Casa que o abriga e lhe oportuniza o estudo. Como o exercício da mediunidade é uma atividade de assistência e promoção, o ideal é que o trabalhador dessa área se exercite no serviço de assistência e promoção aos encarnados, angariando experiência que lhe facilitará o intercâmbio com os irmãos necessitados que se encontram na outra dimensão da vida.

Frequência

A assiduidade é fundamental. Não se pode formar uma base comum de conhecimento sem participar das reuniões. Nem mesmo é possível alcançar um bom nível de harmonização se as pessoas não dão a devida importância ao trabalho, a ponto de crer que podem faltar, pois não faz muita diferença estarem presentes ou não. Em uma família, sente-se a ausência de algum de seus membros caso não tenha chegado à casa ao encerrar-se o dia de trabalho e adotam-se providências para saber se houve algum problema. O mesmo precisa ocorrer com o grupo de estudo ou de prática mediúnica. Não é bom passar despercebida dos outros participantes a ausência de um dos membros a alguma das reuniões. Se não se sente a ausência de alguém é porque esse alguém não é importante para os demais. Em função disso, sugerimos que o dirigente, ou outro membro por ele indicado ou escolhido pelo grupo, telefone para quem faltou sem comunicação prévia, para saber se ocorreu algum problema e se o grupo pode auxiliar em algo.

* * *

Esses temas integram também a questão da avaliação, que abrangerá todos os aspectos da atividade de *estudo-harmonização*.

1.4.5 Quanto ao local e horário

É consenso que o local mais adequado para a realização da atividade mediúnica é o Centro Espírita.

Também é consenso entre os autores e os trabalhadores experimentados na área da mediunidade que se evitem reuniões mediúnicas nos lares. E por que isso? Porque dificilmente se consegue manter um ambiente adequado à realização da atividade mediúnica em locais que não sejam dedicados exclusivamente ao estudo nobre e à prática da caridade. Essas práticas são imprescindíveis para a manutenção de ambiente devidamente protegido das influências de Espíritos levianos ou ignorantes que ainda não despertaram para a necessidade da própria transformação moral e de cumprir seu papel na vida. Nos lares, pode haver momentos de indisciplina de um ou outro membro, situações naturais de disputas em relação às quimeras da vida, de manifestação de diferentes pontos de vista sobre tantos assuntos, nem sempre nobres, que o dia a dia sugere, veiculados boca a boca ou pelos meios de comunicação, hoje tão eficientes na habilidade de penetrar e manter-se nos ambientes domésticos. Quando não há vigilância a todo o momento, há sempre a possibilidade da entrada e permanência de Espíritos que dificultam a realização da atividade mediúnica.

Isso, no entanto, não é regra exclusivista. Lembremo-nos de que, no surgimento do Espiritismo, não havia Centros Espíritas. As reuniões eram realizadas em salões para diversão das pessoas ou nas casas das famílias. Eram reuniões mais ou menos frívolas, a depender do caráter dos participantes e dos Espíritos que eram atraídos para elas. O professor Hippolyte Léon Denizard Rivail começou a frequentar reuniões do tipo familiar, em dado momento, no lar da família Baudin; em outro, na casa do Sr. Roustan e Srta. Japhet. Em seguida à publicação da primeira edição de *O livro dos espíritos*, ele criou a Sociedade de Estudos Espíritas de Paris, em 1858, que era basicamente voltada para a atividade mediúnica. Mesmo depois disso, realizava reuniões particulares em sua casa, conforme registros encontrados na *Revista Espírita* redigida e editada por ele no período de 1858 a 1869.

Sobre o tema, Hermínio C. Miranda afirma no *Diálogo com as sombras*[38] que

> [...] A questão é delicada. [...] Há uma porção de condicionantes. Se for possível um local apropriado, num Centro Espírita bem orientado, o trabalho deve ser feito aí. Por outro lado, num lar tumultuado por disputas, rivalidades, ciúmes, paixões subalternas e desajustes de toda sorte, a realização de trabalhos de desobsessão poderá agravar as condições, pois será difícil aos companheiros desencarnados que orientam o grupo assegurar um clima de equilíbrio e proteção, tanto para os espíritos trazidos para serem atendidos quanto para as pessoas que vivem na casa. Num lar normal, porém, o trabalho mediúnico equilibrado e bem dirigido, sob a proteção de orientadores espirituais competentes e esclarecidos, pode funcionar sem problemas e até com benefícios para a vida doméstica. [...] O que nos defende da investida de companheiros infelizes das sombras não é a realização de sessões bem distantes do local onde vivemos; é a prece, são as boas intenções, é o desejo de purificar-se, de aperfeiçoar-se, de servir. [...] Por outro lado — e isto vai dito com bastante pesar —, nem todos os centros oferecem condições ideais para o difícil trabalho da desobsessão. [...] O que garante a estabilidade de um bom grupo mediúnico não é a sua localização física, geográfica; é o equilíbrio psíquico, emocional, daqueles que o compõem. [...]

A prática mediúnica é diferente do estudo. Na nossa experiência fora do Brasil, nem sempre encontramos Centros Espíritas ou grupos formados e devidamente preparados para tarefas mediúnicas nos locais onde fomos levados a viver. Em diversas circunstâncias, movidos pela necessidade, tivemos de iniciar grupos de estudo em casa, que depois vieram a transformar-se em Centros Espíritas regulares. Nesses casos, o estudo da mediunidade sempre foi introduzido como tarefa sugerida pelos Espíritos mentores que nos assistem, em seguida à implantação do estudo de O evangelho segundo o espiritismo. O tempo curto de estada em cada lugar conduziu-nos à necessidade de, com o objetivo de preparar companheiros para a continuidade da tarefa, realizar, ainda que por período breve, reuniões mediúnicas de assistência espiritual em ambiente adredemente reservado e preparado em nossa própria casa.

A experiência de Allan Kardec antes referida, a de Hermínio Miranda, assim como a nossa, embora em dimensões mais restritas, não autorizam qualquer de nós a, levianamente, desenvolver atividades mediúnicas em nossos lares. Somente a necessidade premente e o objetivo maior de um compromisso de trabalho podem conduzir a situações dessa natureza.

Destaque-se, ainda, conforme comenta Hermínio, que nem sempre os Centros Espíritas estão preparados — e acrescentaríamos, nem sempre estão dispostos a preparar-se — para a tarefa mediúnica equilibrada. Se não estamos seguros do que fazemos, podemos envolver-nos em situações das quais dificilmente poderemos sair sozinhos, sem a ajuda especializada de companheiros mais experientes. O problema é que tanto as pessoas quanto os grupos em estado de obsessão, geralmente, se acreditam aptos para tudo enfrentar sozinhos, dificilmente aceitando a ajuda de outrem.

Sendo o ideal, portanto, contar com um ambiente exclusivamente destinado à atividade mediúnica, não pode ser ignorado o fato de que nem sempre podemos dispor dessa condição. Em realidade, desde que sejam nobres e dignas, nada impede que, fora do horário da tarefa de estudo e/ou prática mediúnica, outras atividades sejam desenvolvidas no mesmo ambiente. Ideal, no entanto, é que a sala esteja limpa, liberada e fechada horas antes do trabalho mediúnico. Hermínio Miranda recomenda que os participantes somente entrem na sala destinada aos trabalhos momentos antes do começo da atividade.[39]

Carlos Torres Pastorino,[40] fazendo referência à sala de reuniões, informa que uma reunião mediúnica forma uma espécie de campo elétrico ou magnético e esclarece:

> [...] Quanto mais estiver o ambiente carregado de eletricidade ou magnetismo positivo, mais eficiente será a reunião. Quanto mais esse ambiente estiver permeado de forças negativas, mais perturbada a reunião. Essa a razão por que se pede que não haja movimento de gente na sala mediúnica, especialmente algumas horas antes das reuniões: é para evitar que o campo elétrico seja desfavoravelmente carregado de energias negativas, interferindo nas "linhas de força" estabelecidas pelos Espíritos [...]. A conversação fútil, as discussões políticas ou de outra espécie, as críticas ou palavras deprimentes "invertem" a corrente elétrica do campo.
>
> Ora, as "linhas de força" dependem da intensidade de pensamentos bons e amoráveis. Quanto mais numerosas e fortes essas linhas de força, tanto mais propício o "campo elétrico" para as comunicações eletromagnéticas entre desencarnados e encarnados. Não se trata de religião nem de pieguismo: é um fenômeno puramente físico, de natureza elétrica. Quem pretende fazer reuniões espíritas (eletromagnéticas) sem preparar antes o "campo elétromagnético", sujeita-se a decepções de toda ordem, a interferências, a fracassos.
>
> Note-se, porém, que o campo elétrico pode também ser perturbado por entidades desencarnadas que vivam no ambiente (por não ser calmo e amoroso) ou que sejam trazidos pelos frequentadores (que tenham tido discussões ou raivas durante o dia). As entidades desencarnadas têm a mesma capacidade que as encarnadas de emitir ondas eletromagnéticas de pensamento. O que evita esses aborrecimentos é uma corrente mais forte que a tudo

se superponha. E o melhor gerador de forças eletricamente superiores é a PRECE.

Seguros quanto à sua boa orientação doutrinária e evangélica, a Instituição Espírita, fora de dúvida, é o local mais adequado para a atividade mediúnica, porque o ideal é que o trabalhador dessa área seja também um cooperador em outras atividades de estudo, divulgação e prática do Espiritismo que os Centros devidamente organizados podem propiciar.

Para a etapa de estudo, é importante ter uma sala com cadeiras móveis para facilitar a formação de grupos. Tanto para essa etapa quanto para a do exercício mediúnico, o ideal é que o ambiente seja protegido do acesso de pessoas no horário das atividades, sem descuidar da importante questão da preparação do ambiente para que as reuniões sejam produtivas, conforme explica Áulus:[41]

> [...] Nossos companheiros [...] fazem o serviço de harmonização preparatória. Quinze minutos de prece, quando não sejam de palestra ou leitura com elevadas bases morais. Sabem que não devem abordar o mundo espiritual sem a atitude nobre e digna que lhes outorgará a possibilidade de atrair companhias edificantes e, por esse motivo, não compareçam aqui sem trazer ao campo que lhes é invisível as sementes do melhor que possuem. [...]

O *horário* será o que mais convenha ao grupo, respeitadas as disponibilidades do Centro. Conhecemos grupos que funcionam em diferentes dias da semana, inclusive o domingo, e em diferentes horários, seja pela noite ou durante o dia. Isso depende da disponibilidade das pessoas e das instituições.

Capítulo 2
Organizando o estudo

2.1 Vantagens da adoção de um programa de estudo

Um grande desafio para quem deseja orientar um grupo de estudo da mediunidade é saber em que obras se apoiar. Começar pelas obras da Codificação é alternativa sempre segura. Por exemplo, iniciar por *O livro dos espíritos*, ou, quando os participantes já o conhecem, diretamente por *O livro dos médiuns*. Há também a possibilidade da leitura de outras obras relacionadas com o tema. Quando o coordenador tem alguma experiência, ele pode, ainda, fazer uma seleção de textos para orientar o estudo. Outra opção, que tem apresentado excelentes resultados, é a utilização de material previamente elaborado, com objetivos claramente definidos que propiciem um estudo adequado, apoiado na Doutrina Espírita e direcionado, ao mesmo tempo, para a preparação dos participantes para o exercício seguro da mediunidade.

2.1.1 Variedade de programas

Há muitos materiais úteis já elaborados e que podem ser utilizados. Citar todos seria difícil. Há o material publicado pela Federação Espírita Brasileira (FEB), que passou por sucessivas reformulações. Outro dos mais conhecidos é o COEM — Centro de Orientação e Educação Mediúnica, elaborado pelo Centro Espírita Luz Eterna de Curitiba (PR). Há também um excelente material elaborado por Suely Caldas Schubert, outro elaborado pela Federação Espírita do Estado de São Paulo. Algumas federativas estaduais que participam do Conselho Federativo Nacional da FEB oferecem materiais adequados à realidade de seus respectivos estados. Há ainda, entre outros, o Projeto Manoel Philomeno de Miranda, da LEAL de Salvador, que oferece obras específicas sobre o assunto.

Importante destacar que, por mais bem elaborado que seja o material, a questão da harmonização da equipe vai sempre depender da habilidade do dirigente e do empenho do grupo, mas há alguns materiais que facilitam esse trabalho. É uma questão de buscar, de se informar, de examinar qual o material que mais se adequa às necessidades e à realidade do grupo que se pretende formar. Consideremos, ainda, que nenhum desses materiais substitui o estudo direto de *O livro dos médiuns* e outras obras espíritas que tratam do tema e hoje são consideradas recursos indispensáveis para a boa formação dos trabalhadores e da atividade mediúnica.

2.2 O acordo de grupo

De pouco pode adiantar a adoção de um programa de estudo ou a definição de qualquer outra forma de estudo da mediunidade se o grupo não tiver uma firme orientação, que garanta a disciplina e o bom funcionamento das atividades necessárias para levar cada participante à plena conscientização do seu papel no grupo e na tarefa mediúnica. É muito comum que o dirigente do estudo ou da prática mediúnica assuma o papel de disciplinador quando necessário, estando sujeito a situações embaraçosas com um ou vários participantes do grupo.

Por isso, Allan Kardec[42] propõe:

> Formado esse núcleo (de pessoas sinceras, com caráter conciliador e benevolente), ainda que de três ou quatro pessoas,

estabelecer-se-ão regras precisas, seja para as admissões, seja para a realização das sessões e para a ordem dos trabalhos, regras às quais os recém-vindos terão de se conformar. Essas regras podem sofrer modificações conforme as circunstâncias, mas há algumas que são essenciais.

Coerentes com essa proposta, alguns grupos buscam amenizar a pressão sobre o dirigente por meio de um *acordo de grupo*, pelo qual todos e cada um assumem a responsabilidade quanto à própria disciplina e o resultado de sua participação no grupo. É uma espécie de procedimento aprovado por todos no início da etapa de estudo e depois adaptado e novamente aprovado, quando do início efetivo do exercício mediúnico.

Naturalmente, não há um procedimento formatado para todos os grupos de estudo da mediunidade. Sendo que "uma reunião é um ser coletivo, cujas qualidades e propriedades são a resultante das de seus membros [...]" (LM XXIX: 331), é fácil deduzir que cada grupo tem sua realidade, suas necessidades particulares, suas potencialidades, características, compromissos específicos assumidos entre seus membros, tudo isso dando-lhe um caráter de unicidade não passível de imitação. Assim, os grupos não funcionam todos da mesma forma. Não nos referimos apenas a grupos formados em diferentes instituições. Identificamos esse fato em diferentes grupos formados na mesma Instituição, porque as características de cada grupo serão sempre a somatória das características de seus participantes, refletindo suas debilidades e capacidades.

2.2.1 Definindo diretrizes

Para chegar a um acordo que atenda às necessidades do grupo, o ideal será ouvir todos os participantes, conhecê-los, identificar suas expectativas, seus interesses em relação ao Espiritismo e, especificamente, à mediunidade.

No entanto, se o dirigente chega ao grupo sem uma proposta básica para ser adaptada, dificilmente conseguirá que os participantes, na maior parte das vezes, inexperientes, definam diretrizes e procedimentos da atividade que está em vias de se implantar.

Desse documento básico podem constar, entre outras ideias, as referidas no Capítulo 1, além de procedimentos semelhantes aos que seguem e que estão condensados no Anexo 2 ao final deste livro.

2.2.2 Definindo procedimentos

Para a etapa do estudo, observados os *requisitos para participação* e os *objetivos* que constituiriam as diretrizes da atividade, podem-se sugerir passos que podem ser chamados de *funcionamento do grupo de estudo* ou algo semelhante. Cada grupo deve estabelecer seus próprios procedimentos de trabalho, conforme a realidade local, as possibilidades e disponibilidades dos participantes, o campo de ação e o trabalho que se tenciona desenvolver. A seguir, algumas sugestões sobre aspectos específicos relevantes para o funcionamento do grupo de estudo.

Dia e horário

O tempo de reunião fica a critério do grupo. Costumamos adotar a prática de duas horas de reunião, incluídos quinze minutos de preparação para a atividade.

Há grupos que estabelecem o fechamento da porta em certo horário quando já iniciada a prática mediúnica, mas não é comum que se faça isso quando o grupo ainda está no período de estudo. Contudo, na etapa do *estudo-harmonização,* as pessoas estão aprendendo e se adaptando à disciplina e ao funcionamento do grupo e, portanto, tudo precisa funcionar o mais próximo possível do que ocorrerá no período da prática. Costumamos fechar a porta no horário estabelecido para o início da preparação, ou seja, os quinze minutos iniciais funcionam realmente como preparação para a atividade e não como tolerância para a chegada de pessoas que, mesmo sem intenção, findam por dificultar a preparação das demais, além de não estarem elas mesmas em condições para a tarefa ao chegarem sem tempo para essa fase de harmonização. Isso não teria tanta implicação no período do *estudo-harmonização*, mas o que se habitua a fazer nessa etapa costuma ser a prática real da fase seguinte.

As questões do horário e do comparecimento constituem um dos primeiros fatores de disciplina para o grupo. Na hipótese de algum dos participantes não poder chegar no horário combinado, o ideal é reavaliar a situação com o grupo e, caso se confirme a impossibilidade, optar pelo adiamento do início da reunião. Quando o adiamento não for possível ou, ainda, quando mesmo com o adiamento a situação não puder ser contornada, o melhor é que o companheiro com dificuldades de horário seja orientado a participar de outro grupo, em outro horário, ou a aguardar a formação de novo grupo.

Pode haver exceção a essa regra? Claro que sim. Podemos citar um exemplo ilustrativo. Ao formar um grupo de *estudo-harmonização*, um companheiro manifestou a impossibilidade de participar, pois, como o horário estava sendo definido para as sete e meia da noite, ele não teria tempo de chegar ao Centro Espírita, uma vez que saía do trabalho às seis da tarde e levava duas horas no percurso. A questão foi apresentada ao grupo, que decidiu adiar o horário de começo para as oito da noite. Todos combinaram estar ali às oito da noite, mas a porta ficaria encostada no máximo até oito e quinze, para o caso do companheiro ter algum problema de atraso no trânsito. Ele seria a única exceção aprovada pelo grupo e ninguém mais se sentiria autorizado a chegar tarde por causa disso. Funcionou perfeitamente e inclusive ajudou os demais a amadurecer quanto à responsabilidade de cumprir os compromissos assumidos com o grupo.

Desenvolvimento

Uma sentida e envolvente oração é essencial para o início da atividade de estudo. O dirigente da reunião seria a pessoa ideal para fazê-la, pois, ao conduzir a oração, orientará o pensamento e unificará os sentimentos de todos no sentido que melhor puder contribuir para o bom desenvolvimento dos trabalhos, envolvendo o grupo no clima que será a tônica de toda a reunião, em sintonia com a espiritualidade que dirige a atividade.

Seria importante estabelecer um tempo determinado (em torno de dez minutos) para avaliação ao final da atividade. É muito comum que o grupo inicie essa atividade com entusiasmo e depois vá perdendo o interesse por essa parte que pode se tornar repetitiva e enfadonha. Lembremo-nos do que disse Léon Denis e que está registrado no capítulo 1 deste livro. Cabe ao dirigente evitar que isso ocorra, oferecendo ao grupo, periodicamente, alguma dinâmica diferente de avaliação.

Se é recomendável que o dirigente faça a oração inicial, importante que a final seja feita sempre por outro membro do grupo para que os participantes se exercitem na prática da oração coletiva, que será fator fundamental mais tarde, durante o trabalho mediúnico.

Outros aspectos

Cabe ao dirigente *definir as funções* de cada membro do grupo conforme as atividades se desenvolvam, cresçam em complexidade e as capacidades se revelem. Para apoiar o crescimento pessoal de cada participante, o dirigente poderá indicar estudos e recomendar procedimentos baseados na Doutrina Espírita, conforme as necessidades particulares de aperfeiçoamento intelecto-moral identificadas.

No entanto, cabe a cada participante buscar integrar-se na *harmonização/homogeneidade da equipe,* consciente de que ela é indispensável para o exercício seguro e produtivo da mediunidade.

Ideal será a aprovação, como acordo de grupo, do compromisso de que o comparecimento será indispensável, ficando automaticamente desligado o participante que perca um certo número de reuniões consecutivas ou alternadas sem justificativa prévia. A quantidade de reuniões precisa ser definida pelo próprio grupo.

Outra sugestão está relacionada às ausências inevitáveis, a serem comunicadas ao dirigente com a antecipação possível. Caso ocorra alguma ausência sem prévio aviso, caberia ao dirigente ou outro membro do grupo telefonar à pessoa que faltou, o que naturalmente não justificará a ausência, pois não foi da própria iniciativa do ausente informar o motivo da falta. Ainda dentro desse aspecto, para que a pessoa não se sinta afastada do estudo e do que o grupo está discutindo, ausências inevitáveis poderiam ser compensadas com o estudo individual dos temas, com acompanhamento do coordenador ou outro membro do grupo capacitado para a tarefa. Nesse caso, há grupos que estabelecem a prática da entrega de um resumo do tema por parte da pessoa ausente.

Uma questão delicada se refere à admissão ou não de *visitas* ao grupo. Em princípio, devem ser evitadas, salvo exceções que podem obedecer a alguma regra definida pelo dirigente em conjunto com o grupo.

Outro aspecto que também deve ter parâmetros definidos é a entrada de possíveis *novos membros* para o grupo. Nesse caso, assim como para a admissão de visitas esporádicas, seria de todo conveniente que o dirigente as analisasse com o grupo, sempre com as devidas justificativas e previamente à reunião, para evitar que pessoas participem das reuniões sem que seus membros estejam inteirados do que motivou sua presença ali.

2.2.3 Compromissos dos membros do grupo

Para que esse tipo de atividade alcance os objetivos propostos, há a necessidade de que cada participante do grupo assuma o compromisso íntimo de superar-se, de empreender todos os esforços para vencer a inércia, a preguiça, a acomodação. Não deve comparar-se com os demais membros do grupo, mas comparar-se consigo mesmo ao longo do tempo. Não importa se um ou outro participante não está cumprindo a sua parte. O que importa é que "eu faça a minha parte, doe de mim, lute por superar as dificuldades naturais".

Uma das primeiras coisas a compreender quando a pessoa integra um grupo de estudo da mediunidade é que, sem dedicação e misericórdia, entendida esta no sentido bíblico,* não pode haver bom resultado. Se a pessoa não está disposta a fazer mudanças na sua forma de vida e em si mesma, será melhor não iniciar a tarefa. Sem esforço e sem mudança, não há como participar de um bom trabalho mediúnico que será o resultado da composição de cada um e do conjunto de todos os participantes.

---

* "Misericórdia quero e não sacrifício." (*Oseias*, 6:6).

Orgulho X humildade

É nesse período que a pessoa, se ainda não vive o esforço de ser humilde, precisa entender o quanto o orgulho é prejudicial para a prática mediúnica e o quanto a humildade é fundamental para a manutenção do equilíbrio pessoal, principalmente em se tratando do intercâmbio entre encarnados e desencarnados.

Allan Kardec evidencia que (LM XX: 228):[43]

> Todas as imperfeições morais são outras tantas portas abertas ao acesso dos maus Espíritos. A que, porém, eles exploram com mais habilidade é o orgulho, porque é a que a criatura menos confessa a si mesma. O orgulho tem perdido muitos médiuns dotados das mais belas faculdades e que, se não fora essa imperfeição, teriam podido tornar-se instrumentos notáveis e muito úteis [...].

Nem todos nascem para ser missionários. Se o Espírito assumiu o compromisso de ser médium, em um trabalho sem maiores pretensões no Centro Espírita, dedicando-se uma vez por semana a uma tarefa humilde e apagada de atendimento aos irmãos sofredores e necessitados, e se ele cumpre bem esse papel, pode haver aproveitado adequadamente sua encarnação e chegar ao mundo espiritual justificado. No entanto, se reencarna com esse compromisso e, deixando-se vencer pela vaidade e pelo orgulho, procura "projetar-se" como médium especial ou se deixa levar pela ideia de que pode ser um "grande missionário", poderá perder a oportunidade e deixar de cumprir a tarefa assumida. Todas as funções demandam preparação prévia no plano espiritual, e os trabalhadores não podem ser aquilo que não se prepararam para ser. Conforme aprendemos com os bons Espíritos, o verdadeiro missionário é adivinhado, não precisa autodenominar-se missionário. Convenhamos que, em realidade, a maior parte de nós reencarnou para aprender a vencer a si mesmo, pois ainda nos falta entender o real significado da expressão doar-se. Não há trabalho missionário sem autodoação, renúncia pessoal, dedicação ao próximo com esquecimento de si mesmo. Se não somos capazes de fazer essas coisas básicas, não podemos pretender um título que seria artificial e acabaria por ser um peso mais a ser carregado.

Um dos maiores escolhos, portanto, da mediunidade é o orgulho. A chave para ter êxito nessa tarefa é ser humilde. O desafio de desenvolver e conquistar a humildade é pessoal e intransferível. Trata-se de um compromisso que deve ser assumido de forma consciente e deliberada, em atitude que é resultado do amadurecimento espiritual conquistado pelo esforço e pela conscientização de que humildade, em vez de omissão ou covardia, é força moral que aumenta o potencial de resistência e de realização do Espírito.

Vigilância e reforma íntima

Hoje, à luz do Espiritismo, compreendemos que a tentação não ocorre de fora para dentro sem que exista algum tipo de ligação do indivíduo com o objeto ou instrumento da tentação. Ou seja, há "tomadas de ligação" no íntimo do indivíduo que o vinculam. É como uma espécie de percussão íntima que vibra como um atrativo para o engano e o equívoco, para as influências negativas que atuam por força da Lei de Afinidade, em processo que decorre de maus hábitos adquiridos pela debilidade moral e ausência de disciplina. Compreendendo essa realidade da natureza humana, Jesus recomendou a vigilância e a oração (*Mateus*, 26:41) como instrumentos para evitar a queda na tentação. A vigilância se converte em uma constante na vida do Espírito na medida em que ele se faz consciente de si mesmo e de suas responsabilidades perante a Vida. Estando desenvolvido o escudo da vigilância, usado nas 24 horas do dia ao menor sinal de perigo, de influência negativa, da presença de um sentimento menos digno ou inferior, o indivíduo dispara o dínamo da oração para manter o equilíbrio e a proteção pessoais, ao mesmo tempo em que vibra em auxílio dos possíveis instrumentos da influência perniciosa, de todos os indivíduos de quem se lembre e possam estar relacionados direta ou indiretamente com a problemática identificada.

No entanto, dificilmente alguém poderá desenvolver o hábito da vigilância e da oração se não sustenta essa prática em um programa de reforma íntima a ser aplicado constantemente como instrumento para o conhecimento de si mesmo, de suas debilidades e potencialidades, de suas fraquezas e capacidades, do imenso potencial que tem para crescer no rumo do bem, na vertente da integração com os planos superiores da Vida. Ninguém está incapacitado de crescer e praticar o bem, de realizar o que admira nos demais como qualidades nobres e positivas.

Classicamente, os expositores espíritas citam, ao tocar esse tema, a pergunta 919 de *O livro dos espíritos,* onde Allan Kardec, registrando as palavras de Santo Agostinho, exemplifica o tema do conhecimento de si mesmo como componente fundamental da reforma íntima. "O conhecimento de si mesmo é, portanto, a chave do progresso individual", comenta o Espírito, resumindo o ensino básico que pode servir de norte para quem deseje realizar essa árdua tarefa de atualizar suas potencialidades divinas e fazer-se instrumento efetivo do bem comum. No entanto, o ensino serve de guia, de orientação, pois a tarefa é intransferível e só pode ser concretizada por quem já adquiriu as condições necessárias e se conscientizou de que não há outra via de evolução que não passe pela aquisição do autodomínio, do conhecimento da realidade intrínseca que o vincula à essência espiritual, o que ocorre, normalmente, a partir de certo momento do processo de crescimento interior, quando o ser conclui que é intransferível o labor de transcender a vida na matéria, pelo necessário esforço de renúncia e de entrega voluntária ao servir em nome do Pai.

Harmonização individual e do grupo

O esforço pessoal para a autossuperação, para o estabelecimento de uma disciplina de estudo e para o cumprimento dos acordos de grupo deverá conduzir à harmonização de cada um e do grupo, fundamental para o bom andamento das atividades voltadas para o aprendizado e o intercâmbio mediúnicos.

Com o tempo, o participante da reunião de estudo sentirá a necessidade de buscar meios de meditar as lições, de interiorizar os propósitos de renovação, de buscar oportunidades de exercitar a teoria que vem aprendendo. Ceder a esses impulsos é importantíssimo. Fazer o esforço de vencer a inércia e buscar o caminho da realização nobre é fator decisivo para que a presença do indivíduo realmente faça ou não diferença na reunião.

A harmonização do grupo depende basicamente do equilíbrio íntimo de cada membro. Uma pessoa que está insatisfeita consigo mesma, ansiosa por conquistar não sabe o quê, por projetar-se, por superar os demais, desconfiada quanto às intenções dos outros, não pode estar harmonizada e, portanto, não poderá contribuir para a harmonização do grupo.

Allan Kardec,[44] ao avaliar uma cura de um caso de possessão, pelo esclarecimento do Espírito obsessor, destaca a importância da harmonização entre os participantes para a criação de ambiente propício para a atividade de assistência aos necessitados. Inicia destacando que, se o meio envolve,

> [...] por uma comunhão de vistas, de intenção e de ação, o doente [refere-se ao encarnado, mas o raciocínio vale também para o desencarnado] se acha numa espécie de atmosfera homogênea de fluidos benfazejos, o que deve necessariamente facilitar e apressar o sucesso. Mas se houver desacordo, oposição; se cada um quiser agir à sua maneira, resultarão divergências, correntes contrárias que, forçosamente, paralisarão, e, por vezes, anularão os esforços tentados para a cura. [...]

A pacificação interior, que naturalmente se reflete nas atitudes e no comportamento exterior, é uma conquista que exige esforço. Afinal, gastamos séculos nos viciando em maus hábitos que hoje nos condicionam os comportamentos. Ninguém poderá resolver o problema por nós, por mais boa vontade que tenha. Não nos falta o apoio da Espiritualidade superior, mas o esforço tem que ser individual, para que cada um tenha o mérito de haver conquistado o direito de fazer parte dela. O estudo da mediunidade bem conduzido e bem aproveitado pode auxiliar muito nesse processo.

Muita gente se preocupa em fazer a preparação para o dia da reunião, mas não é possível ser uma coisa em um dia e outra coisa em outros dias. Ou a pessoa está harmonizada ou não está. Lógico que o esforço concentrado produz algum resultado, mas é artificial e temporário. O ideal é o indivíduo estar fazendo o esforço de transformação moral que em si mesmo já é uma preparação para o trabalho. A pessoa que participa de um grupo mediúnico não trabalha somente no dia da reunião, não é médium somente de tal a tal hora. Mesmo os que não têm mediunidade ostensiva são chamados a dar sua contribuição em muitos momentos, se estão preparados e atentos para isso. O desprendimento durante o sono é frequentemente aproveitado pela Espiritualidade superior, quando os encarnados estão em condições de estudar e trabalhar. Isso, naturalmente, em qualquer dia da semana e não apenas no dia da reunião de estudo ou mediúnica.

Cada um ora por todos

Dentro dessa ideia, se destaca a importância de que cada participante se acostume a orar pelos demais todos os dias e a cada momento que se lembre de algum dos companheiros. Quantas vezes, em trabalhos mediúnicos, compareçam Espíritos necessitados que solicitam as nossas preces? A prece é um importante instrumento de auxílio. É essencial aprender a proteger-se por meio dela e a contribuir para o bem estar do próximo. Quando os membros de um grupo oram uns pelos outros, se estabelece uma espécie de rede de comunicação, na qual uns funcionam como esteio para os demais. A Espiritualidade superior aproveita essas vibrações para estabelecer barreiras de proteção nos lares e ambientes de trabalho das pessoas.

No futuro, quando o grupo estiver lidando com a desobsessão, esse hábito de orar uns pelos outros poderá ser de fundamental importância, em função das perseguições que os Espíritos inferiores desencadeiam contra os encarnados que se dedicam a auxiliar para o seu despertar moral.

Ninguém fala mal do outro

Uma das maiores barreiras impostas ao progresso da humanidade é o hábito de falar mal uns dos outros. É prática tão generalizada que muita gente não se dá conta de que está fazendo isso ou participando de alguma maneira. O comum é que o tema termine por chegar ao interessado por outras vias e, geralmente, de forma distorcida.

A maior parte dos noticiários na atualidade pode ser considerada fruto desse hábito tão arraigado no comportamento humano e difícil de ser vencido.

Ao compreender, com o Espiritismo, que vive em um mundo de vibrações e que a maledicência gera péssimas energias que se espalham pelo ambiente, o espírita sente a necessidade de lutar dentro de si para vencer esse costume. Estudando a mediunidade, vai compreender que os Espíritos sintonizam uns com outros, sejam encarnados ou desencarnados, pela semelhança das vibrações que emitem. Como almejar o apoio dos Espíritos superiores se, descuidados e invigilantes, sintonizamos com os inferiores?

As pessoas não estão juntas umas para medir as outras. Convivemos para aprender a respeitar as diferenças e apoiar-nos no processo de superação de nossas imperfeições e limitações. Por isso, é de todo conveniente que o grupo assuma o compromisso de não falar mal uns dos outros. Pode-se estabelecer um entendimento no sentido de que, se não é possível dizer uma coisa para a própria pessoa interessada, porque ela poderá ficar ofendida ou não compreender, não é conveniente tratar desse assunto com outra pessoa.

O desafio de controlar os comentários maldosos precisa ser consciente e levado a sério por todos. Uns precisam apoiar os outros no esforço, de tal forma que, se alguém do grupo vier falar mal de outra pessoa, quem está escutando, conforme combinado previamente, precisa guardar silêncio. Se esse alguém insistir, poderá receber a seguinte pergunta chave, que servirá como lembrete: "Fulano, você já orou por essa pessoa a quem está se referindo?".

Ao analisar a questão (ESE X: 20 e 21),[45] São Luís ressalta que tudo depende da intenção. Se aquele que nota as imperfeições alheias o faz para aprender a evitar fazer o mesmo, está em bom caminho. Mas se a pessoa observa com a intenção de denegrir, de apontar os defeitos alheios, estará agindo em prejuízo do próximo, o que redundará em prejuízo para si mesma. Para São Luís, "se as imperfeições de uma pessoa só a ela prejudicam, nenhuma utilidade haverá nunca em divulgá-las. Se, porém, pode acarretar prejuízo a terceiros, deve-se atender de preferência ao interesse do maior número".

Cabe ao grupo o desenvolvimento de tal nível de respeito e confiança mútua que os participantes se sintam à vontade para conversar, amigavelmente e com o propósito claro e objetivo de servir, sobre todos os temas do interesse do grupo, inclusive as ações individuais que possam redundar em prejuízo do trabalho. A compreensão deve ser a tônica norteadora desse tipo de conversa fraterna em momentos de estudo ou em reuniões específicas de avaliação, pois ninguém pode jactar-se de perfeição. Mas, se o propósito é de transformação íntima para melhor servir ao próximo e o respeito mútuo é observado, a pessoa que estiver em equívoco sentir-se-á feliz pelo interesse fraterno dos companheiros em sua melhora. Todo sentimento de ofensa, de rebeldia, de revolta, de inconformação e todo desejo de fuga, de afastamento do grupo revela, para o próprio interessado, a distância que medeia entre seus atuais sentimentos e comportamentos e o ideal estabelecido por sua consciência, que naturalmente o guia pelo melhor caminho de autossuperação e plena integração no serviço no campo do bem.

Todos se auxiliam mutuamente

Essa ação consciente do grupo, em apoio ao despertar e ao desenvolvimento de cada um de seus membros, aliás, pode guiar a um outro acordo de auxílio mútuo, o que está relacionado com o interesse fraterno que precisa ser cultivado entre os membros do grupo. Esse assunto foi desenvolvido no item Interesse fraterno, no Capítulo 1 deste livro.

Cultivo da amizade

Mas como vamos saber se o nosso companheiro de atividade está necessitando de nosso auxílio fraterno se o vemos somente no dia da reunião e jamais falamos com ele fora do ambiente do Centro, nem mesmo por telefone? Ou se mantemos com ele um contato estrito somente referente aos assuntos do Centro ou da reunião? Como posso saber de sua família — e ele da minha — se não o convido para minha casa e não visito a sua? Como vamos realmente nos conhecer se não convivemos fora da Instituição Espírita? Como formaremos um grupo familiar, seguindo a proposta de Kardec, se somente nos vemos uma vez por semana durante duas horas e alguns poucos minutos mais?

Nessa vida moderna, cheia de compromissos referentes à necessidade da sobrevivência, vivendo em cidades imensas que demandam longo tempo para os deslocamentos de um lugar a outro e com as prioridades de convivência com a família consanguínea, dificilmente a pessoa encontra a possibilidade de abrir uma brecha para mais uma convivência que demandará tempo e, de alguma forma, dedicação e comprometimento.

Apesar de tudo isso, a prática nos tem evidenciado que o cultivo da amizade entre os membros de um grupo mediúnico é fator muito importante para a formação de uma harmonização que tenda, com o tempo, para a sintonia de convicções, de pensamentos, de sentimentos, de propósitos.

Lógico que é muito difícil que cada membro do grupo desenvolva nível profundo de amizade por todos os demais. Alguns podem consegui-lo, mas a maioria não, pelas circunstâncias e imposições da vida e pelo fato de que dentro de um grupo convivem pessoas de naturezas diferentes, distintas perspectivas de vida e experiências variadas. No entanto, se cada um cultiva a amizade por alguns membros do grupo, todos, por fim, estarão entrelaçados na mesma sintonia de fraternidade e apoio mútuo.

Além disso, periodicamente, atividades podem ser programadas para a convivência lúdica das famílias dos participantes do grupo, entre outras ideias que naturalmente surgirão, se o dirigente souber conduzir o grupo na busca de propostas que possam facilitar e intensificar a convivência entre os participantes.

Lembremo-nos de que, numa família, os aniversários e outras datas importantes são do conhecimento de todos e de que, em certas ocasiões especiais, a família faz questão de se reunir para comemorar.

2.2.4 As bases de avaliação

Para que esses acordos funcionem, ademais, é importante ter alguma referência de como acompanhar o processo para identificar as etapas do seu desenvolvimento. Acompanhar implica *avaliar*. Avaliar o quê? Poder-se-ia responder: tudo! Mas, como o ser humano se perde sem planejamento e sem guia que oriente e ordene suas ações, diríamos que é necessário avaliar o cumprimento de todos os aspectos do acordo de grupo aceito pelos participantes ao início das atividades de *estudo--harmonização*.

Cada participante, e especialmente o dirigente, dessa forma, seria responsável pela observância da disciplina, da humildade, do interesse fraterno e do auxílio mútuo entre os membros do grupo em suas necessidades específicas e gerais de aperfeiçoamento intelecto-moral.

Reuniões periódicas poderiam ser estabelecidas para avaliação dos procedimentos e resultados do trabalho e das condições de harmonização do grupo.

Caberia, ainda, a cada um a responsabilidade de realizar, e ao dirigente ou pessoa por ele nomeada, a de acompanhar a apresentação ou entrega dos resumos dos livros indicados — quando o grupo tiver optado por esse procedimento — assim como do estudo de *O livro dos espíritos*, de *O livro dos médiuns* e de *O evangelho segundo o espiritismo*, da leitura dos livros relacionados, da colaboração em outras atividades do Centro Espírita e da frequência às reuniões.

Nem todos podem vir a alcançar as condições necessárias. Contudo, pode-se considerar que o grupo terá cumprido os objetivos se pelo menos parte de seus membros, no encerramento do programa, tiver estabelecido um grupo de intercâmbio mediúnico consciente, disciplinado, harmônico e espiritualmente construtivo.

Os que não tiverem frequência assídua, não preencherem os requisitos para a participação, não atingirem os objetivos propostos ou não desejarem participar do grupo mediúnico poderão integrar outros grupos de estudo e de trabalho do Centro.

O processo de autosseleção

Como podemos observar, o próprio participante é responsável pela aquisição das condições para integrar o grupo mediúnico. Ele mesmo se autosseleciona ao cumprir ou não as propostas que aprovou nos primeiros dias de reunião, dispensando ao dirigente boa parte da pesada tarefa de indicar a cada momento o que é conveniente ou necessário ao participante fazer ou deixar de fazer.

No entanto, somos seres humanos e estamos envolvidos pelas demandas do mundo. Natural que priorizemos, sem maior planejamento, o que é mais imediato, o dia a dia. Se não mantemos um olho naquilo que definimos como fundamental em dado momento da vida, a importância daquilo se perde no emaranhado dos compromissos e problemas que naturalmente surgem. Daí a necessidade do cuidado para preservar as prioridades que determinamos como reais ao longo do tempo.

A consulta periódica ao acordo de grupo auxilia no processo. Assim, todos os entendimentos mantêm-se vivos e são relembradas as tarefas que cada participante precisa cumprir para benefício de si mesmo e para a manutenção do compromisso assumido com os companheiros.

Exceções podem ser aprovadas pelo grupo somente em casos realmente justificáveis para que a indisciplina de poucos não venha a contaminar todo o grupo. O que vale para um vale para todos. Se um pode cumprir o compromisso assumido, os demais também devem poder. Se não é assim, vale o esforço de identificar o problema e promover alterações nas diretrizes de trabalho, se for o caso. Mas uma vez aprovadas, elas devem vigorar integralmente para a garantia da saúde do grupo.

Se, uma vez iniciado o estudo, alguém observa que não pode cumprir os propósitos assumidos, precisa avaliar se é realmente o seu momento de dedicar-se à tarefa mediúnica. Há muitos outros trabalhos aos quais se pode vincular até que possa vencer as barreiras que lhe dificultam cumprir as disciplinas necessárias ao funcionamento equilibrado de um grupo mediúnico.

Há grupos que não conseguem se firmar ou cujos resultados são pífios porque não oferecem a oportunidade para os participantes exercitarem suas responsabilidades no aprendizado da disciplina, na obediência a propósitos superiores, que exigem naturalmente esforços de todos nós que ainda somos Espíritos em vias de aperfeiçoamento.

2.2.5 Aprovando o acordo de grupo

A fase do *estudo-harmonização* é a da preparação para os embates da "prática". É tempo de aprender a vigiar e orar para não se deixar levar pelos falsos profetas que naturalmente se apresentam com sutileza para desviar ou corromper o candidato; de formar uma base sólida de sustentação do grupo, uns apoiando os outros em todos os sentidos; de compreender que se "eu" não promovo minha transformação moral e não luto para domar minhas más inclinações, não poderei contribuir plenamente dentro do grupo. É tempo de assumir o compromisso íntimo de realizar estudo diário da Codificação para formar uma base sólida de conhecimento que apoiará depois as atividades junto aos desencarnados e encarnados que naturalmente virão ao nosso encontro necessitados de nossa contribuição nos mais variados aspectos de seus dramas íntimos.

As questões e pendências precisam ser exaustivamente analisadas até a formação de um consenso para sua aprovação. Se, depois de todos os esforços do dirigente e do grupo, depois das adaptações possíveis e julgadas necessárias, alguém segue discordando dos procedimentos e não considera viável a aprovação do acordo, melhor será que não participe dessa reunião. Há outras atividades na Casa Espírita que exigem menos comprometimento e renúncia em favor de uma obra coletiva.

Alguns dirigentes sentem dificuldade de aceitar um posicionamento mais ativo, pois não querem impor seus pontos de vista aos demais. A posição é respeitável, mas, aqui, não se trata de imposição. Ao contrário, o que se pretende, como explicado anteriormente, é que o dirigente não fique com todo o peso da responsabilidade de exigir disciplina e apoio do grupo como se fosse um desejo pessoal, aleatório, ao sabor de seus humores, que podem variar de pessoa para pessoa e de situação para situação. Trata-se de firmar um acordo de trabalho que permita a cada membro fazer-se responsável pela continuidade e sobrevivência produtiva do grupo que se está formando com base no ensino e na prática do Espiritismo, e não conforme as ideias ou desejos de fulano ou beltrano. Um compromisso assumido por todos, como o sugerido, evitaria justamente a disputa entre diferentes pontos de vista que podem aparecer no relacionamento entre os membros de um grupo.

* * *

A partir da aprovação, o documento passa a reger o funcionamento do grupo. A responsabilidade pelo sucesso do trabalho depende do esforço de cada um para o cumprimento do acordo assumido. No aspecto administrativo da equipe, o dirigente será apenas um companheiro mais experiente que orientará o processo de compreensão e vivência da proposta aceita e aprovada por todos.*

2.3 Iniciando o estudo

Definidos os objetivos, procedimentos e compromissos, aprovado o acordo de grupo e escolhido o material a ser utilizado, é chegado o momento de iniciar o estudo. Ao longo dos próximos meses, permanecerão vinculados ao grupo os que souberem compreender sua proposta e corresponderem à expectativa de autorrenovação na aquisição de uma base comum de conhecimentos, no exercício da humildade e da disciplina, no esforço de servir ao próximo mais próximo, no estabelecimento da harmonização como base da homogeneidade de convicções, sentimentos e procedimentos, como condição para a prática mediúnica equilibrada e produtiva que poderá ocorrer ao final de certo tempo de esforço conjunto.

2.3.1 A prática desde o início

---

* Nota dos autores: Veja uma experiência bem-sucedida de implantação de um grupo de estudo da mediunidade no Anexo 3 – "Os primeiros passos de um grupo de estudo da mediunidade".

Trata-se aqui não da prática mediúnica propriamente dita, mas de uma série de ações preparatórias que, compreendidas e desenvolvidas pelo grupo ao longo do processo de *estudo-harmonização*, o levaria progressivamente a adquirir habilidades facilitadoras do intercâmbio mediúnico.

Para sua implementação, há que se atender ao ritmo do estudo, da harmonização, da conscientização, enfim, há que se ter em conta as necessidades práticas básicas da equipe, favorecendo o desenvolvimento das habilidades de cada participante, conforme suas aptidões e capacidades. Cumpridas as etapas, por tempo que poderá variar de alguns meses a mais de ano, seria possível, finalmente, identificar as funções de cada membro do grupo, encaminhando os que houverem cumprido o acordo de grupo para a prática mediúnica. Para isso, são passos recomendáveis:

A concentração

A mente não disciplinada é como um cavalo bravo que cavalga ao sabor dos impulsos aleatórios que lhe chegam das mais diferentes fontes. Para disciplinar a mente e estruturar a vida, contudo, se requer uma boa dose de equilíbrio. Ernest Wood[46] afirma que, no campo da concentração e da meditação, não se deve violentar o corpo ou a mente. Somos pessoas com capacidade de filosofar e que devemos saber como viver. O equilíbrio do corpo e da mente consiste no seu funcionamento de forma harmoniosa com a estrutura hereditária e ambiental. Comandar a mente é uma coisa. Educá-la, como um discípulo feliz que busca e constantemente encontra novas satisfações na experiência de seu próprio funcionamento, é bem diferente. Trazer a mente uma e outra vez para o objeto da concentração ensina-a a concentrar-se sob o olhar severo da vontade.

Para contribuição mais eficaz no grupo mediúnico, é essencial a disciplina da mente e, nesse sentido, as primeiras atividades práticas a serem desenvolvidas paralelamente ao estudo que se vai aprofundando à medida que o grupo amadurece poderiam ser o aprendizado e o exercício da concentração.

Se o material escolhido pelo grupo não atende esse aspecto ou é pobre no seu desenvolvimento, caberá ao dirigente do estudo buscar informações a respeito, inclusive exercícios práticos que ajudem o grupo a desenvolver a capacidade de concentrar-se. Se o dirigente não tem familiaridade com o assunto, precisará ganhar experiência realizando individualmente os exercícios, desenvolvendo suas habilidades nesse campo para ter condições de auxiliar o grupo a fazer o mesmo. Poderá, inclusive, selecionar material adequado ou desenvolver texto com base em várias fontes para atender de forma adequada essa necessidade dos membros da equipe, sempre coerente com a proposta espírita, naturalmente.

Vigiai e orai – proteger-se contra influências negativas

Uma segunda habilidade a ser cultivada seria a defesa contra as influências negativas que exercem os Espíritos inferiores, das quais, muitas vezes, as pessoas nem sempre se dão conta por estarem habituadas a essas interferências sentidas como normais.

A oração é muito importante para a prática mediúnica e poderá haver quem prefira tratar do assunto em primeiro lugar, antes da concentração. Nada impede que assim seja. No entanto, a lógica indica que, para orar bem, é preciso saber concentrar-se.

Em um grupo que inicia o estudo da mediunidade, é comum o comparecimento de pessoas que não sabem orar ou não sabem expressar-se em oração. Outros não têm problemas em orar, individual ou coletivamente, mas não conhecem todos os recursos e potenciais da oração. Entre muitas outras nuances, há também os que somente sabem pedir, usando multiplicidade de palavras para expressar suas necessidades, como se quisessem convencer Deus ou os Espíritos superiores das vantagens de lhes conceder o que desejam.

Nessas etapas iniciais, um dos primeiros desafios que o dirigente precisa enfrentar é ajudar para que todos superem suas dificuldades e ganhem autoconfiança para manifestar oralmente seus sentimentos e pensamentos por meio de oração coletiva adequada e produtiva.

Em princípio, todo material de estudo da mediunidade oferece esclarecimentos sobre a oração. O tema é ricamente desenvolvido por Allan Kardec na Codificação Espírita e, além disso, autores encarnados e desencarnados têm desenvolvido esse assunto com muita propriedade. Apresentamos aqui tão somente um resumo, com o auxílio indispensável de Kardec, André Luiz e Martins Peralva, para finalmente destacar os aspectos que consideramos fundamentais para a utilização da prece na atividade mediúnica.

Quando a pessoa ora, sua mente atua sobre o fluido cósmico universal, estabelecendo uma corrente fluídica que transmite o pensamento ao ser a quem se dirige e assimila forças regenerativas em favor de si mesma ou da pessoa por quem ora.

Allan Kardec[47] registra: "[...] As preces feitas a Deus escutam-nas os Espíritos incumbidos da execução de suas vontades. [...]" E André Luiz[48] complementa de forma magistral:

> [...] Em nome de Deus, as criaturas, tanto quanto possível, atendem às criaturas. [...] Em todos os domínios do universo temos os intermediários[...] da bênção, do socorro, do esclarecimento... As correntes centrais partem do Todo-Poderoso e descem a flux, transubstanciadas de maneira infinita. Da luz suprema à treva total, e vice-versa, temos o fluxo e o refluxo do sopro do Criador, através de seres incontáveis, escalonados em todos os tons do instinto, da inteligência, da razão, da humanidade e da angelitude, que modificam a energia divina, de acordo com a graduação do trabalho evolutivo, no meio em que se encontram. [...] A prece, qualquer que ela seja, é ação provocando a reação que lhe corresponde. Conforme a sua natureza, paira na região em que foi emitida ou eleva-se mais, ou menos, recebendo a resposta imediata ou remota, segundo as finalidades a que se destina. Desejos banais encontram realização próxima na própria esfera em que surgem. Impulsos de expressão algo mais nobre são amparados pelas almas que se enobreceram. Ideais e petições de significação profunda na imortalidade remontam às alturas...

[...] Cada prece, tanto quanto cada emissão de força, se caracteriza por determinado potencial de frequência e todos estamos cercados por Inteligências capazes de sintonizar com o nosso apelo, à maneira de estações receptoras. [...]

Dessa forma, podemos deduzir, com Martins Peralva,[49] que "[...] a prece, em qualquer circunstância, afigura-se-nos um apelo de nossa alma estabelecendo instantânea ligação com o mundo espiritual, segundo os princípios de afinidade que regem o intercâmbio mental. [...]"

Esclarece ele que há dois tipos básicos de oração: a vertical e a horizontal. A oração vertical é "[...] aquela que, expressando aspirações realmente elevadas, se projeta na direção do Mais Alto, sendo, em face dos mencionados princípios de afinidade, recolhida pelos Missionários das Esferas Superiores. [...]" Já a prece horizontal, que traduz anseios vulgares, "[...] não terá impulso oblíquo ou vertical, porque encontrará ressonância entre aqueles Espíritos ainda ligados aos problemas terrestres, vivendo, portanto, horizontalmente. [...]"

Existem, ainda, os "[...] petitórios inadequados, expressando desespero, rancor, propósitos de vingança, ambições etc. [...]". A esses impulsos descendentes não se pode atribuir o nome de prece, pois se caracterizam como verdadeira invocação. "[...] Na 'invocação', o apelo receberá a resposta de entidades de baixo tom vibratório. [...]" E complementa Peralva:

> [...] Assim sendo, nossas preces encontrarão sempre a resposta dos nossos afins, dos que comungam conosco tais ou quais ideias, tais ou quais objetivos. [...] Em nossos núcleos mediúnicos, de acordo com os objetivos inspiradores de nossas tarefas, seremos atendidos por tais ou quais Espíritos. Se o pensamento cristão for a bússola de nossas realizações, não faltarão abnegados instrutores que, dos planos elevados, conduzirão o nosso esforço e estimularão o nosso idealismo. [...]

Nesse caso, a oração funciona como recurso sublime, que possibilita a elevação de nosso tônus vibratório, facultando-nos a comunicação com os mensageiros de Jesus. Estes nos auxiliam na inspiração, na intuição e no recebimento de mensagens sublimes que nos despertam o Espírito para as realidades maiores da Vida.

Cumpre destacar, no contexto, a utilização da oração na prática mediúnica. Para que serve a oração nesse tipo de trabalho? Tem a mesma função que em outras atividades espíritas? Basta usá-la para a abertura e fechamento das reuniões?

Consideremos que, ao iniciar o estudo e a prática da mediunidade, a pessoa e o grupo estarão ampliando suas possibilidades de contato com a espiritualidade para auxílio aos necessitados — sofredores e obsessores. Esse trabalho resultará em benefício de muitos, mas também afetará interesses escusos de outros que buscarão, de todas as formas ao seu alcance, dificultar ou impedir a ação do medianeiro no caminho do bem. Por isso, será interessante que os membros do grupo de estudo da mediunidade exercitem o *vigiai e orai* recomendado por Jesus aos seus discípulos (MATEUS, 26:41), compreendendo o importante papel que a prece tem no trabalho com a mediunidade.

Ao exercitar a oração em conjunto, os participantes poderão aprender, no estudo e no intercâmbio de aprendizagens, distintas e espontâneas maneiras de dirigir-se aos planos superiores da vida e a utilizar a oração como instrumento de equilíbrio pessoal, de proteção diária e de auxílio ao próximo.

A vigilância, referente à própria intimidade e às influências externas, é uma obrigação intransferível e todos necessitam aprender a exercê-la. A *Revista Espírita* registra as seguintes palavras de Simon M... a respeito do assunto (RE 1859, nov., p. 451):[50]

> [...] É necessário concluir, com efeito, que o homem deve vigiar os seus menores pensamentos, até os seus maus sentimentos, aparentemente os mais fugidios, já que estes têm a propriedade de atrair para ele Espíritos maus e corrompidos, e oferecê-lo, fraco e desarmado, às suas inspirações culposas: é uma porta que ele abre ao mal, sem compreender o perigo. [...]

Além disso, vale considerar com Martins Peralva[51] que

> Uma mente invigilante atrairá entidades infelizes, vampirizadoras, porque certos Espíritos profundamente materializados, arraigados, ainda, às paixões inferiores, nutrem-se, alimentam-se dessas substâncias produzidas pela mente irresponsável ou deseducada. [...]

Quando estamos vigilantes, ao menor sinal de perigo, podemos levantar o escudo da oração, elevando pensamentos e sentimentos aos planos superiores da vida em busca de equilíbrio, amparo e proteção. Essa é uma função precípua da prece no trabalho mediúnico. Em seguida ao domínio da técnica da concentração, ou concomitantemente, a primeira ação prática que o aprendiz da mediunidade precisa interiorizar é o uso da oração como escudo contra o ataque das trevas íntimas e exteriores. Falamos das trevas íntimas porque não se trata, simplesmente, de pedir assistência aos bons Espíritos, a Jesus ou a Deus contra a influência dos irmãos desorientados do plano espiritual. A prece é o exercício da vontade para promover a elevação íntima, alcançando padrão vibratório que coloca o praticante da mediunidade fora do alcance das influências negativas de seus perseguidores pessoais ou daqueles que desejam prejudicar a atividade com a qual se envolve.

Nesse sentido, a combinação de alguns recursos usados na concentração com a prece pode ser útil para promover equilíbrio e harmonia íntima e apoiar o esforço de sintonia com as esferas superiores da vida. A Dra. Edith Fiore,[52] estudando as causas e alternativas de soluções referentes à possessão espiritual, sugere uma técnica de proteção baseada na imaginação de um sol interior que pode ser acionado como se fosse uma lâmpada acesa por um computador. Essa ideia é interessante e pode ser ampliada com base no conhecimento espírita para ser utilizada por todos os interessados quando julgarem oportuno e, especialmente, por quem trabalhe na área da mediunidade nos momentos de preparação que antecedem o início da atividade de estudo e, mais tarde, na própria atividade mediúnica. Dessa forma, sem ânimo de padronização, pois outros esquemas e mesmo variações dessa técnica podem ser aplicados por quem o deseje, vamos sugerir um exercício que envolve a concentração, a vigilância e a oração.

Propomos iniciar com um relaxamento, colocando-se a pessoa confortável, seja sentada em uma cadeira, seja em posição de lótus, seja, ainda, deitado a depender da preferência ou do ambiente onde se está. São muitas as técnicas de relaxamento. Vamos sugerir uma que implica dirigir o pensamento para os pés e imaginar que, a partir da ponta dos dedos, a pessoa está ficando oca por dentro, completamente vazia, relaxada. Para um relaxamento mais efetivo, pode-se dirigir o pensamento a cada parte do corpo, em sequência, pés... pernas... coxas..., até chegar ao alto da cabeça.

Nessa situação, quem conhece e domina o processo poderá fazer um alinhamento ou balanceamento, harmonizando e sincronizando os centros de força. No entanto, essa etapa não é imprescindível e, por isso, pode-se seguir diretamente para a fase seguinte, que é a busca da sintonia com a luz que emana dos planos superiores da vida.

Todo o universo está mergulhado na Luz divina, mas raramente os Espíritos em nível mediano de evolução conservam a plena consciência desse fato, pois, para perceber essa luz, senti-la constantemente, seria necessário manter uma sintonia permanente com os propósitos do bem. A maior parte dos Espíritos ligados à Terra precisa concentrar-se, elevar os pensamentos e sentimentos com intenção, para identificar a presença da Luz divina. A mente é força, energia criadora e mobilizadora dos recursos do Espírito.

Uma vez concentrada a mente e relaxado o corpo, pode-se visualizar um raio de luz que vem desde os planos superiores da vida, de Deus, penetrando o sistema vibratório da pessoa pelo centro de força coronário, no alto da cabeça. A Luz divina vai preencher o vazio imaginado na etapa inicial do relaxamento, iluminar todos os órgãos a partir da cabeça até os pés. Pode-se utilizar o tempo que for necessário para sentir a Luz divina iluminando cada parte do organismo.

O próximo passo é visualizar o encontro, no âmago do ser, da Luz divina com a luz interior, que todos temos, independentemente de sua intensidade (normalmente, ela está fraca e titubeante quando não foi desenvolvido o hábito de cultivá-la). A Luz divina potencializa a luz interior, fazendo com que ela se expanda, intensificando cada vez mais o seu brilho, até torná-la um sol interior que irradia em todas as direções. Os raios desse sol interior, potencializados pela Luz divina, podem ser direcionados para visitar todas as células dos organismos físico e perispiritual. Essas células recebem um banho dessa luz renovadora, regeneradora, curadora, de intensa alegria e felicidade. Pelo poder da vontade, a pessoa pode querer que essa luz alimente suas células, fortaleça seu sistema orgânico, perispiritual e espiritual. As suas células físicas e perispirituais podem também passar a emitir luz.

Quando essa luz tiver iluminado todo o ser, ela poderá ser projetada exteriormente, pelos orifícios dos organismos físico e perispiritual, inclusive os poros, e também pelas mãos e pés, formando um escudo de luz ovalado no entorno, que protege a psicofera pessoal, formada pelas emanações dos sentimentos e pensamentos.

Esse exercício mental pode ser repetido diariamente, fortalecendo sempre o escudo pessoal de proteção. A cada vez, o processo de harmonização e sintonia com o plano espiritual superior vai-se tornando mais fácil e, se em alguma circunstância a vigilância alertar sobre algum perigo, imediatamente o indivíduo pode lembrar do escudo vibratório e fortalecê-lo pelo poder da vontade, da emissão de energia positiva, da fé, da oração. Esse escudo de luz dificultará as influências inferiores dos ambientes, dos Espíritos e dos encarnados desequilibrados, facilitando o amparo dos protetores espirituais.

A irradiação mental

Uma parte essencial da oração é a irradiação vibratória por aqueles que são identificados como necessitados de alguma forma. Toda vez que alguém se lembrar de outrem durante a oração e vibrar positivamente por aquela pessoa, estará emitindo raios de energia que podem alcançar o necessitado, promovendo efeitos salutares em seu psiquismo e em sua economia sistêmica física e perispiritual. A isso se denomina irradiação mental, que pode ser praticada individual ou coletivamente. Quanto maior a intensidade do pensamento, maior o alcance e o efeito da irradiação mental.

Como extensão do exercício anterior, os raios de luz gerados dentro da pessoa podem ser projetados a longas distâncias em direção a quem se deseje auxiliar, brindando-lhe com um banho de luz, sempre atentando, naturalmente, a que nada se pode realizar sem a permissão da Bondade divina à qual sempre se deve recorrer.

A irradiação mental é outro exercício prático que cabe ao grupo aprender e realizar no rumo do adestramento necessário à prática mediúnica produtiva e equilibrada. Coletivamente, o grupo poderá realizá-la antes ou depois da prática mediúnica, conforme o acordo estabelecido na equipe.

A meditação

Todo Espírito em evolução descobrirá, em algum momento, a importância e a necessidade da meditação como instrumento de autoconhecimento e de integração com o Pai para o cumprimento de seu papel na obra divina na qual está inserido.

Há muitas definições para a palavra meditação, assim como há muitas maneiras de meditar, que servem a distintos propósitos. Não é objetivo deste livro aprofundar esse assunto em particular. Vamos destacar apenas dois pequenos textos com o propósito de despertar o interesse do leitor para o tema, pois caberá ao dirigente do grupo de estudo da mediunidade e outros interessados buscar na vasta literatura disponível o aprofundamento necessário ao assunto.

> A meditação é o ato pelo qual se volve o homem para dentro de si mesmo, onde encontrará Deus, no esplendor de sua glória, na plenitude de seu poder, na ilimitada expansão do seu amor: "O reino de Deus está dentro de vós". Através da prece, na meditação, obterá o homem a fé de que necessita para a superação de suas fraquezas e a esperança que lhe estimulará o bom ânimo, na arrancada penosa, bem como o conforto e o bem-estar que lhe assegurarão, nos momentos difíceis, o equilíbrio interior. [...][53]
>
> Para manter a mente alerta, faz-se indispensável o hábito da meditação, que não tem o caráter de negação, de anulação, mas de

atenção em relação a tudo quanto lhe diz respeito, de observação sincera, sem culpa, sem punição, sem inquietação. Não tem como objetivo a racionalização do que ocorre com ele ou em torno de si. [...] É sempre valiosa, especialmente se tem por meta a iluminação, o despertar da mente para o encontro com o Cristo interno. Todavia, torna-se muito mais significativa, quando se a pratica regularmente, gerando hábito saudável de observar de dentro para fora, sem julgamento nem condenação, analisando o melhor processo de enriquecimento espiritual.[54]

Especialmente para os pretendentes e participantes das atividades mediúnicas, a meditação se faz indispensável para a conquista do equilíbrio interior e a mais ampla compreensão do próximo e dos desígnios da Providência divina.

A harmonização psíquica

O conjunto das práticas anteriores levará cada membro e todo o grupo no rumo da harmonização psíquica que, para o trabalho mediúnico, precisa ser uma conquista coletiva, pois todos devem estar inseridos no contexto. Uma só vibração dissonante poderá implicar desarmonia no conjunto vibratório do grupo, e a pessoa invigilante e não cumpridora da parte que lhe cabe terá que, pelo menos naquele dia, ser isolada do conjunto pelos mentores do grupo, resultando no desvio de recursos que poderiam ser canalizados para o auxílio aos Espíritos sofredores, trazidos para receber a ajuda conjunta das equipes encarnada e desencarnada.

Entre os diversos exercícios que o grupo pode realizar, o dirigente pode propor que cada membro procure perceber as vibrações dos colegas que estão ao seu lado, buscando combinar a sua com as irradiações dos demais, contribuindo para a formação de uma unidade harmoniosa de emissões mentais e fluídicas que comporão um ambiente agradável, protegido e adequado à ação em favor dos Espíritos necessitados. Como extensão, todo o grupo poderá buscar a harmonização vibratória com os mentores e trabalhadores espirituais do grupo.

A percepção psíquica ou espiritual

Mais tarde, quando devidamente incorporadas as etapas anteriores e já mais próximo o início das atividades de intercâmbio com a espiritualidade, o exercício prático se estenderia à percepção psíquica do ambiente, das entidades presentes, da movimentação que se faz na outra dimensão paralela à da sala mediúnica, até que o grupo, adquiridas as condições necessárias, adentre de forma natural na prática mediúnica propriamente dita. É nessa etapa que, finalmente, será possível a identificação das diversas capacidades e da contribuição que cada membro poderá proporcionar para a formação da equipe de trabalho mediúnico. Pelo menos no início dessa etapa, não é ainda momento para receber mensagens de mentores ou entidades necessitadas. A disciplina ganha muito se o médium contiver as influências que recebe, aprendendo a dominar sua faculdade para dar passividade, ou seja, permitir que o Espírito se manifeste, somente no momento em que todo o grupo ou parte dele selecionada esteja apta para a prática mediúnica.

* * *

Um bom material oferecerá recursos adequados para o desenvolvimento desses e outros aspectos práticos da atividade mediúnica. Caso contrário, uma vez mais, caberá ao dirigente pesquisar ou basear-se em sua experiência para oferecer à equipe os recursos necessários para o desenvolvimento desse importante aspecto do trabalho.

Capítulo 3
Organizando o trabalho mediúnico

A etapa inicial do estudo tem o propósito de levar a equipe ao conhecimento básico do Espiritismo ou à revisão de seus conceitos fundamentais para permitir a entrada progressiva na análise de temas mais específicos referentes à mediunidade. Não existe tempo determinado para finalizar, nem prazo certo para que o grupo inicie a prática mediúnica. Isso varia de grupo para grupo e, enfatizamos, o ideal seria que a organização da atividade mediúnica ocorresse na medida em que o estudo se aprofundasse e a equipe fosse amadurecendo, sem necessidade de transição brusca entre uma etapa e outra.

Uma vez iniciada a prática, o grupo será naturalmente conduzido para o atendimento aos Espíritos sofredores, que poderá ser a sua tarefa central ou que servirá de etapa de amadurecimento para um futuro trabalho de desobsessão. Por isso, será interessante examinar, neste capítulo, além dos aspectos referidos, os tipos de trabalhos mediúnicos, como organizar a atividade mediúnica e desenvolver a atividade de atendimento aos Espíritos necessitados.

3.1 A seleção dos participantes

No que diz respeito aos participantes da atividade mediúnica, ideal mesmo seria que todos alcançassem as condições para que o grupo desse início ao *estudo-prática* em certo período de tempo. Mas o mais natural é que algumas pessoas fiquem preparadas antes que outras, o que não implica demérito para ninguém. Tudo é questão de dedicação, de maturidade adquirida nesta ou em outras experiências de vida, de interesse e vontade direcionados para aquele propósito, da prioridade estabelecida para a tarefa, entre outros fatores.

A seleção dos participantes da atividade mediúnica não pode ocorrer por decisão arbitrária do dirigente do estudo ou da prática mediúnica. Com o melhor propósito de auxiliar na educação e no desenvolvimento da capacidade de servir, cabe ao responsável pela direção estabelecer um clima de confiança para que, periodicamente, cada membro, de forma individual ou junto com o dirigente, ou, ainda, o conjunto do grupo, realize avaliações das conquistas efetivadas e do que ainda falta conseguir para atingir os objetivos propostos no acordo de grupo, com vistas a apresentar a "ficha de bons trabalhos pessoais" e a levar todo o "núcleo de atividade espiritualizante" a deixar-se presidir "pelo melhor senso de harmonia, esforço e afinidade", aspectos fundamentais que reporta Emmanuel[55] na mensagem "Nem Todos": "E aconteceu que, quase oito dias depois destas palavras, tomou consigo a Pedro, a João e a Tiago e subiu ao monte a orar" (Lucas, 9:28).

> Digna de notar-se a atitude do Mestre, convidando apenas Simão e os filhos de Zebedeu para presenciarem a sublime manifestação do monte, quando Moisés e outro emissário divino estariam em contacto direto com Jesus, aos olhos dos discípulos.
>
> Por que não convocou os demais companheiros?
>
> Acaso Filipe ou André não teriam prazer na sublime revelação? Não era Tomé um companheiro indagador, ansioso por equações espirituais? No entanto, o Mestre sabia a causa de suas decisões e

somente ele poderia dosar, convenientemente, as dádivas do conhecimento superior.

O fato deve ser lembrado por quantos desejem forçar a porta do plano espiritual.

Certo, o intercâmbio com esse ou aquele núcleo de entidades do Além é possível, *mas nem todos estão preparados, a um só tempo, para a recepção de responsabilidades ou benefícios (destaque nosso).*

Não se confia, imprudentemente, um aparelho de produção precisa, cujo manejo dependa de competência prévia, ao primeiro homem que surja, tomado de bons desejos. Não se atraiçoa impunemente a ordem natural. Nem todos os aprendizes e estudiosos receberão do Além, num pronto, as grandes revelações. Cada núcleo de atividade espiritualizante deve ser presidido pelo melhor senso de harmonia, esforço e afinidade. Nesse mister, além das boas intenções, é indispensável a apresentação da ficha de bons trabalhos pessoais. E, no mundo, toda gente permanece disposta a querer isso ou aquilo, mas raríssimas criaturas se prontificam a servir e a educar-se.

3.1.1 Autoavaliação

Se cada participante estiver acostumado a fazer sua autoavaliação periódica, manterá ideia clara de suas condições, do que já conquistou e do lhe falta conquistar para adentrar a nova etapa. A autoavaliação, dessa forma, é um excelente instrumento para a seleção dos participantes, oferecendo a todos as mesmas oportunidades que serão ou não aproveitadas de acordo com a vontade, as possibilidades e a dedicação de cada um.

No entanto, pode ser que a pessoa demonstre um bom nível de dedicação e já reúna condições suficientes, mas ainda sinta não ter condições ou pense que ainda lhe falta muito mais em termos de conhecimentos e habilidades para o exercício mediúnico, devido ao seu alto grau de exigência íntima. Poderíamos até mesmo considerar que a humildade estaria interferindo na avaliação. A pessoa, por mais preparada que esteja, não vê dessa forma porque é humilde e não ousa crer que pode ajudar no trabalho mediúnico. Se é assim, cabe ao dirigente auxiliar a pessoa a reconhecer suas potencialidades e seu nível de preparo.

Dadas as condições inerentes ao nosso estágio evolutivo, não podemos deixar de considerar, no entanto, a possibilidade de uma espécie de manipulação psicológica, algumas vezes inconsciente e oriunda de inseguranças íntimas. A pessoa quer e acha que já reuniu condições para trabalhar com a mediunidade, mas espera que outros reconheçam essa sua condição. Assim, ela não assumiria o ônus do compromisso. Não teria sido ela a dizer que está preparada e, por esse motivo, não se sentiria responsável caso não desse certo. Em outros casos, a pessoa poderia esperar que o dirigente indicasse, para que todos ficassem sabendo, que ela já alcançou essas condições. Aí já não haveria humildade, mas orgulho. Haveria algum tipo de problema a caracterizar a personalidade e caberia ao dirigente procurar auxiliar a pessoa a amadurecer para superar a problemática observada.

Por outro lado, pode haver também quem não cumpra o acordo de grupo e não faça os esforços necessários para superar suas limitações e dificuldades, mas se julgue apto para a atividade mediúnica. O comportamento pode evidenciar falha de autoavaliação, que o indivíduo não deseja ou não tem maturidade para perceber. Dentro dos critérios objetivos estabelecidos no acordo, é simples identificar se a pessoa está ou não fazendo os esforços que lhe cabe, mas pode haver quem pense, passado algum tempo, que a "regra" é muito exigente, que não vale a pena nada disso, ou que ninguém vê que ele está fazendo tudo o que é necessário, ainda que não integralmente o que acordou com os demais. Essas situações exigirão do dirigente e do grupo, às vezes, esforço superlativo de paciência. Não cabe a ninguém exigir que a pessoa saia do grupo. Lógico que não poderá passar para a prática mediúnica, mas isso não significa que lhe deva ser negada a oportunidade do estudo e da renovação espiritual. Em *Nos domínios da mediunidade*,[56] André Luiz registra uma pergunta de Hilário e a resposta de Áulus nos seguintes termos:

> [...] E na hipótese de surgirem elementos arraigados ao mal, numa formação de cooperadores do bem? De posse da ficha psicoscópica, os instrutores espirituais providenciar-lhes-ão a expulsão?
>
> — Não será preciso. Se a maioria permanece empenhada na extensão do bem, a minoria encarcerada no mal distancia-se do conjunto, pouco a pouco, por ausência de afinidade. [...]

Não se trata naturalmente de considerarmos que companheiros que se interessem pelo estudo e prática da mediunidade possam estar arraigados ao mal. Mas, efetivamente, a falta de afinidade e de comunhão de ideais leva a pessoa a sentir-se deslocada e a desejar afastar-se do grupo quando não partilhar da confiança existente entre os demais participantes e quando não se dispuser a fazer os esforços necessários para a sua real integração. É importante que, quando alguém se afasta do grupo, que seja por decisão sua e não porque alguém o "convidou" para não voltar mais ou porque foi discriminado por outros participantes.

3.1.2 Avaliações periódicas com o grupo

Dessa forma, o autoexame deve ser incentivado nas avaliações periódicas com todo o grupo, a serem conduzidas com habilidade pelo dirigente, evitando que os temas resvalem para o terreno das discussões pessoais. Lembremos que não é papel do dirigente ditar normas, nem resgatar os confessionários e as penitências de crenças religiosas do passado. Basta recordar a importância do cumprimento dos compromissos assumidos em conjunto para a saúde e o equilíbrio da equipe, cujos objetivos coletivos dependem do esforço individual para serem alcançados. Uma ou outra vez vale lembrar que somente passarão para a fase prática os que cumprirem o acordo de grupo.

A situação ideal é que, quando na autoavaliação algumas pessoas considerem seus esforços insuficientes para a participação no possível futuro grupo mediúnico, elas decidam tomar iniciativas conscientes para reajustar-se e integrar-se. No entanto, sempre pode ocorrer que, ao perceber que não acompanhou o grupo, a pessoa se afaste, alegando diferentes motivos. Uma vez identificado o problema, cabe ao grupo auxiliá-la, evidenciando o desejo de que ela permaneça e levando-a a concluir que tudo depende do seu esforço próprio. Quando alguém persiste no grupo, depois de ter-se dado conta de que não está acompanhando o desenvolvimento geral e de que não poderá, seguindo no mesmo ritmo, passar para a prática mediúnica, a pessoa poderá passar a fazer o esforço necessário para superar a dificuldade. Mas pode também deixar-se dominar por despeito, frustração e, mesmo inconscientemente, adotar comportamentos que venham a minar as bases de harmonia e de estabilidade do grupo. Quase sempre, depois de dificuldades e lutas, a pessoa termina por afastar-se após causar algum prejuízo ao trabalho e aos esforços de harmonização dos demais.

3.1.3 Avaliações com o dirigente

Quando todos alcançam as condições estabelecidas no acordo de grupo, nada impede o dirigente de promover a transição para a atividade mediúnica. Forçoso é reconhecer, no entanto, que, apesar de todos os esforços, poderá haver quem, tendo perseverado no grupo, chegue ao início da atividade mediúnica sem estar preparado para a tarefa.

Não tendo sido possível harmonizar e integrar todos os membros do grupo, poder-se-á iniciar o trabalho mediúnico com os que estão aptos, permanecendo os demais na fase de estudo. Estes se agregariam à atividade mediúnica quando alcançassem as condições necessárias. Poderiam, também, compor um novo grupo de estudo da mediunidade se a Casa Espírita vier a iniciar essa atividade, ou, ainda, outro tipo de estudo.

As avaliações periódicas podem auxiliar na conscientização dos participantes em caso de, quando parte do grupo ainda não está preparada, o dirigente se ver na contingência de iniciar a prática mediúnica com a parte do grupo que já alcançou as condições necessárias.

Nessa situação, o desafio é grande para o dirigente, mas precisa ser enfrentado, pois, quando os que não alcançaram as condições mínimas também adentram a prática mediúnica, o que impedirá que os que se dedicam com afinco se acomodem em seus esforços? Ademais, quando o início dos trabalhos mediúnicos propriamente ditos atrasa muito, todos podem sentir uma frustração crescente, especialmente os já preparados para a tarefa, que vêm estudando há anos, sem atingirem, como grupo, as condições suficientes para o exercício da mediunidade.

Essa situação requer muita habilidade pessoal do dirigente e uma grande capacidade afetiva, que lhe permitirá lidar com cada caso sem melindrar os companheiros ou despertar reações de amor-próprio ofendido. Cabe ao dirigente evidenciar que as portas não estão fechadas, pois, por meio do estudo, estarão recebendo nova oportunidade de se prepararem para o trabalho e virem a integrar o trabalho mediúnico com a mesma equipe.

Caberá uma avaliação com cada um dos participantes para o encaminhamento de soluções, conforme a situação, pois, no que diz respeito ao ser humano, a gama de comportamentos e situações de convivência é infinita. Para as avaliações individuais, o dirigente do *estudo-harmonização* poderá contar com o auxílio do futuro dirigente do *estudo-prática* (trabalho mediúnico), se forem pessoas diferentes, ou de algum membro do grupo, cuja habilidade de diálogo e entendimento fraterno já se evidenciou, e que será, por esse motivo, um dos dialogadores na fase do intercâmbio mediúnico.

O papel do dirigente não é simples nem fácil, mas é absolutamente necessário. Seja na condução do estudo, dos exercícios para a prática mediúnica e das avaliações periódicas grupais ou individuais, seja apresentando novos desafios que permitam o amadurecimento de cada participante, auxiliando-o na sua preparação para as etapas seguintes, cabe sempre ao dirigente dar a tônica de como o grupo caminhará para a consecução de seus propósitos. Se ele e os demais participantes estiverem observando os compromissos aprovados no início, será mais viável acompanhar, ao longo do *estudo-harmonização*, quem está apto ou não para a prática mediúnica e o que lhes falta para alcançar os demais com base nos parâmetros estabelecidos.

3.2 Adaptando o acordo de grupo

Uma vez decidido o início da prática mediúnica, será conveniente proceder à revisão do acordo de grupo para adaptá-lo à nova situação, submetendo-o a outra aprovação. Pequenas mudanças serão necessárias para redirecionar os esforços da equipe, agregando aos compromissos anteriores a responsabilidade de iniciar e manter uma atividade mediúnica prática.

Permanecerão as mesmas demandas referentes a conduta, estudo, colaboração e frequência. Assim, para iniciar a prática mediúnica, os objetivos propostos para aquela etapa têm que haver sido alcançados. O objetivo geral, no entanto, teria de ser redirecionado à manutenção de um grupo mediúnico no qual reinem a harmonia e a homogeneidade de pensamentos, sentimentos e consequentes vibrações. Persistirá a necessidade de que o grupo apoie seus membros no constante aperfeiçoamento de sua capacidade de servir. No campo individual, cada um poderá reforçar o compromisso com a assimilação e a vivência dos princípios educativos oferecidos pela Doutrina Espírita e o Evangelho de Jesus e, também, com a manutenção da harmonia e com o constante aperfeiçoamento de sua capacidade para o cumprimento de suas funções no grupo, o que redundaria em uma atuação mediúnica equilibrada e produtiva.

O tempo dedicado ao estudo teria necessariamente de ser restringido em favor do aumento do tempo de atividade prática. As bases de avaliação também precisariam ser adaptadas às novas condições.

Uma sugestão de acordo de grupo para a etapa da prática mediúnica pode ser encontrada no Anexo 4. No entanto, não nos esqueçamos de que as ideias ali apresentadas são apenas referenciais, conforme já esclarecido anteriormente.*

---

* Nota dos autores: Veja no cap. 2 "O acordo de grupo".

3.3 A continuidade do estudo

Quando o grupo conclui o programa utilizado na etapa do *estudo-harmonização*, surge a necessidade de uma decisão fundamental quanto à sequência a dar ao estudo.

Há quem afirme que não seria conveniente que o grupo participasse de uma "aula" ou de uma reunião de estudo imediatamente antes da reunião mediúnica, ocasião em que podem surgir polêmicas e discussões estéreis em torno de temas mais complexos. Outros consideram que não seria conveniente o excitamento mental antes da prática mediúnica, que exigiria mais o recolhimento e o apassivamento psíquico dos participantes da reunião. Nessa linha de raciocínio, um estudo que antecedesse à prática mediúnica poderia induzir os médiuns a interferir nas comunicações, inclusive simulando inconscientemente manifestações inexistentes, pois não disporiam de tempo para a adequada concentração e apassivamento. Por esse motivo, recomendam a opção por algum tipo de leitura, que poderia até ser seguida de comentário feito por alguém do grupo, mas sem a discussão do assunto entre os participantes. O estudo seria feito após a atividade mediúnica ou não seria feito nesse mesmo dia.

No primeiro caso, a equipe precisaria manter a disposição para realizar o estudo depois da prática mediúnica, conservando o interesse e a atenção nos temas e atividades propostos. É comum, no entanto, que as pessoas sintam cansaço físico ou fome e fiquem ansiosas por demandar seus lares ao findar a atividade mediúnica, tornando necessárias explicações frequentes do dirigente sobre o porquê e a importância do estudo. Ademais, a atividade de estudo terminaria por assemelhar-se mais a um apêndice do que a uma parte fundamental da atividade geral. Tomadas as devidas precauções, nada impede que o estudo seja feito após o exercício da mediunidade.

Quanto à segunda hipótese, a de realizar o estudo em dia diferente do destinado à atividade mediúnica, é necessário considerar que, para muitas pessoas, já é uma grande dificuldade que, além de participar da atividade mediúnica, tenham de comparecer, pelo menos mais uma vez por semana, ao Centro. Destinar ainda outro dia para o estudo da mediunidade pode não ser viável para muitos companheiros, que, apesar da boa vontade, podem sentir-se obrigados a não participar da atividade mediúnica se o estudo em um dia adicional for uma das condições para isso.

Contudo, pelo que orienta a Codificação, esse estudo seria imprescindível. Os grupos que optam pela simples leitura, ainda que com breve comentário, antes do início da prática mediúnica, não realizam o estudo da mediunidade, concentrando-se exclusivamente no seu aspecto prático, o que traz consequências negativas. Consideramos aqui que o estudo significa mais que ler capítulos ou trechos de livros. Exige pesquisa para aprofundamento dos temas.

Outra opção seria a manutenção do estudo na primeira parte da reunião, reduzindo o tempo a ele destinado, com o cuidado de evitar discussões estéreis sobre assuntos, comportamento que, aliás, já deveria estar solucionado, ou que o grupo já deveria ter superado ao alcançar uma condição de harmonização em que as discordâncias e os pontos de vista não mais abalassem o ambiente vibratório.

Naturalmente, se o grupo ainda não alcançou as condições ideais para a prática mediúnica, facilmente as imperfeições dos participantes, tantas vezes exploradas pela espiritualidade inferior, podem fazer prevalecer a discórdia e a polêmica estéreis que inviabilizam os melhores esforços dos companheiros de boa vontade, por mais que estes desejem caminhar por vias mais serenas e construtivas.

Cabe, portanto, ao dirigente conhecer as condições do grupo que coordena, e, ao grupo, decidir pelo melhor caminho a seguir. Observado que, se uma via não é a mais adequada, nada impede experimentar outra. No entanto, observamos que há grupos que jamais amadurecem, seguindo sempre a última moda ou as novidades que aparecem.

Quando o grupo decidir adentrar a prática mediúnica, a harmonização, que era meta nos primeiros momentos, deve ser, então, realidade. O grupo precisa estar a caminho da homogeneidade mínima de sentimentos e de convicções quanto aos conhecimentos do Espiritismo, os procedimentos e as finalidades do grupo. Se um estudo de temas relacionados com a mediunidade sobre-excita o intelecto de alguns membros do grupo e perturba seu campo sentimental, será o caso de se perguntar se essas pessoas efetivamente absorveram a teoria e a vivência proposta para o grupo até o momento. Se os médiuns ainda não sabem desligar-se de aspectos intelectuais do estudo para acalmar a mente para a atividade mediúnica, o que garante que estejam preparados para desligar-se de suas problemáticas do dia ou da semana? Não há milagres, sabemos disso. E nada nos é dado de graça. Tudo é conquista. Se os participantes do grupo estão perseguindo juntos condições básicas e fundamentais para melhor servir dentro da atividade mediúnica, seguramente não poderão dispensar o estudo equilibrado.

Observamos a existência de grupos mediúnicos que há tempos abandonaram o hábito do estudo, limitando-se a uma pequena leitura com breve comentário antes da reunião mediúnica, sendo esse o único "estudo" que seus membros fazem, mais no sentido de "concentrar-se" para o trabalho mediúnico do que para compreender e comprometer-se com o exercício equilibrado da mediunidade. Essa rotina passa a ser a tônica de alguns grupos que podem não se darem conta da necessidade de manter a dinâmica do aperfeiçoamento intelecto-moral que demanda esforço e adaptação às distintas situações para melhor servir e melhor integrar-se nos propósitos de renovação espiritual.

3.4 Os tipos de trabalhos mediúnicos

Consideremos a situação em que os trabalhadores estão preparados e a postos para a atividade mediúnica. Geralmente, o dirigente distribui os participantes em círculo, utilizando ou não uma mesa no centro, para iniciar o trabalho. Apesar de a natureza do trabalho a ser desenvolvido não constituir elemento de decisão direta da equipe encarnada, consideramos importante examinar rapidamente as opções mais evidentes a serem oferecidas ao grupo pelos mentores espirituais encarregados de conduzir o trabalho de acordo com as mediunidades e condições reunidas.

Em primeiro lugar, especialmente quando a psicofonia ainda não se manifestou em algum médium, o grupo pode, além de continuar com o exercício de percepção espiritual e da psicografia — se houver algum médium com essa capacidade —, realizar uma atividade de vibração, ou seja, irradiação, buscando sintonia mais íntima com os mentores espirituais e envolvendo em mentalização positiva os Espíritos e os encarnados sofredores, os trabalhadores da Casa e do movimento espírita, os familiares, os enfermos, a humanidade. Um tempo poderia ser dedicado especificamente para apoiar o desenvolvimento da mediunidade em possível médium psicofônico, identificado na etapa anterior ou que venha a surgir.

Existindo no grupo algum médium ou médiuns de psicofonia, ainda que em fase de desenvolvimento, o trabalho de *atendimento aos Espíritos sofredores e necessitados* poderia ter início. Poderiam ser mantidas as atividades de psicografia e de vibrações. Nesse caso, sugere-se que as psicografias sejam exercitadas durante o recebimento dos Espíritos necessitados, e as vibrações poderiam ocupar tempo mais reduzido da reunião.

O estabelecimento de um trabalho de desobsessão é decisão que depende de fatores mais propriamente controlados pela equipe espiritual. O grupo inicia por opções mais simples de trabalho mediúnico. Somente o tempo, o aperfeiçoamento e o acúmulo de experiências pela equipe — desde que haja capacidade e autoridade moral do dirigente e seus auxiliares, além da disponibilidade de médiuns com faculdades específicas — levarão os mentores espirituais a encaminhar Espíritos em situações mais complexas para serem atendidos no que viria a ser um trabalho de desobsessão. Ainda que um grupo inicie com médiuns e demais participantes experientes na área de desobsessão, o trabalho somente assumirá essa característica por decisão da espiritualidade, que encaminhará, ou não, Espíritos para desobsessão.

Grupos mediúnicos com muita experiência e excelente preparação moral podem atuar também num campo mais complexo e difícil, relacionado com o atendimento de Espíritos suicidas, que raramente se manifestam em atividades de atendimento a Espíritos sofredores e são trazidos a reuniões de desobsessão com pouca frequência.

Importante ressaltar que não há hierarquia entre os diferentes tipos de trabalhos mediúnicos ou seus participantes. O que há é diferença de funções. A equipe de desobsessão não é, por motivo de suas atribuições específicas, melhor ou especial em comparação com a equipe de atendimento aos sofredores. Simplesmente assumiu compromisso diferente, para o qual foi necessário reunir experiência específica, mas nem por isso realiza trabalho mais meritório, pois todo trabalhador é digno do seu salário (*Mateus*, 10:10).

3.5 As reuniões mediúnicas

Aprendemos com Allan Kardec que raras são as pessoas que não apresentam ainda que alguns rudimentos de mediunidade, não obstante, nos habituamos a chamar de médiuns somente aquelas cuja faculdade é ostensiva (LM XIV:159).[57] Mas, como existem várias funções em um grupo mediúnico, haverá sempre trabalho para todos os participantes. Aliás, a reunião precisa ser composta por médiuns ostensivos e não ostensivos, sendo que, em distintos graus e com distintas funções, todos funcionarão como médiuns.

3.5.1 As funções no grupo mediúnico

A função mais claramente definida na reunião é a do médium psicofônico. Ou seja, se em uma pessoa se manifestou faculdade dessa natureza, tal é o trabalho que ela vai exercer dentro do grupo. Outra função evidente é a do dirigente da reunião, que pode acumular a atribuição de doutrinador. Outros participantes podem apoiar o dirigente na função de dialogadores. Outras duas funções são fundamentais para o bom andamento da reunião: apoio vibratório e passe.

Na ausência de colaboradores que possam atuar no apoio à reunião, os próprios dialogadores funcionam como suporte vibratório, mantendo-se em oração e contribuindo efetivamente para a harmonia do ambiente. Contudo, o ideal é contar com pessoas que se dediquem especificamente a essa tarefa. Os mesmos dialogadores também podem acumular a função de passistas. No entanto, teriam, algumas vezes, que se deslocar para dar o passe, correndo o risco de prejudicar a corrente vibratória, como veremos a seguir. Assim, o ideal é que também a reunião conte com uma ou duas pessoas que exerçam a função de passistas.

As funções serão mais bem especificadas no capítulo 4. Aqui, apenas as citamos como apoio para o desenvolvimento do tópico seguinte, referente à disposição das funções para o exercício da mediunidade.

3.5.2 Como organizar a atividade mediúnica

Uma vez mais, destacamos que não existe "receita" para a atividade mediúnica. Cada grupo é soberano para tomar suas decisões e fazer conforme melhor lhe pareça. Vamos apresentar ideias baseadas na experiência de autores consagrados e na nossa própria. Ninguém está obrigado a concordar com elas ou a aplicá-las nas atividades que estão sob sua responsabilidade. Examinemos à luz da razão e façamos conforme a nossa consciência, preservando sempre o direito alheio de pensar e agir de forma diferente daquela que consideramos a ideal.

A reunião mediúnica é normalmente feita em torno de uma mesa, mas nada impede que ela seja realizada sem o uso desse móvel. Apesar de observarmos que muitos grupos não atentam para essa prática, é recomendável que os participantes sentem em círculo, intercalando os médiuns e os dialogadores. Não se trata aqui de preferência pessoal ou de uma questão mística. Carlos Torres Pastorino[58] esclarece sobre o assunto:

> A "corrente parasita" ou "de Foucault" ocorre quando o núcleo de metal do rotor (gerador) é construído de uma só peça sólida e inteiriça. Sendo os condutores enrolados em torno desse núcleo de metal, este pode desenvolver uma "corrente parasita", que interfere nas linhas do campo magnético. Essas correntes, além de não terem utilidade, produzem calor no núcleo, baixando o rendimento da máquina. Para diminuir a intensidade da corrente

parasita, ao invés de um bloco inteiriço, são usadas finas chapas separadas por matéria isolante. Assim, em lugar de corrente parasita única de intensidade forte, teremos uma série de pequenas e inofensivas correntes, que só circulam individualmente em cada lâmina.

O conhecimento desse efeito é de grande utilidade para constituição da mesa mediúnica; e explica por que, desde os primórdios, os bons dirigentes de sessões fazem sentar os médiuns intercalando-os com não médiuns. A razão dada é que os não médiuns servem para "sustentar a corrente". Perfeitamente lógico e verdadeiro.

Mas agora, pela comparação com a "corrente de Foucault", podemos perceber o motivo científico: se os médiuns se sentam todos de seguida na mesa, forma-se a "corrente parasita", que pode provocar interferências no campo magnético da mesa, fazendo que a vibração recebida por um médium repercuta nos que lhe estão ao lado, perturbando-os. Além disso, ao envolver outro médium, essa vibração pode levá-lo a enganar-se: supondo tratar-se dos fluidos de um desencarnado, talvez force a manifestação, resultando daí mistificação involuntária e insconsciente.

Mais ainda: formando o bloco monolítico de médiuns um grupo inteiriço, a intensidade da manifestação é maior, enfraquecendo as resistências dos médiuns (pela corrente parasita) e a ação dos Espíritos se fará com muito mais violência.

Se os médiuns (sensitivos) forem intercalados com não médiuns (não sensitivos = isolantes), cada um deles dará sua manifestação com a intensidade normal, sem perigo de influenciar os vizinhos e com maior possibilidade de conter a violência dos manifestantes.

Além disso, se ao lado de cada médium há dois dialogadores, será mais fácil o atendimento aos Espíritos manifestantes sem necessidade da movimentação pela sala. Se um doutrinador se levanta para atender um Espírito que se manifesta por um médium no outro lado da mesa, há uma ruptura do isolamento, dando margem à ocorrência da chamada "corrente parasita", por ficarem dois médiuns em sequência, ainda que temporariamente.

Mas vimos que há outras funções no grupo além do dirigente, dialogadores e médiuns de psicofonia. Onde ficariam os médiuns de psicografia, os videntes e as pessoas que cumprem o papel de passistas e de apoio vibratório? Os médiuns de psicografia podem fazer parte da mesa, estando entre dois dialogadores, como os de psicofonia. Mesmo porque, comumente, o médium de psicografia também é dotado da psicofonia. As duas mediunidades poderiam ser exercidas sem prejuízo do andamento das atividades. Os médiuns videntes, se só dispõem dessa mediunidade ostensiva, os passistas e os de apoio vibratório podem ficar fora da mesa ou do círculo composto pelos médiuns de psicofonia e pelos dialogadores. Formariam, assim, uma corrente de apoio. Durante toda a reunião, pelas razões técnicas explicitadas acima e para evitar movimentações desnecessárias que poderiam dificultar a concentração dos demais, somente os passistas se movimentariam em função das necessidades apresentadas.

3.5.3 O desenvolvimento dos trabalhos

Uma vez dispostos os trabalhadores, é conveniente que o dirigente inicie a atividade com uma prece, intensificando a sintonia da equipe encarnada com a espiritual. É a evocação geral, sem necessidade de dirigir-se a um Espírito específico, ainda que o grupo tenha tido informações sobre quem é o seu mentor espiritual, evitando-se exclusividades desnecessárias ou evocação de Espírito que não se sabe estar disponível para atender ao apelo. Importantes são o estabelecimento e a conservação da sintonia com o plano superior, que atraem os Espíritos trabalhadores do bem e superiores para proteger e apoiar as atividades que se pretende desenvolver em benefício dos necessitados.

A sequência do que acontece a partir desse momento geralmente fica a cargo da equipe espiritual. Mas vale considerar que os mentores amigos sempre respeitam a programação feita pelos encarnados. Se, por exemplo, o grupo decidir que será destinado um tempo inicial para uma possível mensagem de orientação antes do início do atendimento aos Espíritos necessitados e sofredores, com outro tempo ao final para outra possível mensagem dos mentores amigos, normalmente eles não interromperão o atendimento para dar mensagens. Alguns dirigentes preferem estabelecer esse tipo de programação, pois, além de disciplinar a sequência do trabalho, evita-se o risco de Espíritos mistificadores tomarem o tempo do atendimento para tentar enganar o grupo com supostas mensagens de orientação.

Se há médiuns de psicografia no grupo, durante o atendimento aos Espíritos necessitados e sofredores, eles podem receber as páginas que a espiritualidade julgar necessárias. Depois da mensagem final, poder-se-ia proceder à leitura do conteúdo recebido. Essas mensagens precisam receber atenção específica, conforme veremos no item Análise das mensagens recebidas, neste capítulo.

Antes da prece final, ideal seria que o dirigente fizesse uma avaliação da reunião com o grupo, de modo que cada participante teria a oportunidade de manifestar suas percepções e impressões durante a reunião, levantar possíveis dúvidas, problemas, dificuldades, observações interessantes, sugestões de melhoria em algum aspecto identificado etc. Esse seria um bom momento para o(s) médium(ns) vidente(s) apresentar(em) suas percepções para serem também avaliadas pelo grupo.

Manifestações sequenciais ou simultâneas

Durante o atendimento aos Espíritos necessitados e sofredores, há grupos que preferem que as manifestações ocorram simultaneamente, por diversos médiuns. Outros preferem que elas ocorram uma por vez, cabendo aos médiuns conter possíveis influências até o momento adequado para a manifestação.

Quem prefere o método de manifestações simultâneas, geralmente, afirma que ele seria mais eficiente, pois permite o atendimento de maior número de entidades por reunião. No entanto, o mesmo argumento é utilizado por quem prefere as manifestações em sequência, pois dizem que, ao atender a um Espírito, outros podem estar ouvindo e aproveitando a orientação dada. Nessa linha de pensamento, quando há várias comunicações ocorrendo ao mesmo tempo, torna-se difícil que os Espíritos necessitados se concentrem em uma delas para entender o que se passa e tirar proveito dos ensinamentos e da experiência vivenciada.

Esta última posição encontra apoio no relato feito por Camilo Cândido Botelho,[59] quando ele descreve uma reunião em que um suicida foi atendido em um grupo mediúnico e outros acompanharam a orientação recebida para beneficiar-se da oportunidade. Dali depreende-se que, por maior que seja a quantidade de Espíritos atendidos simultaneamente no curto tempo da reunião, jamais seria possível beneficiar todos os presentes, como no caso do atendimento de apenas um deles por um médium, com os demais acompanhando o desenrolar do trabalho de fraternidade.

André Luiz[60] também é objetivo quanto ao assunto: "Sustar múltiplas manifestações psicofônicas ao mesmo tempo, no sentido de preservar a harmonia da sessão, atendendo a cada caso por sua vez, em ambiente de concórdia e serenidade."

Além disso, o mesmo Espírito evidencia no livro *Desobsessão*[61] a importância da cooperação mental para o bom andamento do trabalho mediúnico em ambiente de harmonia e equilíbrio no qual os assistentes prestam inestimável apoio vibratório ao dialogador enquanto ele procura orientar o Espírito necessitado.

Quando transmitir os passes

Os passes nas reuniões mediúnicas podem ser transmitidos para beneficiar o médium, o Espírito comunicante ou ambos. Constituem recurso de grande utilidade tanto para os integrantes encarnados do grupo quanto para os Espíritos que se comunicam. Importa, contudo, saber recorrer a esse recurso fluídico e equilibrador com critério e no momento oportuno, evitando viciações, indisciplinas ou abusos de qualquer natureza.

É comum que um médium, nos primeiros tempos do desenvolvimento e educação de sua faculdade, necessite do apoio vibratório de um passista, mas há dirigentes que preferem esperar que o médium adquira condições de equilibrar-se por si mesmo, pois, se o apoio pelo passe for repetitivo, poderá acostumar o médium, que passaria a ficar dependente desse recurso. Nessa linha de raciocínio, seria conveniente o apoio do passista ao médium somente depois de encerradas as atividades caso ele ainda conservasse mal-estar, incômodo ou outro tipo de desequilíbrio; mas essa prática não poderia constituir regra e sim exceção.

Há grupos que adotam o procedimento da aplicação dos passes em todos os participantes ao início ou ao final de cada reunião, pois entendem que eles funcionariam como fator de limpeza psíquica e equilíbrio. Há outros que não adotam o procedimento, pois entendem que cabe a cada participante buscar os meios de proteger-se e equilibrar-se. Ademais, afirmam que, na reunião mediúnica, quem se dispõe a servir com sinceridade é sempre o primeiro beneficiado, pois, por mais recursos que doe de si mesmo, sempre recebe diretamente da Espiritualidade superior recursos que transmite aos Espíritos necessitados, sendo, portanto, um canal, um instrumento no serviço ao próximo. Ainda segundo os que não aceitam o uso indiscriminado dos passes, se, com frequência, durante ou ao final da reunião, um participante sente-se mal e desequilibrado, a solução não seriam os passes, mas todo um trabalho de autoeducação apoiado pelo grupo para que aquele aprendesse a se proteger e a manter o equilíbrio fundamental para as atividades relacionadas à mediunidade.

É questão de lógica considerar que, em um grupo equilibrado, em que se realiza preparação psico-espiritual dos médiuns e demais participantes antes do começo da reunião mediúnica, os passes tornar-se-iam dispensáveis. Essa preparação pode incluir como principais recursos a oração, a meditação, a leitura e o estudo elevados, que, efetivamente, ajudam a repelir as vibrações desencontradas incorporadas pela invigilância do dia a dia e predispõem à elevação espiritual dos participantes do grupo, dificultando a influência de fluidos desequilibrados ou desequilibradores porventura emitidos pelas entidades que são trazidas ao atendimento.

Há grupos que adotam a prática do "seguir a inspiração", ou seja, quando o médium passista sente que deve dar o passe, ele se levanta e se dirige ao médium que está intermediando a comunicação, aplicando os passes. Há dirigentes, por outro lado, que preferem indicar aos passistas quando devem aplicar os passes, cabendo, assim, a esses trabalhadores estarem atentos ao comando, muitas vezes silencioso, do dirigente.

Qualquer que seja a modalidade preferida, é importante reconhecer a essencialidade dos passes como instrumento de atendimento espiritual ao Espírito necessitado, como apoio aos médiuns em processos mais complexos de atendimento e, excepcionalmente, como elemento de suporte para o reequilíbrio e controle do médium em situações de estresse físico ou psíquico.

Em verdade, são comuns os casos em que, durante o atendimento, as emanações psíquicas do Espírito que se comunica podem induzir o médium a sensações de angústia, dor ou outro desequilíbrio. Essas sensações repercutem em seu campo físico, produzindo-lhe sensações muito materiais, como a asfixia, a falta de controle dos membros, reprodução dos estertores da morte ou dos danos, em geral, que marcam o perispírito dos enfermos desencarnados. Nessas condições, os passes ministrados por intermédio do médium estendem-se ao desencarnado, atenuando suas sensações desarmônicas e permitindo ao organismo mais sadio e às vibrações naturais do médium se sobreporem e passarem a exercer influência salutar no visitante espiritual. Em casos dessa natureza e também de Espíritos endurecidos em geral, podem-se utilizar movimentos dispersivos no centro de força coronário, aplicando, em seguida, energias que facilitem o atendimento, acalmando-lhes os ímpetos e promovendo o controle de suas manifestações. Em resultado, usualmente, o Espírito torna-se mais brando, algumas vezes com sinais de entorpecimento mental ou sono que propiciam a sequência do tratamento.

Vale a pena, ainda, revisitar Manoel Philomeno de Miranda, que fala sobre a utilização de passes na regressão de memória de Espíritos, principalmente os empedernidos na vingança, os que necessitam reconhecer como o passado se insere na sua problemática presente, ou, ainda, os que necessitam recuperar sua condição de Espíritos humanos, embora deformados e modificados por recursos de hipnose maléfica. Em *Tormentos da obsessão*, ele narra a utilização de passes durante a manifestação, em uma reunião mediúnica, de um Espírito obsessor que acreditava ser Mefistófeles e se apresentava nessa forma: "[...] Dr. Ignácio acercou-se do médium e começou a aplicar-lhe energias dissolventes no centro cerebral, a fim de que a memória do Espírito se desenovelasse das induções mentais a que fora submetida".[62]

O passe foi acompanhado pela indução a um sono profundo, acalentado pela palavra tranquila, pacificadora, monótona e repetitiva da hipnose. A memória do Espírito voltou ao passado e, com ele, a lembrança de que, como ator de teatro, representara o personagem Mefistófeles. Enquanto o doutrinador esclarecia a entidade, o Dr. Ignácio desfazia as construções ideoplásticas com passes de dispersão energética.

Outro episódio relacionado, também de Manoel Philomeno de Miranda, é o da manifestação do Espírito Khan Tuqtamich, que foi conduzido a construções ideoplásticas por um obsessor desencarnado. Nesse caso, o tratamento se processa por intermédio de uma médium em desdobramento durante o sono. O próprio dirigente espiritual, o Dr. Carneiro de Campos, se incumbe, ao mesmo tempo, da conversa com o Espírito e dos passes:

> Aproximando-se da médium em transe, o Dr. Carneiro começou a aplicar passes longitudinais, depois circulares, no sentido oposto ao movimento dos ponteiros do relógio, alcançando o chacra cerebral da Entidade, que teimava na fixação. Sem pressa e ritmadamente, o benfeitor prosseguia com os movimentos corretos, enquanto dizia:
>
> — Tuqtamich, você é gente... Tuqtamich, você é gente...
>
> A voz tornou-se monocórdia, contínua, enquanto os movimentos prosseguiam. Suas mãos despediam anéis luminosos que passaram a envolver o Espírito. A pouco e pouco, romperam-se as construções que o ocultavam, caindo como destroços que se houvessem arrebentado de dentro para fora. O manto rubro pareceu incendiar-se e a cauda tombou inerme. Os demais adereços da composição, igualmente, despedaçaram-se e caíram no chão.[63]

Os passes podem também ser utilizados para induzir a manifestação, quando necessário, em médiuns principiantes que, inexperientes, têm dificuldade de sintonia ou de assimilar as correntes mentais do desencarnado. No entanto, esse recurso somente deve ser utilizado em casos excepcionais, para evitar a viciação no processo de indução para o acoplamento fluídico do Espírito comunicante.

Outro aspecto do assunto que merece menção é o da manipulação direta, pelos mentores, dos fluidos espirituais, isolados ou em combinação com fluidos dos participantes encarnados ou, ainda, com recursos obtidos na natureza, com o objetivo da ampliação da capacidade de compreensão, da visão ou da percepção da entidade manifestante, para que ela possa entender certa situação, ver os amigos espirituais, familiares ou benfeitores que a aguardam ou perceber sua condição própria e os quadros fluídicos ou mesmo mentais que lhe são oferecidos para sua melhora espiritual.

Mantendo a harmonia do ambiente

A responsabilidade pela manutenção da harmonia do ambiente é atribuição de cada um e de todos os participantes da reunião. Como já vimos com Allan Kardec, um grupo é um ser coletivo composto pela contribuição de cada um de seus membros (LM XXIX:331). No entanto, o pessoal de apoio vibratório tem responsabilidade específica nesse quesito.

O uso da concentração

São muitos os fatores que contribuem para a harmonia do ambiente. Um deles é o uso da concentração, que deve caracterizar a contribuição individual, favorecendo um conjunto compenetrado da tarefa, da responsabilidade a ser cumprida. Distrações, devaneios, cochilos, curiosidades descabidas, ruídos desnecessários, movimentações pelo ambiente, inquietações, movimentos involuntários de braços ou pernas são sinais de falta de concentração adequada, sendo que alguns desses distúrbios podem interferir na concentração dos companheiros.

Outro fator que dificulta a contribuição mais efetiva é o desvio de atenção ou o acompanhamento do desenvolvimento do trabalho mediúnico com a emissão de possíveis julgamentos da atuação, seja do médium, seja do doutrinador, durante a reunião. Cabe aos médiuns psicofônicos estarem concentrados e receptivos às influências dos Espíritos com equilíbrio e bom senso, mas não lhes cabe prestar atenção nas comunicações que estão ocorrendo por meio de outros médiuns. Aos demais participantes, seja outros dialogadores, passistas ou apoio vibratório, cabe o papel de apoiar o doutrinador de turno, sem julgar suas palavras, raciocínios, forma de encaminhar o diálogo etc. Há participantes que usam a tática de repetir mentalmente as palavras do dialogador toda vez que sentem dificuldade de concentrar-se. Assim permanecem atentos e apoiam o dialogador no cumprimento de sua tarefa.

Cabe ao dialogador de turno, e, quando este não se dê conta do que está ocorrendo, ao dirigente, adotar medidas que levem o grupo a manter a concentração, evitando possíveis influências de Espíritos perturbadores que desejem dificultar o desenvolvimento das atividades ou fazer com que o tempo seja desperdiçado de uma forma ou de outra.

Dentro da vivência dos grupos iniciantes, é comum o aparecimento de um ou outro Espírito mistificador ou magnetizador que tenta influenciar os participantes para produzir, na reunião, os efeitos que desejam. Atuando em um grupo iniciante, tivemos a oportunidade de testemunhar a manifestação de um Espírito com forte capacidade magnética que se afirmava um mago. Descrevendo objetos e apetrechos, exagerando suas capacidades de magnetizador com voz soturna e cadenciada, despertava o temor em alguns participantes ainda sem experiência e buscava utilizar as energias desequilibradas em favor de seus propósitos. Em dado momento, o dirigente, que estava dialogando na oportunidade com o Espírito, interrompeu o atendimento e dirigiu-se aos presentes alertando-os sobre o que estava ocorrendo e pedindo a todos o esforço de desligar-se do magnetismo do Espírito, minando as bases nas quais ele se sustentava para não ceder aos esforços de esclarecimento que eram empregados em seu favor. Depois de muito esforço, agora com o apoio mais efetivo dos demais participantes e a natural influência positiva da Espiritualidade superior, o dirigente conseguiu atingir o âmago da problemática do irmão comunicante, dando-lhe a oportunidade de reconhecer que havia caminhos melhores a seguir. Ao final das atividades, durante a avaliação, o grupo foi unânime no sentido de reconhecer que uma excelente lição havia sido apreendida naquela oportunidade.

O uso da prece

Entre muitas existentes, outra tática utilizada para favorecer a concentração inicial é a visualização de campos verdes e floridos, de cenas felizes e situações agradáveis que despertam emoções de natureza superior. Esse recurso pode ser muito útil nos momentos que antecedem o início das atividades, mas há necessidade de equilíbrio ao usá-lo, pois pode favorecer o devaneio e o afastamento psíquico da reunião.

As orações são essenciais para manter o foco e a harmonia da reunião. Depois da prece de abertura, há dirigentes que, em alguns intervalos entre uma comunicação e outra, sem deixar que isso constitua ritual, solicitam a algum dos participantes que faça uma prece breve para favorecer o equilíbrio da reunião, o trabalho da espiritualidade amiga e o atendimento aos Espíritos comunicantes.

3.6 Análise das mensagens recebidas

Não é nossa intenção insistir na importância da análise das mensagens, pois consideramos que todos os trabalhadores do grupo mediúnico e, muito especialmente, os médiuns ostensivos já compreenderam a necessidade crucial dessa análise. Deve-se destacar tão somente que, na posição de médiuns, nos cabe aceitar agradecidos e, mais ainda, solicitar as observações e o exame crítico das comunicações que recebemos, compreendendo que não estamos isentos das influências dos Espíritos infelizes, sempre conscientes de nossa fragilidade, de nossa situação de seres em crescimento evolutivo.

Dito isso, consideremos que, normalmente, o tempo é insuficiente nas reuniões para a análise das mensagens recebidas via psicofonia ou psicografia. No entanto, Allan Kardec (RE, 1861, dez, p. 539)[64] considera importante

> [...] recolher e passar a limpo todas as comunicações obtidas, por ordem de datas, com indicação do médium que serviu de intermediário. [...] Mas muitas vezes acontece que se perdem de vista essas comunicações, que assim se tornam letra morta; isso desencoraja os Espíritos que as tinham dado, com vistas à instrução dos assistentes. [...]

Os próprios médiuns ou uma equipe indicada dentro do grupo poderiam ficar encarregados de transcrever as mensagens gravadas e digitalizar as psicografadas, ordenando conforme orientação do Codificador. Essa mesma equipe ou outras pessoas poderiam ficar encarregadas do exame do conteúdo, estilo, propósito, utilidade das comunicações etc., selecionando as que eventualmente pudessem ser publicadas. Os médiuns que foram intermediários podem ser informados sobre o andamento da análise. Em dia específico, que pode ser o da avaliação periódica, fora do horário da atividade mediúnica, o resultado pode ser apresentado e analisado pelo grupo. Todos, e especialmente os médiuns, teriam muito a ganhar com esse exame das mensagens que não são deles, para as quais funcionaram como intermediários.

Capítulo 4
A equipe de trabalhadores encarnados

Antes de iniciar uma atividade mediúnica, é importante que o dirigente da reunião defina as funções de cada participante conforme as aptidões evidenciadas no período inicial de estudo e dos exercícios de percepção espiritual. Na medida em que o grupo amadurece, novas possibilidades podem surgir com o aparecimento de faculdades ainda não identificadas ou com o aperfeiçoamento das já conhecidas. Ajustes podem ser necessários depois de algum tempo quanto às funções inicialmente indicadas pelo dirigente.

Normalmente, um grupo mediúnico, além de um dirigente, conta com um ou dois dialogadores, de um a quatro médiuns de psicofonia, algum médium de psicografia ou vidência, se houver, um ou dois passistas e dois ou mais no apoio vibratório. Pode ser que algum médium seja dotado de mais de um tipo de mediunidade e nada impede o seu exercício de forma disciplinada e coerente.

4.1 A direção do grupo

Os grupos mediúnicos normalmente são dirigidos por pessoa experiente e considerada capacitada para a tarefa. Há grupos em que essa pessoa é a única que dialoga com os Espíritos manifestantes. Há outros grupos em que o diálogo é desenvolvido por várias pessoas e a direção é compartilhada entre o dirigente e outros doutrinadores. Os diálogos ocorrem de forma rotativa entre eles.

Reuniões periódicas são feitas, de forma restrita, entre o dirigente e os dialogadores, para examinar a participação de cada membro e o andamento da equipe como um todo, suas conquistas e dificuldades que precisam receber encaminhamento para sua superação. Outras reuniões de avaliação periódicas são promovidas com toda a equipe. Nesse dia, a cada dois meses aproximadamente, os trabalhos são interrompidos e atividades são conduzidas no sentido da integração e avaliação da equipe nos aspectos indicados no acordo de grupo.

4.1.1 O dirigente

Aqui estamos nos referindo ao dirigente da reunião mediúnica e não mais ao da etapa do *estudo-harmonização*. Nada impede que seja a mesma pessoa, conforme já referimos. No entanto, suas funções se ampliam e ganham matizes que não eram demandados na primeira fase. Igualmente, serão indispensáveis características que antes podiam ser apenas desejáveis.

Funções e responsabilidades

As funções do dirigente do *estudo-harmonização*, como vimos, são as de coordenação e direcionamento da equipe para a aquisição do conhecimento indispensável ao exercício consciente da mediunidade e desenvolvimento da harmonização que permitirá a homogeneidade de sentimentos e propósitos com vista à possível futura prática mediúnica.

Quanto ao dirigente da prática mediúnica, cabe-lhe o papel de conduzir o grupo para o bom e produtivo desempenho mediúnico, sem permitir desvios ou a monotonia do cumprimento do dever por obrigação, de forma automática. Para o preenchimento desse papel, compreenderá o dirigente de bom senso que não poderá simplesmente dispensar os participantes da continuidade do estudo que até agora caracterizou as atividades do grupo.

Sem ânimo de esgotar o assunto ou estabelecer parâmetros estanques, ressaltam-se entre as funções e responsabilidades do dirigente as que estão relacionadas com a direção das atividades do grupo; a definição, o acompanhamento e o auxílio para o melhor desempenho das funções dos seus membros; a preparação e a aplicação, compartilhada com outros membros, do estudo programado; o cuidado para que o acordo de grupo não seja esquecido, mas continue sendo cumprido pelos participantes; seu constante aperfeiçoamento pessoal para o bom desempenho da função de direção; a avaliação, com os membros, do desempenho individual e do grupo; o cultivo da criatividade dentro dos parâmetros do bom senso e das diretrizes oferecidas pelo Espiritismo e o Evangelho de Jesus para dinamizar as atividades do grupo, evitando a ação repetitiva que leva à monotonia e à perda do interesse.

Outras responsabilidades, naturalmente, podem ser arroladas, desde que contribuam efetivamente para o cumprimento de sua atribuição de dirigente do grupo mediúnico.

Características necessárias

Considerando que ninguém é perfeito e todos precisamos nos aperfeiçoar constantemente para coordenar e assumir a responsabilidade pela reunião, o dirigente precisará de boa formação doutrinária, familiaridade com o Evangelho, autoridade moral, habilidade no relacionamento interpessoal, pensamento lógico bem estruturado, acentuada capacidade de comunicação, noções básicas de didática e psicologia, moral ilibada e autodisciplina. Essas qualidades lhe permitem adquirir, junto ao grupo, o respeito indispensável para ser aceito como líder. Em muitas situações práticas, o dirigente poderá precisar de prudência, tato, paciência, sensibilidade, valor e energia, mas jamais poderá dispensar a vigilância, a fé, o amor, a caridade, a oração, a humildade e o equilíbrio. Ideal, também, é que o líder do grupo conte com as capacidades de intuição e inspiração desenvolvidas, as quais facilitam o brotar de soluções espontâneas, muitas vezes sob o impulso da influência dos dirigentes espirituais. No entanto, esses não são os únicos requisitos para o líder do grupo. Tudo o que é indicado como importante para os demais membros constitui característica necessária para o líder, especialmente as qualidades indicadas para o dialogador, cuja função se integra, usualmente, entre as tarefas do líder do grupo mediúnico.

Antecipando e administrando conflitos

Uma das principais dificuldades nas duas etapas da formação do grupo é a administração de conflitos. Os conflitos são inevitáveis. Diríamos mais: eles são necessários e mesmo indispensáveis para o amadurecimento do grupo. Surgirão por diferentes motivos e em diversos momentos, por necessidades e deficiências pessoais do grupo e/ou por influência dos Espíritos inferiores.

A harmonia somente pode ser construída se as arestas se evidenciam para serem limadas e polidas ao longo do tempo de convivência. Quem pensa que o grupo ideal é o que jamais teve conflitos pode haver tido o raro privilégio de encontrar pessoas evoluídas, mas o mais certo é que esteja sobre a cratera de um vulcão e não se haja dado conta de que erupções inevitáveis poderão surgir a qualquer momento. Ou seja, os conflitos ainda não apareceram e, portanto, não foram trabalhados.

Se alguém pensa que vai dirigir o grupo ideal aqui na Terra, por agora, precisa, para benefício próprio e dos liderados, superar sua ilusão para enfrentar a realidade. Somos Espíritos imperfeitos, vivendo o estágio evolutivo em que se encontra nosso planeta. O normal é que essas imperfeições interfiram nas atividades em desenvolvimento. Caso contrário, o relacionamento seria artificial e não poderia ser mantido por muito tempo.

Cabe ao dirigente antecipar e prevenir possíveis conflitos. Não lhe cabe, entretanto, o direito de impedir a manifestação das ideias ou de evitar que as pessoas sejam espontâneas a título de manter um ambiente harmonioso. Essa artificialidade não pode ser mantida para sempre. Normalmente, nessas circunstâncias, os que não encontram campo para expandir suas ideias e manifestações se afastam, ficando no grupo os que sempre concordam com o dirigente. Estabelece-se, então, o que poderia ser chamado de "consenso por omissão", no qual pode haver um momento em que todos estejam equivocados e ninguém veja, ou ainda que alguém perceba ou identifique o problema, mas não diga nada, pois "precisa concordar para não gerar desarmonia". Esse tipo de grupo pode vir a afastar-se da realidade, vivendo em um ambiente artificial que findará entrando em conflito com o mundo real. Por outro lado, é muito comum que os membros desse tipo de grupo sejam afetados pelo tédio, pela monotonia que passa a caracterizá-lo: as coisas sempre acontecem como o dirigente quer e ninguém tem ânimo para nada diferente, pois isso poderia gerar desarmonia e desagradá-lo.

Mas reconhecer a realidade e mesmo a necessidade da divergência de ideias não significa acomodar-se, sujeitar-se aos conflitos. As diferenças no campo das ideias são importantes para dinamizar o estudo, a busca de novos conhecimentos, o entendimento do que motiva os relacionamentos e do que é necessário fazer para melhorar a interação dentro do grupo. O surgimento de diferentes pontos de vista e diferentes formas de perceber e envolver-se com as situações é normal em função das diferenças de educação, de cultura, de níveis intelecto-morais e evolutivos entre os participantes de um grupo. Mas nada justifica que essas diferenças conduzam à divergência e ao envolvimento emocional negativo das pessoas, dificultando ou impossibilitando a harmonização da equipe.

A emoção, quando desequilibrada, precisa ser trabalhada em nível pessoal e de relacionamento, precisa ser educada e dirigida para fazer-se construtiva, sendo utilizada como elemento de apoio para o direcionamento dos potenciais de serviço e de cooperação com o próximo. Negar que temos emoções seria desconhecer importante aspecto de nossa condição de ser. Canalizar as emoções em sentido positivo é um dos aprendizados que os membros de um grupo que desejam produzir positivamente precisam realizar.

Os radicais, que se fecham em suas próprias convicções sem flexibilidade para crescer, normalmente não resistem a um trabalho de reforma íntima e de busca de desenvolvimento positivo conjunto. Não sabem e não aceitam a administração que encaminha para a solução dos conflitos. Têm medo de ceder. Usualmente, se deixam envolver de forma negativa pela emoção, pela influência de Espíritos desequilibrados e são refratários ao raciocínio lógico. Não querem que as ideias e posições "dos outros" prevaleçam. Preferem pensar que os demais estão contra eles, que não podem confiar em ninguém. De duas, uma: ou promovem mudanças internas, ou se afastam da equipe por mais que o dirigente e outros companheiros tentem mantê-los ligados aos demais. Conflituosos e inseguros, normalmente, cultivam o hábito de afirmar que foram afastados ou expulsos do grupo quando, em realidade, não tiveram coragem de facear sua própria realidade, preferindo adiar a inevitável transformação moral necessária ao seu desenvolvimento espiritual. Fixam-se nos grupos somente enquanto não se sentem pressionados ou exigidos a fazer esforços para mudanças necessárias.

Em algumas circunstâncias, caberá ao dirigente observar o interesse da maioria (EE X: 21),[65] não permitindo que se perpetuem situações que redundam em prejuízo dos demais participantes. Jamais, porém, deverá faltar o amor fraterno e o sincero interesse de auxiliar o semelhante, por mais difíceis que sejam as circunstâncias.

Pode ser médium?

Para o dirigente do *estudo-harmonização*, a resposta é simplesmente: pode. Nada impede que um médium, não importa o tipo de sua mediunidade, coordene grupos de estudo, mesmo que sejam de mediunidade.

Quanto ao dirigente da prática mediúnica, o assunto necessita de aprofundamento. Considerando a informação de Allan Kardec de que a mediunidade é uma faculdade inerente ao homem e por isso são raras as pessoas que dela não apresentem algum rudimento (LM XIV: 159), o mais comum é que o dirigente seja médium. Seria inclusive desejável ao dirigente a mediunidade de inspiração. Poderia constituir excelente instrumento de trabalho a mediunidade de vidência, desde que bem educada e compreendidas suas complicadas nuances e limitações. No entanto, a vidência não é indispensável, e, se o dirigente — isso é também válido para o dialogador — for dotado de mediunidade de psicofonia, poderá deparar-se com dificuldades ao dialogar com os Espíritos, pois estará sujeito à influência mediúnica, inclusive do próprio Espírito que está se comunicando por outro médium, atrapalhando a clareza e a objetividade do diálogo. Mas isso depende muito da pessoa, pois pode haver quem seja dotado de psicofonia e não sinta dificuldades para controlar sua faculdade no momento de exercer a função de dirigente ou dialogador no grupo. Perguntado sobre a possibilidade de o dirigente da reunião mediúnica funcionar também como médium de psicofonia, o Espírito Camilo[66] informa ser desaconselhável essa prática. Mesmo considerando que tanto o médium quanto o dirigente/dialogador estão sob a influência do mundo espiritual, as funções de cada um são diferentes. Para o dirigente/dialogador, os canais utilizados pela espiritualidade seriam a intuição e a inspiração. Já para os médiuns de psicografia ou psicofonia, os mentores amigos acionariam os centros motores correspondentes para a produção dos fenômenos necessários.

4.1.2 O dialogador

O dialogador é definido como "aquele que dialoga". O verbo dialogar, por sua vez, tem dois significados, conforme o caso. O primeiro é "falar alternadamente; conversar" e o segundo é "travar ou manter entendimento (duas ou mais pessoas, grupos, entidades etc.) com vista à solução de problemas comuns; entender-se, comunicar-se."[67]

Por sua vez, a palavra "doutrinador" é definida como "que ou aquele que doutrina; doutrinante." Doutrinar é tido como "instruir numa doutrina." Doutrina é uma palavra de significado bem amplo. Pode corresponder a um "conjunto de princípios que servem de base a um sistema religioso, político, filosófico, científico etc.". Pode significar também "catequese cristã", "ensinamento; pregação". Pode ser usada, ainda, como "opinião de autores", "texto de obras escritas", "regra, preceito, norma".[68]

O Espírito Emmanuel diz que "para doutrinar, basta o conhecimento intelectual dos postulados do Espiritismo" e, portanto, "a leitura e o conhecimento", mas, para evangelizar, "é necessária a luz do amor no íntimo", "é preciso vibrar e sentir com o Cristo". Ensina ele que "o doutrinador muitas vezes não é senão o canal dos ensinamentos, mas o sincero evangelizador será sempre o reservatório da verdade, habilitado a servir às necessidades de outrem, sem privar-se da fortuna espiritual de si mesmo".[69] Introduz, assim, outra palavra significativa em nosso estudo, que é "evangelizar", embora, na acepção vulgar, evangelizar seja "converter (alguém) à religião, pregando o Evangelho, difundindo a palavra constante do Evangelho".[70]

Outra palavra dessa natureza é "orientador", que tem significado muito mais amplo. É usada para indicar o "que dirige, orienta; dirigente, diretor." Orientar pode corresponder a "indicar o rumo a; dirigir, encaminhar, guiar"; ou ainda a "guiar, dirigir, nortear".[71]

No diálogo que mantemos com os Espíritos — que se deve adaptar à necessidade do manifestante, suas características pessoais e à situação que vive —, utilizamos todas as nuances implícitas nos quatro radicais, de acordo com o caso atendido. Assim, no nosso estudo, para utilizar as palavras no contexto preciso, teríamos de acrescentar mais complexidade à explanação do assunto, que já é, por sua própria natureza, de árdua compreensão, pois tem como tema central o atendimento à alma humana nos seus diversos estados *post mortem* que incluem uma miríade de possibilidades e uma considerável variedade de situações.

Optamos, por esse motivo, por usar as palavras indistintamente no texto desta obra. Pedimos ao leitor que releve, assim, essa simplificação, que consideramos ser de natureza didática, lembrando que, em qualquer dos casos, estaremos nos referindo ao indivíduo espírita que dialoga com os Espíritos com o objetivo de apoiá-los no autorreconhecimento e na compreensão de suas dificuldades íntimas e, também, de ajudá-los a encontrar o caminho de volta ao rumo do bem, da luz e do crescimento espiritual.

O que é e o que faz

O dialogador, repetimos, é o membro encarnado da equipe mediúnica que se responsabiliza pela conversa com os Espíritos necessitados e rebeldes trazidos para atendimento. Em alguns grupos, essa função pode ser desenvolvida cumulativamente pelo dirigente dos trabalhos; em outros, pode ser compartilhada pelo dirigente e mais um, dois ou mais companheiros. Em outros, ainda, o dirigente se limita a conduzir a reunião, controlando seu desenvolvimento e deixando o diálogo a cargo de outros membros do grupo. Há, ainda, alguns agrupamentos em que os próprios Espíritos orientadores, utilizando-se de médiuns, respondem, em certas oportunidades, pelo atendimento dos Espíritos que se manifestam por outros médiuns.

Não nos compete, aqui, entrar no mérito dessas opções. Temos utilizado, em nossas reuniões, sistema em que o dirigente dos trabalhos compartilha funções de doutrinação com outros companheiros. Justificamos essa escolha com razões objetivas e práticas, das quais citamos algumas, como: 1) desenvolver potenciais eventualmente demonstrados por integrantes do grupo; 2) permitir que a tarefa seja executada por mais de uma pessoa, reduzindo possibilidades de personalismo; 3) preparar eventual substituto para o caso de impedimento natural do dirigente, por exemplo, por enfermidade, viagem ou partida definitiva; 4) preparar dirigentes para assumir outros grupos de estudo ou mediúnicos que a Instituição deseje formar com o tempo.

Cabe-nos considerar que, qualquer que seja a situação, a função do dialogador é apoiar o Espírito manifestante no processo de autoconhecimento, na identificação de suas dificuldades interiores e de suas necessidades. Na sequência desse processo, o doutrinador o ajuda a encontrar seu caminho de redenção, a refazer suas escolhas de vida, impulsionando-o no rumo da reconquista de si mesmo de volta ao dinamismo do crescimento interior do qual se afastou.

Principais condições que lhe são necessárias

Do que precisa o dialogador para o cumprimento dessa tarefa?

Os manifestantes são, via de regra, irmãos necessitados, desorientados, enfermos espirituais. Como poderemos ajudar esses Espíritos? Naturalmente, não podemos dizer, como Jesus, que falou ao centurião que lhe viera pedir pelo seu servo, "Eu vou curá-lo" (MATEUS, 8:7). Muito nos falta para que estejamos em condições de adiantamento moral e elevação espiritual para assim proceder. Do mesmo modo, tampouco poderemos curar obsessões com uma simples palavra.

Lembremos que os Mentores Espirituais explicam a Kardec que "os Espíritos têm uns sobre os outros a autoridade correspondente ao grau de superioridade que hajam alcançado, autoridade que eles exercem por um ascendente moral irresistível." (LE 274)[72]

Evidentemente que nós, Espíritos que ainda lutamos com as nossas imperfeições, carecemos da plenitude desse ascendente moral. Mas não vamos, embora reconhecendo a realidade do estágio evolutivo de nosso planeta e considerando as nossas condições pessoais de indivíduos em busca do aprimoramento espiritual, aguardar ser espiritualmente evoluídos para ajudar. Deus nos aproveita as possibilidades de trabalho conforme nossas tendências e dentro de nossas limitações. Ademais, o apoio aos nossos irmãos mais necessitados constitui, para nós, alavanca de progresso e oportunidade de crescimento interior.

Contudo, devemos reconhecer que, para bem executar a tarefa a que se propõe, o doutrinador deve estar habilitado em mais de um aspecto de suas qualidades pessoais e conhecimentos adquiridos. Em primeiro lugar, sua personalidade deve ser razoavelmente equilibrada. Para ajudar nosso semelhante que sofre, precisamos ter a boa vontade do bem em dois sentidos principais: o primeiro consistindo na ajuda que devemos querer prestar a ponto de abdicar de comodidades e superar a indolência para dedicarmos nosso tempo e esforço àqueles que necessitam mais. O segundo, tão importante quanto o primeiro, é a disposição à reforma íntima e à conquista do amor. Cumpre aceitar que temos dificuldades interiores e lutar para corrigi-las. Temos de entender que somos, todos, entidades no caminho do crescimento interior. Uns mais à frente e com mais condições de ajudar os que se detêm na retaguarda.

O esforço do desenvolvimento no bem é essencial ao doutrinador. Quantas vezes as entidades nos seguem em nossas atividades cotidianas para depois referir-se a nossos atos quando se manifestam nas reuniões mediúnicas? Como podemos incentivar nossos irmãos em humanidade, desencarnados, a ter forças para caminhar no rumo do bem e vencer suas lutas do momento se não fazemos, nós também, esforço nesse sentido?

Outro ponto que temos a considerar é que, se nos falece a superioridade necessária para ajudar com maior proficiência os Espíritos necessitados, se temos boa vontade de ajudar, bem como de nos corrigir e evoluir espiritualmente, não nos faltará a assistência dos Espíritos que já conquistaram méritos maiores. Eles usam suas possibilidades mais amplas, suprindo nossas deficiências e nossa falta de suficiente amor.

Aliás, o amor é instrumento básico para todos os integrantes da reunião de atendimento mediúnico. Cada um tem de aí dispendê-lo e, assim fazendo, multiplicá-lo, pois o amor é um bem do Espírito cuja qualidade essencial é que, quanto mais se distribui, mais se acumula, ou seja, quanto mais amamos, mais se amplia a nossa capacidade de amar e mais amor temos para oferecer.

As pessoas comumente consideram o amor simplesmente um sentimento. Jesus, quando nos disse que amássemos os nossos inimigos, fizéssemos o bem aos que nos odeiam e orássemos pelos que nos caluniam (LUCAS, 6:27 a 35) estendeu esse conceito de modo a abranger não somente a expansão emotiva positiva, mas a disposição favorável que se concretiza em ação — entendida como atividade de apoio ao adversário — e pensamento — que corresponde a vibração positiva, a oração — daquele que utiliza suas possibilidades espirituais em benefício dos que se situam na posição de adversários.

Os Espíritos que orientaram o trabalho da Codificação de Allan Kardec colocaram a questão em *O evangelho segundo o espiritismo* (EE XII: 3),[73] explicando que

> [...] há geralmente equívoco no tocante ao sentido da palavra amar, neste passo. Não pretendeu Jesus, assim falando, que cada um de nós tenha para com o seu inimigo a ternura que dispensa a um irmão ou amigo. [...] Amar os inimigos é não lhes guardar ódio, nem rancor, nem desejos de vingança; é perdoar-lhes, sem pensamento oculto e sem condições, o mal que nos causem; é não opor nenhum obstáculo à reconciliação com eles; é desejar-lhes o bem e não o mal; é experimentar júbilo, em vez de pesar, com o bem que lhes advenha; é socorrê-los, em se apresentando ocasião; é abster-se, quer por palavras, quer por atos, de tudo o que os possa prejudicar; é, finalmente, retribuir-lhes sempre o mal com o bem, sem a intenção de os humilhar. [...]

Esses conceitos são essenciais, principalmente no nosso nível evolutivo, para que possamos entender o que significa amar os Espíritos que se manifestam nos nossos trabalhos mediúnicos.

Saibamos, no entanto, que a definição de amor pode ir além, pois os Espíritos de grande envergadura espiritual não veem inimigos ou adversários naqueles que se lhes opõem ou que contrariam as ações do bem, mas apenas irmãos infelizes e desorientados, necessitados de esclarecimento e equilíbrio. Consideram-nos Espíritos que tão somente se encontram em um desvio do caminho ou paralisados em seu processo evolutivo. Neles percebem enfermos da alma e, como disse Jesus, "os sãos não precisam de médico, e, sim, os doentes" (MATEUS, 9:12). Compreendem que, mais cedo ou mais tarde, todos eles retomarão o rumo do bem e, sem sequer uma exceção, se unirão num amplo sentimento de fraternidade. Para os Espíritos de grande evolução, o amor então se amplia e a emoção sublime se expande nessa antecipação, recebendo no sentimento os pobres desviados da senda do bem.

O amor, somente o amor, pode muito na conversão ao bem dos Espíritos em desequilíbrio. Ora, fato inconteste é que o amor, na sua forma emocional, mais intensa e equilibrada, pode derrubar barreiras psíquicas e corrigir distorções psicológicas, mesmo as mais rígidas, antigas e de aparência mais sólida. Mas nós temos esse amor? Já adquirimos o sentimento que se expande e envolve em uma carícia espiritual feita de pura luz?

Voltemos, pois, a colocar nossos pés no chão da realidade e consideremos que o doutrinador, para auxiliar seus dons incipientes do coração, precisa do concurso de três elementos da mais alta relevância para o bom desempenho de sua tarefa: o raciocínio, a lógica e o conhecimento.

Raciocínio, lógica e conhecimento

Começando nosso exame da questão com os requisitos de raciocínio e lógica, lembremos o ensinamento do Espírito Emmanuel:[74]

> Nas reuniões doutrinárias, o papel do orientador e do instrumento mediúnico devem estar sempre identificados na mesma

> expressão de fraternidade e de amor, acima de tudo; mas existem características a assinalar, para que os serviços espirituais produzam os mais elevados efeitos, salientando-se que os dirigentes das sessões devem ser o raciocínio e a lógica, enquanto o médium deve representar a fonte de água pura do sentimento. [...]

Como vemos, Emmanuel situa a lógica e o raciocínio como elementos necessários ao trabalho do dirigente e do orientador que, obviamente, no texto se confundem na mesma função, a do serviço espiritual de atendimento. Primeiramente, vejamos o que é lógica. A palavra lógica vem do grego *logos*, que significa palavra, pensamento, ideia, argumento, relato, razão ou princípio. Como ciência formal, no campo da filosofia, a lógica trata das formas do pensamento, de afirmações e argumentos, inferências, falácias, paradoxos e outros recursos do raciocínio. No uso comum, de que vamos nos valer aqui, a palavra lógica se relaciona intimamente com os princípios envolvidos na argumentação, que são o debate, o diálogo, a conversação e a persuasão.

Em lógica, o raciocínio é a "atividade mental que, por meio de instrumentos indutivos ou dedutivos, fundamenta o encadeamento lógico e necessário para um processo argumentativo, especialmente no interior de demonstrações científicas, filosóficas ou matemáticas".[75]

Aplicando esses conceitos ao atendimento mediúnico, concluímos que o doutrinador precisa dispor de acesso a recursos de argumentação e de análise lógica, conhecimento de princípios de debate, ideias logicamente estruturadas, conceitos de vida elevados, exaustivamente racionalizados e outros recursos da mente de mesma natureza. Esses elementos serão utilizados como instrumento de trabalho para apoiar e, em muitos casos, até mesmo direcionar os irmãos infelizes para a descoberta de si mesmos, de suas necessidades e anseios, bem como para incentivá-los no rumo da aceitação de sua realidade e da busca de soluções e alternativas para o desenvolvimento de seu processo de renovação íntima.

A lógica e o raciocínio são elementos de conquista pessoal e não são de aquisição imediata, pois demandam esforço e experiências vivenciais de muitos anos e, algumas vezes, de diversas encarnações. Às vezes, uma pessoa não teve a oportunidade de desenvolver essas capacidades na atual encarnação, mas traz a bagagem de experiências anteriores e, por mais humilde que se apresente, se revela excelente dialogador, com raciocínio lógico e conhecimento pela facilidade de enteder os conceitos espíritas em face da maturidade do seu senso moral. É imprescindível, portanto, reunir o sentimento ao raciocínio e à lógica, conforme destaca Emmanuel.

Lembramo-nos do caso de uma Instituição pequena, situada em região de poucos espíritas e, portanto, com escassez de recursos humanos, que colocou, sob treinamento, uma pessoa de natureza tímida e com dificuldades no campo da palavra e da argumentação lógica para o atendimento aos manifestantes sob a justificativa de seu bom equilíbrio moral e seus bons sentimentos. Valorizaram, com acerto, sua melhor condição espiritual, mas deixaram de lado a necessária complementação que reside na capacidade de dialogar, de argumentar e contra-argumentar e de, por meio desse recurso, apoiar os Espíritos que viriam para receber orientação no grupo. Assim, a experiência se prolongou no tempo, sem que produzisse resultados práticos no desenvolvimento das possibilidades daquela pessoa na doutrinação.

Naquele momento, a solução mais adequada teria sido a transformação do trabalho mediúnico de atendimento aos necessitados em outra das muitas espécies de reuniões conhecidas no meio espírita. Talvez se pudesse optar pelo recolhimento ao estudo e a um trabalho de preces, ou, ainda, pela alternativa que o grupo preferiu: recorreu às atividades de estudo e formação de novos trabalhadores para a área da mediunidade, inclusive doutrinadores. Tal é o caso do estudo da mediunidade e dos seminários destinados a desenvolver as possibilidades dos interessados em cooperar na área da atividade mediúnica.

Alguns foram selecionados para capacitação na área do diálogo. Os ensinamentos ministrados ajudaram a identificar pessoas com mais condições, com melhor desenvolvimento da lógica e dos processos do pensamento. Elas começaram devagar, com um trabalho quase que rotineiro de atendimento, mas que vem paulatinamente melhorando. De qualquer modo, o trabalho vem sendo feito, e o grupo presta a colaboração que desejava. De sua parte, os benfeitores espirituais aproveitam a boa vontade do grupo, mantendo as atividades no nível de atendimentos simples, e o trabalho da caridade tem prosseguimento.

Aqui surge outro aspecto da preparação do doutrinador: o conhecimento doutrinário. No caso do Espiritismo, o termo *conhecimento doutrinário* apresenta significado muito mais amplo do que o entendimento usual. A Doutrina Espírita é de natureza muito prática, pois ensina o que realmente acontece no *post mortem*. Fala das diversas situações em que os Espíritos se encontram e também do que estes carecem para sair das situações de sofrimento e desequilíbrio. Contém, assim, um leque muito amplo de conhecimentos essenciais no trato do desencarnado. O conhecimento espírita é a ferramenta necessária para a compreensão de como se processa o atendimento do Espírito, tanto do ponto de vista do grupo de trabalhadores encarnados quanto das atividades no plano espiritual, colocada pela Bondade divina à disposição daquele que deseja auxiliar com eficácia o irmão equivocado a voltar ao rumo do bem, do crescimento interior.

Os livros — as obras básicas legadas por Allan Kardec e as obras complementares trazidas pelos Espíritos superiores — constituem a principal fonte de informações para a preparação do trabalhador que deseja se dedicar aos serviços de atendimento espiritual.

Essas obras são geralmente utilizadas na preparação do material básico dos cursos e estudos ministrados pelos Centros Espíritas, dos quais cumpre reconhecer o valor, pois eles prestam a necessária assistência aos trabalhadores e candidatos a trabalhadores para que a boa vontade, o desejo de realização no bem possa ser aproveitado na divina seara da caridade.

Qualquer que seja a via, livros ou cursos de diversas naturezas, somente o debruçar-se sobre o estudo, com a seriedade que se caracteriza pela ordem e continuidade, pode levar o dialogador e todos os demais participantes da atividade mediúnica à preparação cognitiva adequada para a tarefa. O estudo precisa ser frequente, ainda que em sessões de curta duração, feito individual ou coletivamente, mas com dedicação e sincero desejo de aprender, buscando sempre ajuda para esclarecer as dúvidas surgidas, estabelecendo conexões entre os diversos assuntos, aprofundando o raciocínio nos conteúdos abordados, ampliando as condições lógicas para o desenvolvimento do sentimento produtivo que nasce da compreensão da Lei divina expressada nos conteúdos da revelação espírita.

Paralelamente ao conhecimento espírita, há outro elemento que cumpre destacar e que se trata de requisito de natureza complementar, que pode vir a enriquecer nossas possibilidades de cooperação no reerguimento de muitos dos necessitados que a nós são trazidos, que é o conhecimento intelectual, especialmente sobre a realidade da vida social nas diferentes épocas. Em alguns casos, esse conhecimento pode servir para evocar um detalhe histórico, cuja identificação nos permita melhor situar a problemática do companheiro que devemos atender. Em outro caso, pode ser interessante contar com elementos de conhecimento sobre aspectos filosóficos ou do pensamento em vigor em certa época ou em certas classes sociais. De qualquer maneira, é sempre válido utilizar conhecimentos da história do desenvolvimento humano como subsídio para a melhor compreensão das questões que vitimam a individualidade que se manifesta no grupo.

O amor

Entendamos, porém, que nosso trabalho é apenas uma parte do processo de reconquista dos Espíritos desorientados para o bem, pois, como ensina o assistente Calderaro a André Luiz[76] "[...] se o conhecimento auxilia por fora, só o amor socorre por dentro [...]. Com a nossa cultura retificamos os efeitos, quanto possível, e só os que amam conseguem atingir as causas profundas. [...]"

Nessa mesma linha de pensamento, ao relatar o caso de duas pessoas em atendimento, sendo uma encarnada e a outra o obsessor desencarnado, André Luiz nos reporta explicação dada pelo assistente Calderaro de que "[...] os nossos desventurados amigos reclamam intervenção no íntimo para modificar atitudes mentais em definitivo... E nós ambos, por enquanto, apenas conhecemos, sem saber amar... [...]"

Nesse mesmo episódio, em seguida à intervenção realizada por Calderaro e André Luiz, quando a mensageira superior Cipriana comparece para dar a solução final ao caso, a entidade obsessora infeliz, cedendo aos apelos do coração sublimado da mensageira superior, responde: "[...] não me falaríeis desta maneira se me não amásseis! Não são vossas palavras que me convencem..., senão o vosso sentimento que me transmuda!". E o assistente, irmão Calderaro,[77] explica, depois, que "[...] O coração que ama está cheio de poder renovador. Certa feita, disse Jesus que existem demônios somente suscetíveis de regeneração "pelo jejum e pela prece". Às vezes, [...] há que ser o homem animado da força divina, que flui do jejum pela renúncia, e da luz da oração, que nasce do amor universal. [...]"

Por esse motivo é que, muitas vezes, em nossas reuniões, depois de algum tempo de diálogo com os irmãos que se manifestam — conversa de natureza preparatória, mas sem dúvida necessária —, quando parecemos ter chegado a um ponto de impasse, passamos a perceber a assistência de uma entidade cercada da luz do bem e vibrante no amor fraternal intenso e envolvente, cuja presença é foco de atração, que finalmente logra conduzir o Espírito desorientado de volta ao processo de crescimento interior. Seu chamado é sempre irresistível pela autoridade moral de que se reveste. Quantas vezes, mesmo o mais empedernido integrante do grupo dos Dragões,* é arrastado pelo poder de seu Amor!

Jesus, o foco de luz mais intenso, que derrama seu amor continuamente por toda a extensão das regiões espirituais sob sua responsabilidade direta, é o divino Pastor e, chegados os tempos, nenhuma de suas ovelhas permanecerá fora do redil. Seus assistentes estão por toda parte, intermediários de sua luz e de seu chamamento eterno a todos nós, almas endividadas, que estamos retornando, cada uma no passo que lhe é pessoal e que algumas vezes é acelerado pelos recursos da Misericórdia divina, para, ao final, podermos constituir um só rebanho, sob um só Pastor.

---

* Nota dos autores: Organização de inteligências rebeladas, de grande desenvolvimento intelectual e conhecimento, que pretendem se opor ao trabalho do bem e ao poder do Cristo e de seus grandes mensageiros, contrariando o processo de renovação do planeta, referida por Áureo (SANT'ANNA, Hernani T. 15. O poder das trevas. In: ____. Universo e vida. Pelo Espírito Áureo. 1. ed. Rio de Janeiro: FEB, 1980. p. 93.)

4.2 Os médiuns e as mediunidades

A mediunidade, na maioria dos casos, é um compromisso que o Espírito assumiu antes de reencarnar, motivado pelo desejo de acelerar seu progresso espiritual.

Pode surgir como expiação, como prova ou, ainda, como uma espécie de lembrete para que o médium, na encarnação planejada, mantenha a consciência de sua condição de Espírito imortal.

Quando a assume como expiação, o médium objetiva resgatar dívidas originadas em passado de fragorosas quedas morais. Nesse caso, a mediunidade é normalmente atormentada, com manifestação de problemas obsessivos, de perseguição de Espíritos pouco evoluídos, com os quais o médium mantém ligações por enganos cometidos anteriormente e que se querem aproveitar desse "canal aberto" por motivos de vingança ou para satisfação de suas paixões e desejos menos dignos.

Submete-se à mediunidade como prova o Espírito que deseja sofrer os perigos e as tentações que ela favorece, demonstrando a si mesmo que tem condições de tudo superar, utilizando a oportunidade para a prática do bem em favor do seu adiantamento espiritual.

Em situações mais raras, a mediunidade pode assumir o caráter de missão. Tal é o caso de Espíritos mais evoluídos, que reencarnam com o compromisso de auxiliar o progresso da humanidade por meio dessa faculdade que, com eles, atinge as culminâncias da sublimidade.

Allan Kardec informa que "todo aquele que sente, num grau qualquer, a influência dos Espíritos é, por esse fato, médium". (LM XIV:159)[78]

Em um grupo iniciante, o natural é que os médiuns não tenham suas faculdades devidamente identificadas, desenvolvidas e educadas.

4.2.1 Desenvolvimento e educação da mediunidade

É muito raro que alguém entre para um grupo de estudo da mediunidade sabendo o tipo de mediunidade de que é dotado, porque, muitas vezes, o desabrochar e o desenvolvimento da faculdade dependem do exercício. O mais comum é que, somente depois de certo tempo de estudo aliado à prática que progressivamente conduz os participantes à percepção do mundo espiritual, sejam identificadas as faculdades dos participantes do grupo. É o período em que se inicia o desenvolvimento mediúnico, que vai demandar educação da mediunidade para que ela se faça produtiva.

Há uma diferença fundamental entre desenvolver a mediunidade e educá-la. A faculdade mediúnica pode ser desenvolvida espontaneamente em algumas pessoas ou pelo exercício em outras. Para alguns, basta frequentar um trabalho mediúnico para que os Espíritos passem a se comunicar por seu intermédio. Outros aguardam anos até que um dia, quando menos esperam, a faculdade desabrocha e se inicia o desenvolvimento. O desenvolvimento puro e simples é o adestramento da faculdade para a recepção dos Espíritos. A educação da mediunidade leva o médium à conscientização quanto à função e ao propósito da faculdade. Por isso é sempre mais fácil desenvolver a mediunidade que educá-la.

Como lidar com as primeiras manifestações de mediunidade

Afirma Allan Kardec (LM XVI:198):[79]

> [...] Concebe-se que há de ser muito raro esteja a faculdade de um médium rigorosamente circunscrita a um só gênero. Um médium pode, sem dúvida, ter muitas aptidões, havendo, porém, sempre uma dominante. Ao cultivo dessa é que, se for útil, deve ele aplicar-se. Em erro grave incorre quem queira forçar de todo modo o desenvolvimento de uma faculdade que não possua. [...]

Um dos fatores indicativos da existência da mediunidade é a repetição dos fenômenos. Quando ocorre uma manifestação isolada em determinada circunstância e jamais volta a acontecer, é evidente que o participante do evento não é necessariamente médium ostensivo. É comum aparecerem pessoas nos Centros muito impressionadas por algum evento ocorrido, como, por exemplo, a aparição de um familiar desencarnado, o movimento de algum objeto na casa etc. Se os dirigentes não estão conscientes, podem encaminhar essas pessoas para a prática mediúnica. Depois de passado algum tempo, como nada acontece, essas pessoas ficam decepcionadas e, muitas vezes, se afastam das reuniões por não encontrarem o que esperavam. Em realidade, além de não serem dotadas de faculdade mediúnica ostensiva, não tinham o embasamento teórico necessário para a atividade. Teria sido interessante o aproveitamento da oportunidade não para introduzir a pessoa diretamente em uma atividade mediúnica, mas em um grupo de estudo da mediunidade, oferecendo-lhe a oportunidade de conhecer o assunto e, inclusive, no momento devido, vir a colaborar de forma consciente em um grupo.

Ocorrendo os fenômenos com certa frequência, pode haver a caracterização de algum tipo de mediunidade, sendo fundamental orientar a pessoa a conhecer mais sobre o fenômeno e suas consequências.

Os sintomas que anunciam o surgimento da mediunidade são muitos e variam de pessoa para pessoa. Por isso não temos a pretensão de esgotar o tema. Vamos fazer referência a alguns deles. Os médiuns que já passaram pelo processo do surgimento da mediunidade certamente lembrar-se-ão de outros adicionais.

A faculdade mediúnica se manifesta, independentemente de crenças ou convicções, de possibilidades de inteligência ou de nível cultural.

Afirma Allan Kardec, e pudemos comprová-lo em nossa própria experiência, que a mediunidade "[...] se manifesta nas crianças e nos velhos, em homens e mulheres, quaisquer que sejam o temperamento, o estado de saúde, o grau de desenvolvimento intelectual e moral. [...]" (LM XVII: 200).[80] Dessa forma, os médiuns podem ser encontrados em todos os lugares entre as pessoas de quaisquer religiões ou mesmo entre os ateus.

A mediunidade não tem em si mesma componente moral. Ela é neutra nesse aspecto. A moral dará a qualidade ao exercício mediúnico. Mas a pessoa não precisa ser elevada moralmente para apresentar a faculdade e não é pelo fato de não ser espírita, de ser católico, protestante ou mesmo ateu, que ela não necessita viver essa oportunidade de conhecer a realidade espiritual.

Existem pessoas que não se dão conta de que têm essa faculdade, pois são médiuns espontâneos que convivem com a mediunidade naturalmente sem dar ao tema maior importância. Alguns nem mesmo percebem que sua capacidade é diferente da dos demais.

Allan Kardec registra na *Revista Espírita*[81] que conheceu, em Paris, uma senhora em quem a dupla vista era permanente e tão natural quanto a vista ordinária. Escreve ele que

> [...] ela vê sem esforço e sem concentração o caráter, os hábitos, os antecedentes de quem quer que dela se aproxime; descreve as doenças e prescreve tratamentos eficazes com mais facilidade que muitos sonâmbulos ordinários; basta pensar numa pessoa ausente para que a veja e a designe. Um dia estávamos em sua casa e vimos passar na rua alguém com quem temos relações, e que ela jamais tinha visto. Sem ser provocada por qualquer pergunta, fez-lhe o mais exato retrato moral e nos deu a seu respeito conselhos muito sensatos. E, contudo, essa senhora não é sonâmbula. Fala do que vê, como falaria de qualquer outra coisa, sem se desviar de suas ocupações. É médium? Ela mesma não sabe, porque até pouco atrás nem mesmo conhecia de nome o Espiritismo. [...]

Se para alguns ocorre dessa forma, para a maior parte, o surgimento da mediunidade traz transtornos e sofrimentos.

Em *O livro dos espíritos* (LE 471),[82] Allan Kardec pergunta: "Quando experimentamos uma sensação de angústia, de ansiedade indefinível, ou de íntima satisfação, sem que lhe conheçamos a causa, devemos atribuí-la unicamente a uma disposição física?". Respondem os benfeitores espirituais que "É quase sempre efeito das comunicações em que inconscientemente entrais com os Espíritos, ou da que com eles tivestes durante o sono".

Sem conhecer seus recursos mediúnicos, a pessoa, muitas vezes, começa a sentir-se visitada por problemas de diferentes naturezas, muitos dos quais sem justificativas racionais. Especialmente se, dispondo de algum rudimento de mediunidade, começa a se dedicar ao estudo do assunto. Experimenta múltiplas formas de desarmonia que a surpreendem: súbitas alterações emocionais com irritações ou apatias sem motivo, desequilíbrios sentimentais, sensações estranhas como calafrios, mal-estar e dores sem causa aparente e, até mesmo, enfermidades para as quais a medicina não tem explicações claras ou soluções adequadas. Nesses casos, muitas vezes, os sintomas são evidentes, inclusive com surgimento de consequências desagradáveis ao organismo, sem que nada possa justificar a situação. Em realidade, esses fatos podem indicar que estão ocorrendo aproximações espirituais, está havendo intercâmbio mediúnico, fluídico entre os seres desencarnados e o médium que está sentindo o despontar da sua mediunidade.

Os estudiosos do tema são unânimes em afirmar e a experiência confirma que, em seus começos, a mediunidade, quase sempre, surge através de ocorrências tormentosas. Espíritos comprometidos, os homens naturalmente são visitados por antigos comparsas ou vítimas de seus excessos e enganos. Ao despontar a mediunidade, sentem as presenças e as influências desses seres que a eles se ligam por compromissos de variada natureza. Isso porque trazem matrizes que tiveram origem em seus erros do passado e que agora permitem o acoplamento dessas mentes enfermas que desejam e se sentem no direito de impedir ou dificultar a marcha do seu progresso.

Por isso diz-se que as pessoas, geralmente, buscam a Casa Espírita instigadas pela dor. É o sofrimento que impulsiona o médium a buscar as soluções para seus males e, em consequência, leva-o a conhecer sua própria condição de necessitado de estudo constante e do trabalho perseverante da caridade, do amor e da paciência para com os mesmos Espíritos que o buscam para dificultar-lhe ou desviá-lo do caminho do autoaperfeiçoamento, que deve ser trilhado em ingente esforço para alcançar a redenção.

* * *

Especialmente para quem está ligado a um grupo mediúnico, é importante entender um pouco mais sobre o mecanismo de comunicação entre os dois planos da vida.

Vivemos em um mundo de vibrações e, porque somos também fontes e receptores permanentes dessas vibrações, as intercambiamos uns com os outros. Existe a *teoria de campo* muito difundida desde alguns anos pelo mundo científico. O exemplo clássico que ilustra essa teoria é o de uma vela acesa que estabelece um campo de luz ao seu redor. Podemos dizer que todos nós estabelecemos um campo vibratório em nosso entorno que pode ser mais ou menos extenso, a depender da capacidade de cada um. O médium tem a possibilidade, ainda que involuntária, de expandir mais o seu campo vibratório, e essa capacidade de expansão é o que caracteriza a sua mediunidade, permitindo-lhe contato mais ou menos fácil com os Espíritos.

Quando existe afinidade fluídica entre o ser encarnado e o desencarnado, a comunicação se estabelece pelo contato de seus respectivos periespíritos. Se o Espírito está desarmonizado, as repercussões vibratórias dessa desarmonia se transferem de forma automática para o médium do qual se aproxime, passando este a sentir essas mesmas sensações. Por exemplo, um homem desencarna vitimado por um enfisema pulmonar e, porque não está equilibrado, tem sensações de dores físicas no peito. Na condição de Espírito necessitado e sofredor, ao aproximar-se de um médium, o seu campo vibratório entra em relação com o deste, transferindo suas sensações de periespírito a periespírito, passando o encarnado a registrar uma sensação de desconforto, inclusive com dores no peito e problemas respiratórios. Essa impressão vai variar de intensidade de pessoa para pessoa, de acordo com a natureza e o grau de desenvolvimento de sua faculdade.

É o que ocorre no trabalho mediúnico, em que o médium, conhecedor do processo em função de suas experiências no exercício da mediunidade, já desenvolveu condições para manter o equilíbrio necessário. Pode, assim, dar passividade naquele momento e depois, ao afastar-se a entidade, assistido pelos mentores espirituais do grupo, recompor-se de forma espontânea e natural.

No entanto, o médium que sente o despontar de sua mediunidade, normalmente, ainda não teve tempo de preparar-se para essas atividades, por isso sofre as consequências do contato com os Espíritos, representando a dor e o sofrimento daí advindos uma espécie de aguilhão que impulsiona o interessado a buscar o conhecimento e a adquirir as condições necessárias para reequilibrar-se.

De outras vezes, o médium que percebe o surgimento da sua mediunidade começa a sentir uma presença mais ou menos desagradável que o preocupa, percebe interferências em seus pensamentos como se dialogasse com alguém. Às vezes, ouve vozes ou vê alguém que, de um momento para outro, desaparece.

Sendo raras as pessoas que não apresentam algum grau de sensibilidade à influência dos Espíritos, quase todas podem ser objeto dessa influência ou participantes de ocorrências mediúnicas esparsas, o que não significa que tenham compromisso ou condições de desenvolvimento de algum tipo de mediunidade. Às vezes, a pessoa sente a presença dos Espíritos, caracterizando uma perseguição encetada por um desafeto, por exemplo, que se julga no direito de cobrar algum tipo de prejuízo que sofreu no pretérito pela ação da atual vítima. Esta, por si mesma ou levada por outrem, vai a um Centro Espírita em busca de socorro. Ali é assistida, encontra esclarecimento, orientação, começa a estudar e, com o tempo, se reequilibra. Como eram muito efetivos os fenômenos que com ela ocorriam, alguém poderá ter a expectativa de que, uma vez reequilibrada, essa pessoa venha a ser uma excelente colaboradora na área da mediunidade. Pode ser que isso ocorra. Mas pode ser também que já não venham ocorrer fenômenos por seu intermédio. Pode ser, ainda, que ela não tenha compromisso nesse aspecto e que os fenômenos somente tinham o objetivo de levá-la ao Centro para que encontrasse o caminho da autoiluminação, da sua integração na Instituição por meio de outros trabalhos que venham a beneficiar também a outros.

Quando as manifestações mediúnicas começam a ocorrer com alguma insistência, a pessoa necessita buscar esclarecimentos, pois, por si mesma, muito dificilmente poderá entender o que lhe passa e encontrar o caminho para o equilíbrio e o bom aproveitamento da faculdade.

Precisará receber orientações sobre que trabalhos frequentar no Centro, que livros ler, que ações empreender para o domínio da faculdade e assim por diante. Dentro do grupo mediúnico, esse papel de orientação cabe ao dirigente.

No começo, o médium poderá desejar um desenvolvimento excepcional da sua faculdade, sem dar-se conta das implicações que daí advêm. A maior parte dos homens que habitam a Terra está comprometida com o seu passado. A mediunidade surge, quase sempre, não como uma missão ou com características de exuberância a provocar fenômenos que atraem a atenção de toda a gente para a realização de grandes trabalhos nessa área.

Esse tipo de mediunidade que tem maior alcance exige do seu portador, para ser produtiva em plenitude, condições evolutivas raras em nosso plano. Os médiuns missionários sofrem muito e têm uma carga de trabalho que poucos poderiam suportar. A maior parte dos médiuns não está apta para vencer esse desafio. Por isso recebe a oportunidade de realizar trabalhos mais humildes, vinculados a um grupo mais reduzido, a fim de preparar-se para trabalhos de maior amplitude no futuro.

Embora com características de expiação e, às vezes, de prova, esse tipo de mediunidade é, para o médium e para os Espíritos que são assistidos, de fundamental importância. Ele pode exercitá-la todas as semanas na Instituição que frequenta com simplicidade e dedicação, ajudando entidades sofredoras, ignorantes, atormentadas, obsessoras. Ao aceitar essa oportunidade, poderá dar passos definitivos no rumo do seu progresso espiritual. A maioria dos médiuns está comprometida com esse tipo de mediunidade.

Explica Allan Kardec (EE XXIV:12):[83]

> [...] A mediunidade não implica necessariamente relações habituais com os Espíritos superiores. É apenas uma aptidão para servir de instrumento mais ou menos útil aos Espíritos em geral. O bom médium, pois, não é aquele que comunica facilmente, mas aquele que é simpático aos bons Espíritos e somente deles

tem assistência. Unicamente neste sentido é que a excelência das qualidades morais se torna onipotente sobre a mediunidade.

Contudo, se é verdade que o melhor médium não é o que com mais facilidade recebe comunicações, mas o que melhor sintoniza com os Espíritos superiores, sem deixar-se enganar pelos ignorantes, não se deve entender que o melhor médium é o que recebe somente os "mentores" do grupo, pois, supostamente, não se deixa influenciar pelos "inferiores".

Certamente, o comentário do codificador não significa que os médiuns não devam ser instrumento da manifestação de entidades sofredoras, necessitadas e obsessoras, cujo atendimento se faça necessário nos trabalhos mediúnicos. Tal conclusão seria um equívoco. Lembremo-nos da médium Dona Celina em *Nos domínios da mediunidade*[84] que, de mediunidade mais apurada e dotada de títulos de elevação espiritual, era, entre todos, a mais apta a receber o Espírito endurecido de um fazendeiro desumano.

A ideia que permeia a afirmativa de Kardec é a de que o melhor médium é o que serve de instrumento para o bem, sem se deixar enganar pelos Espíritos mistificadores.

Ainda em relação a esse tema, recordemos que, com o propósito de estabelecer contato conosco, os Espíritos superiores fazem um esforço de baixar a sua vibração e os médiuns, o de elevar-se para que se estabeleça a sintonia. Isso se dá porque pede a caridade que o superior estenda suas mãos para apoiar aqueles que se encontram em degraus mais baixos da escalada evolutiva.

No caso dos Espíritos menos evoluídos, o médium fará o esforço para baixar o seu tônus vibratório a fim de permitir a momentânea sintonia com aquele a quem deseja ajudar, favorecendo a sua manifestação. Não pensará como o Espírito, não dirá nem fará tudo o que ele desejar. Envolvê-lo-á em vibrações fraternais de amor e compreensão, dando-lhe ânimo e reavivando suas forças para que aceite, com coragem, a proposta de renovação que lhe é apresentada. Terminada a comunicação, o médium recompor-se-á pela elevação do seu padrão vibratório com auxílio da oração e da meditação, confiante no amparo dos mentores amigos, que aproveitam o seu concurso para o atendimento aos necessitados, equivocados e transviados com dificuldades para encontrar o rumo da paz e da confiança no poder divino.

Cada médium apresenta reações diferentes ante o desabrochar da mediunidade. Se souber aproveitar a oportunidade, essa mesma luta para vencer as dificuldades iniciais facilitará o conhecimento de suas faculdades, de suas potencialidades e capacidades, indicando-lhe o rumo que deve dar a seus passos, as tarefas que pode e necessita realizar. Aprenderá também a reconhecer os tipos de influências que exercem os Espíritos e, no aperfeiçoamento de sua mediunidade, descobrirá como sintonizar com os mensageiros do bem, pondo-se a sua disposição para o trabalho digno em benefício de seus irmãos sofredores da Terra. Desenvolverá, assim, sua capacidade de resistência no campo de combate das más inclinações que permitem conexões com os Espíritos ignorantes e sofredores. O trabalho digno e perseverante proporcionará a conquista da simpatia dos bons e o respeito dos Espíritos menos evoluídos.

Indispensáveis, portanto, são, desde o começo, o estudo das obras espíritas, a frequência assídua a um Centro bem orientado, o cultivo da oração e da meditação, a integração em trabalhos de caridade em favor dos necessitados do pão material e espiritual, a luta consciente por vencer seus maus hábitos e superar suas limitações, o desenvolvimento da capacidade de ouvir e guardar silêncio, não só ante a dor alheia, mas também quando agredido por aqueles que ainda se deixam levar por seus desequilíbrios, resistindo ao desejo de revidar.

Como se pode observar, o desenvolvimento da mediunidade não implica somente alguém integrar-se a um grupo e colocar-se à disposição dos Espíritos. Não se pode concluir que o médium está desenvolvido pelo fato de favorecer ou de ser instrumento de um ou outro tipo de fenômeno. Na verdade, o desenvolvimento das faculdades mediúnicas continuará enquanto permaneça o médium no exercício equilibrado de suas capacidades, que se ampliarão mais à medida que o tempo passa. Não é possível afirmar, portanto, que um médium pode concluir o desenvolvimento de sua mediunidade dentro de um tempo predeterminado, pois sempre poderão surgir, na continuação do exercício, aspectos que ele não conhecia.

Tendo em consideração que a mediunidade é sempre uma oportunidade de trabalho que o Espírito recebe para adiantar-se em seu processo evolutivo, quanto mais o médium conhecer e se esforçar, quanto mais disciplinado e humilde se fizer, mais sutilizará suas vibrações, facilitando a sintonia com os Espíritos superiores e, desse modo, mais condições obtém para a doação em benefício daqueles que o procuram carentes de auxílio e esclarecimento.

Escolhos da mediunidade

Logo no início de *O livro dos médiuns*, Allan Kardec manifesta felicidade pelos frutos de seus escritos, no sentido de prevenirem os adeptos dos escolhos nos contatos iniciais com os Espíritos. No item 136 da mesma obra, refere que um dos maiores escolhos da comunicação mediúnica é o fato de haverem Espíritos que não têm escrúpulos de utilizar os nomes mais respeitáveis para assinar suas mensagens. No item 197, Sócrates (Espírito) destaca a importância de os médiuns conhecerem o texto referente aos bons médiuns, ali inserido, como forma de preveni-los contra os escolhos a que estão expostos.

No item 211, encontramos um texto importante sobre o assunto que recomendamos ao leitor e do qual destacamos:

> O escolho com que topa a maioria dos médiuns principiantes é o de terem de haver-se com Espíritos inferiores e devem dar-se por felizes quando são apenas Espíritos levianos. Toda atenção precisam pôr em que tais Espíritos não assumam predomínio, porquanto, em acontecendo isso, nem sempre lhes será fácil desembaraçar-se deles. É ponto este de tal modo capital, sobretudo em começo, que, não sendo tomadas as precauções necessárias, podem perder-se os frutos das mais belas faculdades. [...][85]

A interferência de um Espírito inferior, zombeteiro, durante a comunicação de um bom Espírito é outro dos escolhos da mediunidade apontados por Kardec no item 230 de *O livro dos médiuns*, onde ele também faz referência às personalidades ambiciosas capazes de colocar suas obras pessoais como se fossem dos Espíritos.

Outro escolho, considerado um dos maiores e dos mais frequentes por Kardec (LM XXIII:237 e 242), é a obsessão. Remetemos o leitor para os itens referidos, pois o assunto merece análise atenciosa e acurada.

As mistificações são classificadas como um dos escolhos mais desagradáveis pelo codificador (LM XXVII:303).

Tratando das reuniões em geral (LM XXIX:324), Kardec recomenda que, para elas, sejam tomadas as mesmas precauções que para os indivíduos no que diz respeito à prevenção dos escolhos da prática mediúnica. Outros escolhos para as reuniões são examinados nos item 329 e seguintes.

Na seleção de dissertações que Kardec inclui na referida obra,[86] encontramos uma de Joana d'Arc em que destaca o orgulho como um escolho que pode fazer os médiuns naufragarem nos seguintes termos:

> As faculdades de que gozam os médiuns lhes granjeiam os elogios dos homens. As felicitações, as adulações, eis, para eles, o escolho. Rápido esquecem a anterior incapacidade que lhes devia estar sempre presente à lembrança. Fazem mais: o que só devem a Deus atribuem-no a seus próprios méritos. Que acontece então? Os bons Espíritos os abandonam, eles se tornam joguete dos maus e ficam sem bússola para se guiarem.

Como vemos, são muitos os escolhos relacionados com a prática mediúnica. Vamos examinar com mais detalhes dois dentre eles — o animismo e a mistificação — pelas muitas dúvidas que suscitam nos interessados no tema e recomendamos, ainda, ao leitor o texto *Escolhos da mediunidade*,[87] de Martins Peralva, que faz importante síntese sobre o assunto.

Animismo

Com base na análise que Allan Kardec faz nos capítulos XIX e XX de *O livro dos médiuns*,[88] podemos classificar os fenômenos em anímicos e mediúnicos. Estes ocorrem por influência dos Espíritos sobre o médium. Quanto aos anímicos, eles seriam provocados pela própria alma, ou seja, pelo agente chamado médium, que nesse caso manifestaria aspectos de sua própria alma e vivências do seu passado em vez de canalizar outras entidades espirituais. Afirmam os Espíritos superiores (LM XIX:223 – 3ª pergunta) que, para distinguir se o Espírito que responde é o do médium ou outro, é preciso examinar a natureza das comunicações. É preciso estudar as circunstâncias e a linguagem para os distinguir. Acrescentam que é no estado de sonambulismo, ou de êxtase, que o Espírito do médium se manifesta com mais frequência, "porque então se encontra mais livre".

Mas o fenômeno não é simples e dificilmente se pode garantir, por análise superficial, o que é produção da própria alma ou o que lhe vem por influência alheia. Vamos examinar alguns aspectos do assunto, sem ânimo de esgotá-lo, remetendo os interessados aos capítulos de *O livro dos médiuns* referidos acima.

O animismo é, geralmente, inconsciente e natural no início do desenvolvimento e educação da mediunidade, quando o médium estará passando por um processo que pode ser, a título de ilustração, comparado com a abertura de uma torneira que esteve muito tempo sem uso. As primeiras águas saem sujas e contaminadas com tudo o que ficou acumulado nos canos durante a ausência de uso. Mas, com o tempo, a água vai ficando mais clara e mais limpa. Se acoplarmos ao sistema um processo de filtragem, garantiremos maior pureza do líquido dispensado.

Algo semelhante pode ocorrer no início do exercício mediúnico. Dificuldades acumuladas ao longo do tempo, nesta ou em outras encarnações, podem vir a fluir aparentemente como se fossem problemáticas de uma personalidade alheia, necessitando encaminhando para solução e liberação do psiquismo do médium para uma entrega mais completa ao serviço mediúnico. Por outro lado, involuntariamente, quando não manifesta a própria problemática como se fosse uma entidade, o médium pode interferir nas ideias e nos conteúdos que os Espíritos querem transmitir, intercalando ideias próprias às dos comunicantes, mesclando suas problemáticas com as das entidades necessitadas. Nas duas situações, o processo é natural e não pode ser confundido com enfermidade ou má-fé por parte do médium. É processo liberador de problemáticas não solucionadas devidamente no tempo próprio e que, quando o médium começa a mergulhar mais profundamente em seu psiquismo, vêm à tona, solicitando atenção e encaminhamento adequado para liberá-lo, proporcionando-lhe melhores condições de atuar como médium.

Nesse período, dúvidas e vacilações podem surgir, pois o médium poderá julgar sempre que as sensações que lhe surgem repentinas, as ideias e os pensamentos que visitam sua mente nada mais são que produtos de seu próprio cérebro, dificultando, atrasando ou mesmo interrompendo o desenvolvimento de sua faculdade.

O dirigente da reunião deve estar consciente dessa realidade e apoiar o médium iniciante em seus esforços de autossuperação e adestramento de suas capacidades de servir por intermédio da mediunidade. Na expressão de Erasto (LM XX:230): "[...] Daí a necessidade de serem os diretores dos grupos espíritas dotados de fino tato, de rara sagacidade, para discernir as comunicações autênticas das que não o são e para não ferir os que se iludem a si mesmos."

Por isso, a paciência e a perseverança são imprescindíveis na etapa inicial, tanto por parte do médium quanto do dirigente e dos demais integrantes da reunião. A disciplina no cumprimento dos deveres, no estudo e na análise consciente, suportada pela razão, com sinceridade e responsabilidade, ajudará o médium a conquistar a confiança em si mesmo e em toda a equipe, assim como a merecer o apoio dos bons mentores, fator imprescindível para que o trabalho seja produtivo.

Em realidade, o médium sempre participa da comunicação, especialmente no início da atividade mediúnica. Com o tempo, com a educação de sua faculdade e o desenvolvimento de suas potencialidades, o médium amplia sua experiência, aumenta sua capacidade de concentração e passividade, permitindo aos Espíritos comunicantes maior liberdade para a expressão de suas ideias e características. Mas a comunicação sempre trará os matizes do canal que é instrumento de sua concretização. Erasto e Timóteo (LM XIX:225) explicam o assunto de forma muito objetiva:

> [...] Com um médium, cuja inteligência atual, ou anterior, se ache desenvolvida, o nosso pensamento se comunica instantaneamente de Espírito a Espírito, por uma faculdade peculiar à essência mesma do Espírito. Nesse caso, encontramos no cérebro do médium os elementos próprios a dar ao nosso pensamento a vestidura da palavra que lhe corresponda e isto quer o médium seja intuitivo, quer semimecânico, ou inteiramente mecânico. Essa a razão por que, seja qual for a diversidade dos Espíritos que se comunicam com um médium, os ditados que este obtém, embora procedendo de Espíritos diferentes, trazem, quanto à forma e ao colorido, o cunho que lhe é pessoal. Com efeito, se bem o pensamento lhe seja de todo estranho, se bem o assunto esteja fora do âmbito em que ele habitualmente se move, se bem o que nós queremos dizer não provenha dele, nem por isso deixa o médium de exercer influência, no tocante à forma, pelas qualidades e propriedades inerentes à sua individualidade. [...]

Mistificação

Quando o médium percebe a ocorrência de um processo anímico e nele se compraz, caracteriza-se um caso de mistificação. Dessa forma, a mistificação pode ocorrer por parte do médium que, conscientemente, por um mecanismo de desvio psicológico, atribui aos Espíritos comunicações produzidas por ele mesmo.

Pode ocorrer também a influência exclusiva de um único Espírito que finge ser diferentes entidades, apresentando-se com problemáticas falsas, diversificadas, alegando sofrimentos e dores que não sente, dando supostas mensagens de orientação ao grupo ou a algum de seus membros, entre muitos outros recursos que utilizam para divertir-se à custa dos trabalhadores e/ou fazer perder o tempo da reunião, que deveria ser dedicada ao atendimento de entidades necessitadas e dispostas a receber ajuda.

É possível ao médium perceber esse tipo de farsa se está vigilante, mas há situações em que o médium se compraz nas manifestações, muitas vezes inteligentes e retumbantes, e se faz cúmplice mais ou menos consciente do mistificador, dificilmente aceitando orientação e auxílio do dirigente ou outros companheiros do grupo.

Cabe ao médium, ao dirigente e a toda a equipe a vigilância e a oração recomendadas por Jesus, assim como o esforço consciente para desenvolver confiança mútua que permita desbaratar, logo de início, qualquer tentativa de mistificação, seja por parte do médium, seja de autoria dos Espíritos inferiores.

No entanto, nada autoriza o dirigente ou qualquer membro da equipe ao direito de fazer-se "caçador de médiuns" em situação de animismo ou mistificação. A postura precisa ser de solidariedade sem conivência com o engano, de apoio aos aspectos positivos sem a intenção de atirar pedras no próximo por suas dificuldades, que mais necessitam de orientação e direcionamento para o bem que de acusações que magoam e afastam o médium das pessoas que deveriam ser as primeiras a prestar-lhe assistência fraterna e, muitas vezes, as únicas, no momento, em posição de ajudá-lo.

Calderaro, orientador de André Luiz,[89] esclarece:

> [...] A tese animista é respeitável. Partiu de investigadores conscienciosos e sinceros e nasceu para coibir os prováveis abusos da imaginação: entretanto, vem sendo usada cruelmente pela maioria dos nossos colaboradores encarnados, que fazem dela um órgão inquisitorial, quando deveriam aproveitá-la como elemento educativo na ação fraterna. Milhares de companheiros fogem ao trabalho, amendrontados, recuam ante os percalços da iniciação mediúnica, porque o animismo se converteu em Cérbero. Afirmações sérias e edificantes, tornadas em opressivo sistema, impedem a passagem dos candidatos ao serviço pela gradação natural do aprendizado e da aplicação. Reclama-se

deles precisão absoluta, olvidando-se lições elementares da natureza. Recolhidos ao castelo teórico, inúmeros amigos nossos, em se reunindo para o elevado serviço de intercâmbio com a nossa esfera, não aceitam comumente os servidores, que hão de crescer e de aperfeiçoar-se com o tempo e com o esforço. Exigem meros aparelhos de comunicação, como se a luz espiritual se transmitisse da mesma sorte que a luz elétrica por uma lâmpada vulgar. Nenhuma árvore nasce produzindo, e qualquer faculdade nobre requer burilamento. A mediunidade tem, pois, sua evolução, seu campo, sua rota. Não é possível laurear o estudante no curso superior, sem que ele tenha tido suficiente aplicação nos cursos preparatórios, através de alguns anos de luta, de esforço, de disciplina. [...]

Lembramo-nos de um fato ocorrido com um médium iniciante. O grupo contava com mais de 30 participantes e, no momento do atendimento aos Espíritos necessitados, era dividido em subgrupos com seis a oito pessoas em pequenas salas aos cuidados de um subdirigente. O médium costumava servir no grupo liderado pelo dirigente geral e, pela primeira vez, foi escalado para trabalhar em um subgrupo sob orientação de outra pessoa. Os trabalhos caminhavam normalmente e o médium iniciante começou a receber um Espírito necessitado quando o subdirigente do pequeno grupo, em vez de iniciar o diálogo, abordou o médium acusando-o de animismo e mistificação. A reação do médium foi calar-se imediatamente, interrompendo a comunicação. O subdirigente, então, utilizou o seu silêncio como confirmação de que o médium estava mistificando, pois não havia, segundo ele, qualquer Espírito comunicante, sendo tudo criação do próprio médium, que, sem experiência suficiente se pôs a chorar, ficando calado durante todo o resto da reunião. Quando terminou a atividade no subgrupo, o médium pediu ao subdirigente que o acompanhasse para uma conversa de esclarecimento com o dirigente geral do trabalho, pois ele não tinha a intenção de enganar ninguém, de ser vítima de processos anímicos e muito menos de mistificações de quaisquer tipos que fossem. Como ele não havia entendido o ocorrido, pedia o apoio do subdirigente para a solução do impasse. Este, no entanto, surpreso com a sinceridade do médium, tratou-o com rispidez e má vontade. Ao final das atividades, muito constrangido, seguiu o médium até onde estava o dirigente geral e, empurrando-o, disse: "esse rapaz quer falar com você" e foi-se embora. O médium, então, explicou o ocorrido ao dirigente geral, que o animou, afirmando que estava acompanhando o processo do desenvolvimento inicial de sua mediunidade e que o conhecia o suficiente para saber que a sua natural participação na comunicação, como médium iniciante, vinha-se reduzindo normalmente ao ponto de ele haver julgado que o médium já poderia participar de outro subgrupo não dirigido diretamente por ele, asseverando que não estava ocorrendo mistificação nas comunicações por ele recebidas. Disse-lhe que ficasse tranquilo, pois falaria com o subdirigente oportunamente. Para o médium, além do ranço amargo que sempre fica de situações como essa, o caso foi encerrado ali. O subdirigente jamais o buscou para conversar e, pouco tempo depois, deixou a atividade mediúnica naquela Casa Espírita.

  Tivemos, também, oportunidade de acompanhar, em outro grupo, processo de mistificação por parte de um Espírito que manipulava o médium, impossibilitando o seu aprendizado na fase do *estudo-harmonização* e, posteriormente, na etapa de prática mediúnica. Apresentava-se repetidas vezes fingindo ser diferentes entidades com problemáticas diversificadas, tomando o tempo do atendimento aos Espíritos realmente necessitados. Por falta de experiência suficiente do dirigente do estudo, o médium foi avaliado como apto para a prática mediúnica. Por mais esforços que empregassem, os responsáveis pela equipe não conseguiram auxiliar o Espírito, que findou por arrastar o médium para outro grupo menos exigente, onde sua problemática sequer foi identificada.

  Em todas as situações, estando o médium em processo de animismo ou mistificação, o carinho fraterno e a disciplina objetiva e clara, que é estabelecida para todos e não particularmente para ele, podem ajudá-lo quando demonstre boa-fé nas mudanças necessárias e no crescimento desejado. Se estiver de má-fé, no entanto, ele se sente, repentinamente ou com o tempo, inadaptado, desconfortável e, por mais que receba ajuda, se não muda de postura, afastar-se-á naturalmente daqueles que mais poderiam ajudá-lo naquele momento, adiando a solução da dificuldade para outra oportunidade futura.

Características desejáveis aos médiuns

Conforme o registro de André Luiz,[90] Calderaro define o médium como uma ponte a ligar duas esferas ou dimensões

> [...] entre as quais se estabeleceu aparente solução de continuidade, em virtude da diferenciação da matéria no campo vibratório. Para ser instrumento relativamente exato, é-lhe imprescindível haver aprendido a ceder, e nem todos os artífices da oficina mediúnica realizam, a breve trecho, tal aquisição, que reclama devoção à felicidade do próximo, elevada compreensão do bem coletivo, avançado espírito de concurso fraterno e de serena superioridade nos atritos com a opinião alheia. Para conseguir edificação dessa natureza, faz-se mister o refúgio frequente à "moradia dos princípios superiores". A mente do servidor há de fixar-se nas zonas mais altas do ser, onde aprenderá o valor das concepções sublimes, renovando-se e quintessenciando-se para constituir elemento padrão dos que lhe seguem a trajetória. O homem, para auxiliar o presente, é obrigado a viver no futuro da raça. A vanguarda impõe-lhe a soledade e a incompreensão, por vezes dolorosas; todavia, essa condição representa artigo da Lei que nos estatui adquirir para podermos dar. Ninguém pode ensinar caminhos que não haja percorrido. [...] A ciência legítima é a conquista gradual das forças e operações da natureza, que se mantinham ocultas à nossa acanhada apreensão. [...]

Como vemos, é ampla a gama de qualidades e condições a serem adquiridas pelo médium. São a sabedoria, resultante das experiências e dos conhecimentos acumulados ao longo de diversas encarnações; a capacidade de servir, adestrada pelo exercício; o desejo sincero de auxiliar o semelhante, que nasce no mais profundo da alma; a condição de reconhecer e respeitar o limite alheio sem esmorecer no esforço paciente e sincero; o envolvimento, que se desdobra nas malhas da solidariedade, levando cada um a "fazer aos outros o que gostaria que fizessem por ele" (LUCAS, 6:31) e que se transforma em abnegação na entrega incondicional para produzir o bem do necessitado.

João Cleofas,[91] com o objetivo de auxiliar a compreensão do tema, apresenta um resumo dos requisitos para o médium seguro, qualidades que entendemos desejáveis a todos os trabalhadores da área mediúnica:

> A fim de colimar êxito no empreendimento das comunicações espirituais inteligentes, deve o médium que se candidata ao ministério socorrista preencher, no mínimo, as seguintes condições:
>
> Equilíbrio – Sem uma perfeita harmonia entre a mente e as emoções, dificilmente conseguem, os filtros psíquicos, coar a mensagem que provém do Mundo Maior;
>
> Conduta – Não fundamentada a vida em uma conduta de austeridades morais, só mui raramente logra, o intermediário dos Espíritos, uma sintonia com os Mentores Elevados;
>
> Concentração – Após aprender a técnica de isolar-se do mundo externo para ouvir interiormente, e sentir a mensagem que flui através das suas faculdades mediúnicas, poderá conseguir, o trabalhador honesto, registrá-la com fidelidade;
>
> Oração – Não exercitando o cultivo da prece como clima de serenidade interior, ser-lhe-á difícil abandonar o círculo vicioso das comunicações vulgares, para ascender e alcançar uma perfeita identificação com os Instrutores da Vida Melhor;
>
> Disposição – Não se afeiçoando à valorização do serviço em plena sintonia com o ideal espírita, compreensivelmente, torna-se improvável a colheita de resultados satisfatórios no intercâmbio medianímico;

Humildade – Escasseando o autoconhecimento, de bem poucas possibilidades o médium disporá para uma completa assimilação do ditado espiritual, porquanto nos temperamentos rebeldes e irascíveis a supremacia da vontade do próprio instrumento anula a interferência das mentes nobres desencarnadas;

Amor – Não estando o Espírito encarnado aclimatado à compreensão dos deveres fraternos em nome do amor que desculpa, do amor que ajuda, do amor que perdoa, do amor que edifica, torna-se, invariavelmente, medianeiro de Entidades perniciosas com as quais se compraz afinar.

O ministério do intercâmbio mediúnico é, sobretudo, um labor de autoburilamento, no qual o encarnado mais se beneficia.

Quem não pretende domar-se não consegue ajudar os que se debatem na indocilidade sob as vergastadas da frustração e do desequilíbrio.

Aquele que se recusa ascender por esta ou aquela razão, na teimosia das paixões em que se demora, sincroniza mentalmente com os Espíritos rebelados que o martirizam e cuja companhia se lhe torna habitual.

Essa orientação nos inspira o seguinte quadro-resumo:

	MÉDIUM SEGURO
Autoburilamento	. domar-se . preparar-se . doar-se . ascender
Equilíbrio	. conduta moral reta . harmonia mente/emoções . discrição
Humildade	. nada é nosso . somos somente instrumentos . reconhecer nossas imperfeições

MÉDIUM SEGURO	
Disposição	. para o estudo constante . para o serviço ininterrupto
Concentração	. isolamento interior . meditação . abertura para a realidade espiritual
Oração	. serenidade interior . reflexo condicionado . sintonia com o bem
Amor	. abnegação e devotamento . solidariedade . caridade

Os tipos de mediunidade mais úteis na reunião

Podemos afirmar que todas as faculdades mediúnicas são úteis, podendo contribuir com excelente produtividade nas reuniões, inclusive as capacidades de doação fluídica essenciais para a harmonia e manutenção do equilíbrio do ambiente e dos necessitados, ou seja, a contribuição dos companheiros que trabalham no apoio vibratório e nos passes.

Conscientes dos registros de Allan Kardec sobre o assunto (LM XV:180 e 182),[92] vemos em nosso dia a dia ser a *capacidade intuitiva* uma das mais úteis em termos de intercâmbio com a realidade espiritual. A *intuição* é a faculdade do futuro da humanidade. Esse é o sexto sentido em desenvolvimento na etapa evolutiva que atravessamos. A intuição é definida como:

> Faculdade de perceber, discernir ou pressentir coisas, independentemente de raciocínio ou de análise [...]; forma de conhecimento direta, clara e imediata, capaz de investigar objetos pertencentes ao âmbito intelectual, a uma dimensão metafísica ou à realidade concreta [...]; no cartesianismo, conhecimento de um

fenômeno mental que se apresenta com a clareza de uma evidência, sem oferecer qualquer margem para a dúvida. [...]"[93]

Pela intuição, é possível resgatar o cabedal de possibilidades desenvolvidas e acumuladas por nós mesmos ao longo do processo evolutivo, sem necessidade de influência espiritual. No entanto, essa faculdade pode ser utilizada pelos mentores amigos com o simples acionar das fibras mais íntimas de nossa alma para que ofereçamos de nós mesmos aquilo que já temos condições de doar.

No processo mediúnico, muitas vezes, a intuição é confundida com a inspiração, que examinaremos a seguir. Em realidade, há grande dificuldade, mesmo estando o indivíduo em avançado processo de adestramento de suas potencialidades, por meio do autoconhecimento, para saber se está buscando as informações que transmite na fonte de suas aquisições (intuição) ou se as está recebendo de fora (inspiração). Essa dificuldade é natural, pois, frequentemente, os mentores espirituais se utilizam dos canais da intuição para vestir a mensagem que desejam transmitir, haurindo, nos recursos do próprio médium, dados e informações que auxiliam na composição do conteúdo que eles elaboram e oferecem aos beneficiários de suas orientações. Em processo dessa natureza, é quase impossível saber o que é proveniente da intuição e o que está sendo recebido pela inspiração.

Dessa forma, consideramos, também, a *inspiração* entre as capacidades mais úteis na atividade mediúnica. Houaiss[94] entende inspiração como:

> [...] espécie de alento, sopro criador que, emanado de um ser sobrenatural, levaria aos homens conselhos, sugestões; iluminação, revelação [...]; ação que se exerce sobre as disposições psíquicas, sobre a vontade de determinada pessoa; conselho, sugestão, influência [...]; entusiasmo criador que anima e aumenta a criatividade de escritores, artistas, pesquisadores etc. [...]

É consequência da passividade, da concentração, da sintonia, da entrega confiante e dinâmica que facilita a recepção dos sentimentos e pensamentos dos Espíritos que se dedicam ao trabalho do bem, num processo de interação vibratória que permite aos encarnados serem agentes dos desencarnados que dirigem e executam o trabalho de solidariedade em benefício dos mais necessitados dos dois planos da vida.

Do mesmo modo que a intuição, a inspiração não se manifesta ostensivamente à maneira da psicofonia ou da psicografia. No entanto, é uma das capacidades mais ativas durante o funcionamento do grupo mediúnico e também fora dele, em muitas situações de convivência, quando os Espíritos bons influenciam positivamente e os ignorantes tentam dificultar o progresso dos encarnados. Essa questão é simbolizada nas religiões tradicionais como a luta entre satanás e os anjos para convencer as almas para o mal ou para o bem. Allan Kardec perguntou aos mentores espirituais (LE 459):[95] "Influem os Espíritos em nossos pensamentos e atos? E eles responderam: "Muito mais do que imaginais. Influem a tal ponto, que, de ordinário, são eles que vos dirigem."

É uma questão de sintonia, que é refletida no dito popular "semelhante atrai semelhante", pois a responsabilidade pelo tipo de influência recebida e pelas decisões tomadas é da pessoa que está sendo influenciada, cabendo-lhe o esforço para sintonizar e ser inspirada pelos bons, resistindo à ação dos ignorantes.

A *psicofonia* é outra faculdade importante para o pleno funcionamento da equipe mediúnica, permitindo o diálogo com os Espíritos necessitados e a recepção oral de orientações dos mentores espirituais. No entanto, um grupo mediúnico pode funcionar sem a presença de médiuns de psicofonia, conforme orienta Léon Denis:[96] "[...] Nos casos em que faltem os médiuns, ou sejam improdutivos, não deve ficar por isso o grupo reduzido à inação [...]". Nessa contingência, não haverá manifestações ostensivas, os mentores não poderão transmitir orientações específicas nem o grupo poderá auxiliar os necessitados por meio da palavra e do diálogo. Mas sempre haverá condições para dar continuidade ao estudo e aos exercícios de percepção espiritual porque, a qualquer momento, poderá despontar a faculdade em algum dos participantes. O grupo poderá, ainda, manter atividades de oração e irradiação mental pelos necessitados desencarnados e encarnados, a psicografia e o exercício de outras faculdades acaso existentes entre seus membros.

A *psicografia* tem, também, sua importância dentro da atividade mediúnica, pois, por meio dela, os mentores amigos podem orientar o grupo ou especificamente algum trabalhador em circunstâncias de necessidade. As mensagens psicográficas geralmente se restringem às necessidades específicas do grupo, mas podem ter alcance mais amplo e geral, caso em que se poderá pensar em publicação para estender o auxílio a outras pessoas.

A *vidência*, com os devidos cuidados que ela requer (vide LM XIV:167),[97] pode ser de bastante utilidade na condução das atividades mediúnicas.

Podemos mencionar, ainda, como excelente instrumento de apoio ao trabalho dos mentores espirituais, a capacidade de *desdobramento* dos médiuns com incursões em regiões de necessidade para socorro a irmãos em estado de desequilíbrio que, muitas vezes, são "buscados" pelos medianeiros para atendimento no grupo mediúnico.

As capacidades de doação fluídica por meio dos passes e do apoio vibratório também são importantes na reunião mediúnica e serão examinados a seguir, neste mesmo capítulo.

O controle da mediunidade e das manifestações – a responsabilidade do médium

Um dos maiores desafios do médium iniciante é aprender a controlar a faculdade mediúnica e suas manifestações. Vícios e cacoetes podem surgir a qualquer momento, automatizando a interferência do médium nas comunicações e dificultando a filtragem dos pensamentos e sentimentos dos Espíritos comunicantes.

Nada justifica os ruídos, sons estranhos, movimentos bruscos e sem controle, gritos, murros na mesa, enfim, as manifestações retumbantes produzidas quando o médium evidencia falta de educação de si mesmo e de sua faculdade mediúnica. Para manifestar as características do Espírito comunicante, o médium não precisa deixar que ele faça o que desejar. A função do médium não é demonstrar que ali está presente um Espírito necessitado, mas sim contribuir para que o irmão seja atendido da melhor forma possível, aproveitando a oportunidade de sua presença, às vezes conquistada depois de muita luta por parte dos trabalhadores abnegados do plano espiritual, que o trazem para o contato conosco.

O médium sempre pode, quando o deseja e se esforça para isso, dominar as manifestações inconvenientes e inadequadas. Cabe a ele, portanto, observar-se, conhecer seus limites e potencialidades, trabalhar para superar uns e desenvolver os outros, sem jamais esmorecer no trabalho. A acomodação muito tem prejudicado excelentes promessas iniciais, que acabam por restringir-se a um trabalho rotineiro ao longo dos anos, quando o médium encara sua faculdade como uma simples obrigação a ser cumprida.

Os principais fatores de controle das manifestações mediúnicas são a condição moral elevada, o conhecimento doutrinário, o autoconhecimento e o mérito pelo trabalho realizado, além da vigilância e da oração que atraem o apoio da Espiritualidade superior.

4.2.2 Médiuns que oferecem consultas

Esse é um tema já resolvido para quem compreendeu a recomendação de Jesus "dai de graça o que de graça recebestes" (MATEUS, 10:8) e trabalha em equipe sob o amparo e a orientação de uma Instituição equilibrada, que se dedica ao estudo e à prática do bem, conforme a orientação da Espiritualidade superior. São trabalhadores atentos ao esclarecimento de Emmanuel:[98]

> A espera de resultados, depois de expressões e ações reconhecidamente elevadas, pode provocar enormes prejuízos em nossa romagem para a suprema Luz.
>
> Enquanto aguardamos manifestações alheias de gratidão ou melhoria, somos suscetíveis de paralisar nossas próprias obrigações,

desviando-nos para o terreno escuro da maledicência ou do julgamento precipitado.

No entanto, há médiuns que se julgam portadores de mediunidade especial e, portanto, capacitados a orientar pessoas, a qualquer momento, dentro e fora do Centro Espírita, por iniciativa própria, geralmente instigados por Espíritos obsessores que desejam inutilizar a possibilidade de serviço individual e confundir as pessoas quanto às atividades da Instituição Espírita.

Sem entrar no mérito dos casos em que os médiuns estão convencidos de que precisam receber pelo tempo que estão "dedicando ao próximo", ou algo semelhante, observamos que, algumas vezes, nos deparamos com situações em que o médium, por não cobrar diretamente, não vê nada de mal em distribuir, aleatoriamente, orientações às pessoas de seu relacionamento ou que encontre eventualmente. A situação geralmente apresenta desequilíbrio, que é visível para quem conhece as orientações do Espiritismo, mas imperceptível para o médium e para as pessoas que não têm familiaridade com o tema e ainda estão na fase da curiosidade sobre questões de menor importância do ponto de vista espiritual. É comum que esses médiuns sejam manipulados por Espíritos inferiores, pseudossábios e ignorantes que fingem ser diversas personalidades importantes ou se passam por "guias espirituais", fazendo, muitas vezes, que seus intermediários e quem quer que lhes dê ouvidos, no mínimo, percam seu tempo ou sejam envolvidos em situações ridículas e constrangedoras.

Tivemos a oportunidade de conviver com Espíritos que manipulam os médiuns, dificultando-lhes o raciocínio e o entendimento nos momentos de estudo, para que não compreendam a situação em que se encontram e, inclusive, pensem que o dirigente e os companheiros de grupo estão equivocados. De boa-fé, às vezes, esses médiuns tentam convencer o dirigente de que só desejam o bem e de que não se julgam no "direito" de impedir que os "mentores" utilizem suas faculdades para auxiliar, a qualquer momento e "sem interesse", as pessoas que necessitam, dando-lhes consultas sobre qualquer coisa ou situação de suas vidas, inclusive quanto a aspectos financeiros e do relacionamento amoroso, familiar ou com amigos etc. Outras vezes, impulsionados pelo obsessor, buscam sutilmente convencer companheiros do grupo quanto a uma suposta discriminação que vêm sofrendo dentro do grupo por serem médiuns especiais, com faculdade já desenvolvida, não compreendida ou invejada por "alguns" dentro da equipe.

Situações dessa natureza exigem paciência e compreensão por parte do dirigente e dos demais participantes do grupo na tentativa demorada e muitas vezes frustrante de auxiliar o(s) médium(ns) e seu(s) obsessor(es). É muito comum que o médium, nesse processo, fique mudando de grupo até encontrar um lugar onde as pessoas não se importem com o que faz, não lhe coloquem peias e, inclusive, apoiem sua ação.

4.3 Outras funções no grupo

4.3.1 O apoio vibratório

Alguém poderia pensar que as pessoas que colaboram no apoio vibratório são as que não apresentam característica mediúnica nem têm aptidão para os passes, tendo "sobrado" na distribuição de tarefas. No entanto, os médiuns de apoio vibratório exercem função da maior relevância para o equilíbrio e harmonia da reunião. São eles que sustentam a vibração do ambiente, sendo conhecidos como médiuns de sustentação. Deles, os Espíritos trabalhadores utilizam fluidos e vibrações para auxiliar os necessitados e para a manutenção do padrão vibratório indispensável para a proteção psíquica dos trabalhadores dos dois planos.

No livro *Instruções psicofônicas*,[99] o Espírito Efigênio S. Vítor comenta a respeito dos arquitetos espirituais que agem na preparação do ambiente e no momento da atividade mediúnica, utilizando os recursos disponíveis para formar

> [...] jardins, templos, fontes, hospitais, escolas, oficinas, lares e quadros outros em que os nossos companheiros desencarnados se sintam como que tornando à realidade pregressa, através da

> qual se põem mais facilmente ao encontro de nossas palavras, sensibilizando-se nas fibras mais íntimas e favorecendo-nos, assim, a interferência que deve ser eficaz e proveitosa. [...]
>
> Espelhos ectoplásmicos e recursos diversos são também por eles improvisados, ajudando a mente dos nossos amigos encarnados, que operam na fraseologia assistencial, dentro do Evangelho de Jesus, a fim de que se estabeleça perfeito serviço de sintonia, entre o necessitado e nós outros.
>
> Para isso, porém, para que a nossa ação se caracterize pela eficiência, é necessário oferecer-lhes o melhor material de nossos pensamentos, palavras, atitudes e concepções.
>
> Toda a cautela é recomendável no esforço preparatório da reunião de intercâmbio com os desencarnados menos felizes, porque a elas comparecemos, na condição de enfermeiros e instrutores, ainda mesmo quando não tenhamos, em nosso campo de possibilidades individuais, o remédio ou o esclarecimento indispensáveis.
>
> Em verdade, contudo, através da oração, convertemo-nos em canais do socorro divino, apesar da precariedade de nossos recursos, e, em vista disso, é preciso haja de nossa parte muita tranquilidade, carinho, compreensão e amor, a fim de que a colaboração dos nossos companheiros arquitetos encontre em nós base segura para a formação dos quadros de que nos utilizamos na obra assistencial. [...]

Atentos, então, deveremos estar todos e muito especialmente os membros que atuam como apoio vibratório, pois o trabalho começa antes de entrarmos para a sala de atividade mediúnica, sendo imprescindível o silêncio, o respeito, a introspecção, a leitura nobre, a concentração, a oração, a meditação, nos momentos que antecedem o início das atividades, bem como a doação incondicional durante a realização dos trabalhos de atendimento aos irmãos necessitados.

4.3.2 Os passistas

Para ser passista em uma reunião mediúnica, é ideal que o trabalhador tenha conhecimento adquirido na área por meio de cursos de passes e de leitura e estudo do tema em livros e outros materiais oferecidos pelos Centros Espíritas. No entanto, é importante que ele também domine o tema pela prática nas atividades normais de passes que as Casas Espíritas oferecem aos seus frequentadores.

Os passes exercem importante influência positiva em uma atividade mediúnica. É por isso que, na ausência de pessoas que assumam essa tarefa específica, o dirigente ou o dialogador, sempre que necessário, aplicarão, eles mesmos, os passes para o auxílio aos manifestantes necessitados ou aos médiuns para o seu reequilíbrio psicofisiológico.

Veja no Capítulo 3 o item "Quando transmitir os passes" que está relacionado ao tema.

4.3.3 A participação de convidados

Na *Revista Espírita*, exemplar de junho de 1860, Allan Kardec registra a ocorrência da mistificação de um Espírito que se fez passar por São Luís e os desdobramentos do fato. O Codificador pergunta ao próprio São Luís: "[...] como se explica que, apelando aos bons Espíritos e lhes pedindo que afastem os impostores, o apelo não seja atendido?" O presidente espiritual da Sociedade Espírita de Paris responde:

> É atendido, não o duvideis. Mas estais bem seguros de que o apelo procede do fundo do coração de todos os assistentes, ou que não haja alguém que, por um pensamento pouco caridoso e malévolo, ou pelo desejo, atraia para o meio de vós os maus Espíritos? [...] Examinaste bem o rosto dos que vos escutavam quando fazíeis essa invocação? Não percebestes, mais de uma vez, o sorriso de sarcasmo em certos lábios? Que Espíritos pensais que tragam essas pessoas? Espíritos que, como elas, se riem das coisas mais sagradas. É por isso que vos digo para não

admitirdes o primeiro que vier, evitando os curiosos e os que não vêm para se instruírem. [...][100]

Hermínio C. Miranda é objetivo quanto ao assunto:

> Na minha opinião, somente em casos excepcionais se justifica a presença de pessoas estranhas no grupo, nos trabalhos de desobsessão. Sob condições normais, ela não é necessária à tarefa... Mais do que desnecessária, a presença de pessoas perturbadas, no ambiente onde se desenrola o trabalho mediúnico, pode provocar incidentes e dificuldades insuperáveis.[101]

Afirma ele que por duas vezes admitiu a presença de visitantes no trabalho de desobsessão, observando que os trabalhos se arrastaram penosamente, com grandes hiatos entre uma comunicação e outra, com visível obstrução ao andamento normal da atividade. Em nossa experiência, o mesmo tem ocorrido, tanto com visitas como quando comparecem pessoas que não mantêm assiduidade.

Sejamos francos, ainda que alguns considerem excesso de rigor: reunião mediúnica não é atividade social para onde vão todos os que desejam. De que adianta trabalhar com afinco na preparação dos trabalhadores do grupo durante anos para conseguir uma harmonização que garanta a presença dos Espíritos trabalhadores do bem para, em um momento de descuido, ou por não querer contrariar alguém, o dirigente opta por admitir a presença de uma visita que, por não estar preparada, vem a prejudicar toda a reunião? Dessa forma, visitas nas reuniões mediúnicas somente em caráter de extrema excepcionalidade. E nessa excepcionalidade jamais estão incluídos os enfermos e obsidiados, cuja presença é totalmente dispensável no trabalho mediúnico de desobsessão.

Registraremos uma única exceção que seria a admissão de pessoas que, provenientes de um Centro de reconhecido equilíbrio, precisem conhecer um trabalho mediúnico que possa servir de referência para atividade semelhante que estejam em vias de implantar. Nesse caso, os visitantes seriam como estagiários que já passaram pelo estudo e que agora necessitam presenciar a prática.

4.4 Características desejáveis aos membros do grupo – resumo

A moralidade, o sentimento, a educação e o caráter... Áulus[102]

Em *Nos domínios da mediunidade*, capítulo 2, Áulus esclarece a André Luiz e Hilário que o psicoscópio* revela as possibilidades e permite categorizar a situação de uma personalidade ou de uma equipe de trabalhadores, pois todos estamos sujeitos a sondagens dos planos superiores. Ou seja, os Espíritos superiores medem as condições de realização dos grupos mediúnicos, que é o somatório das disposições e dos recursos de cada um de seus membros. No entanto, esse fato não nos deve atemorizar ou restringir-nos as expectativas de trabalho. Em certa ocasião, uma senhora dirigiu-se a Chico Xavier para informar-lhe que estava desejosa de participar ou formar um grupo mediúnico em que todos os integrantes fossem conscientes de suas responsabilidades. Com riqueza de detalhes, ela descrevia as características nobres que deveriam ser apresentadas pelos participantes do grupo desejado por ela. Depois de ouvir pacientemente e com muita atenção, Chico teria dito à senhora que esse grupo já existia. Ela, entusiasmada, chegou a informar que estava disposta até a mudar de cidade se fosse necessário para participar desse grupo. Com ansiedade, na esperança de ver concretizado o seu desejo, perguntou ao Chico onde estava esse grupo. O Chico teria respondido com muita singeleza: é o grupo que está assessorando Jesus em sua tarefa de esclarecimento e orientação à humanidade.

---

* Nota dos autores: "[...] Destina-se à auscultação da alma, com o poder de definir-lhe as vibrações e com capacidade para efetuar diversas observações em torno da matéria [...]".

Todos reconhecemos que não somos perfeitos e que a perfeição ainda não faz parte da nossa realidade. Desse modo, quem quer que exigisse de outrem mostras de perfeição para participar de determinado grupo mediúnico tampouco poderia fazer parte do grupo, já que a perfeição não se encontra neste nosso plano evolutivo. Ainda que existisse, exigir de alguém perfeição para participar de alguma atividade seria buscar o isolamento e a frustração.

Em *O livro dos médiuns*,[103] quando Allan Kardec pergunta "qual o médium que se poderia qualificar de perfeito", os Espíritos superiores respondem:

> Perfeito, ah! bem sabes que a perfeição não existe na Terra, sem o quê não estaríeis nela. Dize, portanto, bom médium e já é muito, por isso que eles são raros. Médium perfeito seria aquele contra o qual os maus Espíritos jamais ousassem uma tentativa de enganá-lo. O melhor é aquele que, simpatizando somente com os bons Espíritos, tem sido o menos enganado.

Isso não significa que devamos nos acomodar e abandonar todo esforço de aperfeiçoamento, desistir de analisar as condições ideais e necessárias para a boa prática mediúnica, buscar adquirir essas condições em constante esforço de autoaperfeiçoamento.

Importante, dessa forma, estarmos conscientes de que é o esforço constante e perseverante e a luta de autossuperação a cada passo que nos levará à aquisição das qualidades necessárias à boa prática da mediunidade.

O quadro abaixo permitirá uma visão esquemática das características desejáveis aos membros de um grupo mediúnico.

A coluna "funções" não apresentará divisão entre o dirigente e o dialogador porque as atribuições do segundo são também do primeiro e cabe ao dialogador desenvolver habilidades para possivelmente dirigir o ou um grupo mediúnico no futuro. Essa coluna também não apresentará separação entre o passista e o apoio porque cabem ao primeiro as funções atribuídas ao segundo e, caso seja do seu interesse, nada impede que o apoio vibratório desenvolva a habilidade de dar passes.

Da mesma forma, na coluna "condições", são apresentadas as características que, em graus diferentes de responsabilidade, são necessárias a todos os membros do grupo.

Papel	Funções	Principais Condições
Dirigente	liderar, coordenar, conduzir, responsabilizar-se	formação doutrinária, familiaridade com o Evangelho, autoridade moral, valor, prudência, paciência, tato, sensibilidade, energia, confiança, entrega, autoburilamento, disciplina, vigilância, fé, amor, caridade, concentração, oração, humildade, evangelização, disposição, equilíbrio, conduta elevada, boa disposição, harmonia
Dialogador	dialogar, doutrinar, orientar, esclarecer	
Médium	depende do tipo de mediunidade	
Passista	dar passes	
Apoio	apoiar vibratoriamente a reunião, suas atividades, seus demais integrantes	

Não sendo possível relacionar todas as condições desejáveis aos membros de um grupo mediúnico, fizemos referência a algumas delas, remetendo os interessados ao item "O homem de bem" em *O evangelho segundo o espiritismo*.[104]

Capítulo 5
A equipe de trabalhadores desencarnados

Ao mesmo tempo em que os encarnados planejam a formação do grupo mediúnico, os Espíritos se aprestam para apoiar a iniciativa. Normalmente, eles são os mesmos mentores que idealizaram e inspiraram a realização da tarefa. Aliás, o funcionamento de cada grupo mediúnico, desde a fase de preparação e formação, requer a autorização do Plano Maior. Já nesse começo, o mentor espiritual responsável pelo grupo se faz presente, inspirando decisões tomadas pelos encarnados, conduzindo o processo de seleção dos participantes — de um e de outro lado da vida —, orientando a definição de objetivos e procedimentos e identificando, com base na disponibilidade e capacitação dos membros encarnados do grupo, seu campo de trabalho, seja na prioridade ao atendimento aos desencarnados sofredores, no encaminhamento de obsessores, em trabalhos mais específicos na área da materialização e cura, ou, ainda, em atividades mediúnicas de outra natureza.

5.1 Os mentores

Os mentores espirituais são Espíritos de maior nível evolutivo que se incumbem de diversas tarefas na execução do plano de aperfeiçoamento das criaturas, famílias, grupos sociais, países, mundos e universos. Inspiram, estimulam, orientam ideias, ações e realizações no bem e em benefício da evolução do Espírito.

Cada tarefa específica requer Espíritos de grau evolutivo adequado, sempre superiores em moralidade e conhecimento aos seus tutelados e com a experiência necessária à execução das tarefas às quais são designados.

No Plano Espiritual, não há improvisação na execução dos trabalhos. Tudo obedece a um planejamento cuidadoso e a uma organização estrutural e de recursos humanos apta a oferecer os resultados mais eficazes.

Na tarefa mediúnica, igualmente, os mentores espirituais são de inegáveis competência e conhecimento. Eles estabelecem planejamento criterioso para as atividades, encadeando os casos e as providências necessárias de modo a obter os resultados almejados nos atendimentos. Cercam-se de uma grande equipe de trabalhadores especializados nos vários misteres necessários ao desenvolvimento das atividades.

No plano material, pode ocorrer que, na última hora, ainda estejamos fazendo preparativos ou tomando alguma providência necessária para o início da reunião. Contudo, no plano espiritual, quando o mentor do grupo se apresenta, todas as medidas foram tomadas e os membros das diversas equipes espirituais se encontram a postos, orando ou desenvolvendo a tarefa a que foram chamados, aguardando o horário de começo da reunião. O tempo do mentor é sempre escasso e precioso, dadas as muitas atividades que se desenvolvem sob sua responsabilidade.

Nos termos da classificação feita por Allan Kardec em *O livro dos espíritos*,[105] os mentores dos grupos mediúnicos e sua equipe não são Espíritos puros, mas Espíritos bons. Suas características são: predominância do Espírito sobre a matéria, desejo do bem, qualidades e poderes para o exercício do bem, desenvolvidos em conformidade com o seu grau de adiantamento e seu ramo de especialização. Uns têm a ciência, outros a sabedoria e a bondade. Os mais adiantados reúnem o saber às qualidades morais. Contudo, ainda têm de passar por provas e estão, de modo geral, sujeitos às reencarnações.

São essas entidades as responsáveis, no plano invisível, pela direção das atividades da reunião mediúnica. O diretor espiritual — que nos trabalhos seriamente desenvolvidos e com o objetivo da caridade é sempre de nível evolutivo muito elevado — é o principal responsável e lidera a organização, condução e conclusão das atividades a serem executadas. É ele que coordena as equipes de trabalhadores espirituais — estes sempre em grande número, superando em muito a quantidade de encarnados.

Os trabalhadores do plano físico estão submetidos à influência benévola desses guias, usualmente ligados ao grupo por afinidade espiritual e simpatia. Sempre executam sua missão com um sentimento espontâneo de ajuda, atividade que também concorre para o seu próprio desenvolvimento e evolução.

Dessa forma, no trabalho mediúnico sério e efetivamente devotado ao bem, o mentor espiritual é o principal responsável pelas atividades que ali se desenrolam. Ensina o Espírito Emmanuel[106] que "o programa espiritual das sessões está com os mentores que as orientam do plano invisível". Assim, a eles compete não somente a delineação dos objetivos gerais e específicos do grupo, como também os fins a serem atingidos em cada reunião, a coordenação da seleção e do transporte dos Espíritos a serem atendidos, a distribuição dos trabalhos nos dois planos da vida, determinações quanto ao atendimento a ser dado às entidades necessitadas, assim como a definição do apoio técnico eventualmente requerido e disposições quanto à assistência e orientação pós-reunião a serem prestadas em cada caso.

5.2 Os trabalhadores espirituais

Quando participamos de um trabalho mediúnico, percebemos a ação dos Espíritos trabalhadores do bem na proteção conferida ao ambiente, nos irmãos sofredores e desorientados trazidos ao atendimento e no Espírito rebelado que diz que veio a contragosto ou se sente tolhido por controles alheios a sua vontade. Alguma vez também sentimos a ação espiritual no irmão que volta ao passado para reviver a existência ou o episódio de uma existência que se fez crucial para a sua problemática de hoje. Podemos verificar também, conforme nossa sintonia, certa paz no ambiente, vibrações positivas que nos inundam a alma, enchendo-nos de calma, esperança e bem-estar. Todas essas ocorrências constituem indicativos do trabalho do plano espiritual, cuja ação plena não é totalmente perceptível mesmo para aqueles que dispõem de mediunidade ostensiva.

Não temos parâmetros para comparar a sublimidade de sua organização e realizações no bem. Se destacam o nível de sua devoção ao bem-estar da humanidade e a perfeita sincronização de suas atividades, seu espírito de cooperação e entendimento superior — de que todos estão imbuídos, conscientes da realidade espiritual e da importância dessa atuação concentrada nas tarefas de elevação dos Espíritos comuns.

As equipes de trabalhadores espirituais, sob orientação do mentor ou diretor espiritual, respondem pela execução das tarefas específicas dentro de seu setor de atividades conforme necessárias ao bom desenvolvimento de cada reunião mediúnica. Desempenham suas responsabilidades sob a égide do amor e da caridade, fiéis ao compromisso assumido, sem as tergiversações tão habituais aos encarnados que, atraídos pelas preocupações da vivência material, sempre encontram muitos obstáculos cotidianos a superar.

5.3 Ação espiritual nos trabalhos mediúnicos

Para focar a questão da atuação do mentor no decurso da reunião mediúnica, examinemos, no capítulo 5 de *Nos domínios da mediunidade*, como o Irmão Clementino, Espírito que dirigia a reunião mediúnica, recebe os visitantes (André Luiz, Hilário e o instrutor Áulus) e, com a propriedade que lhe confere a condição de dirigente espiritual do grupo, lhes dá as boas-vindas: "A casa pertencia-nos a todos, explicou sorridente. Estivéssemos, pois, à vontade, na tarefa de que nos achávamos investidos".[107] Esse episódio nos sugere a exata dimensão das responsabilidades do mentor em relação à admissão das entidades espirituais ao grupo, seja para os serviços ali desenvolvidos, seja para os atendimentos, inclusive no caso dos desencarnados que eventualmente acompanham os membros encarnados do grupo.

Contudo, no campo material, cabe prioritariamente ao dirigente encarnado a decisão final quanto aos membros do grupo ou às pessoas a ele admitidas. A Espiritualidade, respeitando essas atribuições, evita intervir no caso de pessoas desarmonizadas com o grupo a ponto de introduzir elemento dissonante no conjunto. Em caso de hesitação do dirigente, a natureza e as leis vibratórias operam automaticamente. É ainda em *Nos domínios da mediunidade* que vamos encontrar melhor esclarecimento a esse respeito, aliás, já referido neste livro, quando, respondendo a uma pergunta de Hilário sobre a hipótese do surgimento de elementos arraigados ao mal, numa formação de cooperadores do bem, o instrutor Áulus esclarece que a Espiritualidade superior não intervém diretamente, afirmando que "[...] Se a maioria permanece empenhada na extensão do bem, a minoria encarcerada no mal distancia-se do conjunto, pouco a pouco, por ausência de afinidade."[108]

É o mentor que inspira o dirigente encarnado dos trabalhos, reduzindo seu tom vibratório para obter a sintonia necessária, graduando pensamento e expressão em conformidade com a capacidade receptiva do dirigente e do grupo. Explica o instrutor Áulus que o mentor, no caso o irmão Clementino, "[...] influencia agora a vida cerebral do condutor da casa, à maneira de um musicista emérito manobrando, respeitoso, um violino de alto valor, do qual conhece a firmeza e a harmonia."[109] Transmite-lhe, assim, sua influência amorosa que faz com que o cérebro do encarnado se nimbe de luminosidade intensa, porém diversa, já que traduz as características espirituais que lhe são próprias. Espírito nenhum, assim como nenhum agente externo, é capaz de produzir de *per si* elevação espiritual que não seja adquirida pelos próprios esforços e recursos do encarnado.

O mentor também age para propiciar melhor interação entre o médium e a entidade a ser atendida pela via mediúnica. André Luiz relata como o Irmão Clementino aproxima-se de uma das médiuns do grupo em estudo, Dona Eugênia, e aplica-lhe "[...] forças magnéticas sobre o córtex cerebral, depois de arrojar vários feixes de raios luminosos sobre extensa região da glote."[110] Essa ação ajuda que

Eugênia-alma, como descreve André Luiz, se afaste do corpo para propiciar a interação mediúnica. Ação magnética de mesma finalidade é exercida sobre os demais médiuns em trabalho, à exceção da médium Dona Celina, que, pela evolução própria em amor que já conquistou, prescinde dessa medida.

É, ainda, o mentor que, envolvendo o dialogador, inspira suas ideias e as palavras que as revestem no atendimento ao desencarnado sofredor, apoiando também o sentimento de compaixão e interesse fraternal que é sempre o elemento de maior convencimento e influência a promover, no manifestante, mudanças de comportamento e de retorno ao bem e ao equilíbrio.

Encontra-se na sua alçada também a fluidificação da água, assim como os passes na região frontal dos médiuns para favorecer-lhes o campo sensório para as percepções finais a serem obtidas pouco antes do encerramento da reunião, juntando-os em sua faixa magnética para inspiração.

Enfim, todas as tarefas desenvolvidas na ocasião do intercâmbio mediúnico encontram-se sob a responsabilidade direta ou indireta do mentor do grupo.

Reportemo-nos, agora, a algumas tarefas que os trabalhadores espirituais desenvolvem com base principalmente em *Nos domínios da mediunidade*, do Espírito André Luiz, psicografado por Francisco Cândido Xavier, sem ânimo de apresentar uma relação exaustiva, já que o tema apenas margeia este estudo, e conscientes de que muito já foi escrito e com mais propriedade em obras como *Dimensões espirituais do centro espírita*, de autoria de Suely Caldas Schubert, e *Diálogo com as sombras*, de Hermínio C. Miranda.

Em uma relação sumária, poderíamos indicar, entre outros trabalhos, a higienização e proteção do ambiente espiritual da reunião com a retirada de vibriões mentais e dos resquícios de vibrações deletérias que porventura ali se mantiveram; os trabalhos prévios de seleção, coleta de informações e preparação das entidades a serem atendidas, seu encaminhamento ou transporte e ingresso no local da reunião; o atendimento eventualmente necessário aos encarnados — trabalhadores ou pessoas em tratamento na Casa Espírita; providências de harmonização e apoio aos médiuns na intermediação dos comunicantes do plano espiritual; tarefas localizadas e específicas de condensação, materialização e modificação de recursos fluídicos; transporte de máquinas e equipamentos; magnetização e desmagnetização, assim como tantas outras atividades que possam vir a ser requeridas na etapa precedente, no desenrolar e na finalização das reuniões mediúnicas.

5.3.1 Preparação do ambiente da reunião

As salas que utilizamos para a realização de nossas reuniões mediúnicas nem sempre são destinadas exclusivamente a essa finalidade. Assim, seu ambiente pode estar permeado por corpúsculos microbianos psíquicos criados pelas mentes descuidadas, desorientadas, viciadas ou mentalmente enfermas de desencarnados e encarnados que frequentam o aposento em outras atividades, ou, ainda, por ideoplastias que resultam de criações mentais indignas e deprimentes, produzidas por vibrações de nível inferior. Em alguns casos, Espíritos desorientados, que por um ou outro motivo ali foram detidos, podem estar também presentes.

Para que essas salas sirvam de ambiente adequado ao trabalho mediúnico, requerem proteção e higienização espiritual e magnética, ou seja, ação ativa, purificadora, de equipes especializadas que saneiam o ambiente, removendo presenças indesejadas, exterminando vibriões ou outros corpúsculos malfazejos e desfazendo ideações enfermiças. A sala é saturada, em substituição, por elementos balsâmicos e fluidos superiores, de modo a criar um ambiente de paz e bem-estar espiritual. Estabelecem-se, também, correntes magnéticas isolantes e faixas de proteção controladas por equipes de defensores.

Exemplo da purificação do ambiente para uma atividade de materialização é relatado por André Luiz,[111] que se surpreende ao notar "o esforço de vinte entidades de nobre hierarquia que movimentavam o ar ambiente". Áulus esclarece a André tratar-se de "esclarecidos cooperadores do serviço que preparam o ambiente, levando a efeito a ionização da atmosfera, combinando recursos para efeitos elétricos e magnéticos".

Com intervenção purificadora, a assepsia espiritual também se faz intensa nos casos em que os Espíritos são mantidos no próprio recinto mediúnico em vista da necessidade de proporcionar ambiente positivo, higienizado. É necessário evitar a contaminação espiritual, tanto em benefício da tecelagem perispiritual dos encarnados quanto para evitar prejuízo para os Espíritos em tratamento, que já compareçam fragilizados pelos achaques próprios a impressionar sua constituição perispiritual, assim como pela perturbação e sensibilidade emocional e psicológica com que vêm ao grupo mediúnico.

O Espírito André Luiz, em *Nos domínios da mediunidade*,[112] descreve o "largo cordão luminoso, de isolamento" que cerca a mesa dos trabalhos de recepção mediúnica. Como no caso específico se tratava de atividade mediúnica de aconselhamento e atendimento de encarnados, com a afluência de grande público, relata a proteção dos guardas espirituais, dizendo que "vigilantes de nosso plano estendiam-se, atenciosos, impedindo o acesso de Espíritos impenitentes ou escarnecedores". Menciona, ainda, a reserva de "[...] ampla área, onde se acomodavam quantos careciam de assistência, encarnados ou não, área essa que se mostrava igualmente protegida por faixas de defesa magnética, sob o cuidado cauteloso de guardas pertencentes à nossa esfera de ação."

A sala dos trabalhos mediúnicos, conforme as necessidades da assistência desenvolvida e as condições de funcionamento propiciadas pelo ambiente e pela equipe de encarnados, pode assumir conformação mais ampla que a que temos no plano material. É frequente que sua configuração seja expandida para abrigar um espaço provisório de socorro, onde se situam entidades em fase de transição, ou que aguardam novo atendimento, recebem tratamento fluídico e medicamentoso, ou, ainda, estagiam em estado que diríamos comatoso ou semicomatoso, antes que se lhes possa dar tratamento mais efetivo.

Passamos por experiência muito valiosa e elucidativa nesse sentido. Residindo em país onde as atividades espíritas eram muito limitadas, tivemos que recorrer à realização de estudo preparatório para o trabalho mediúnico em sala reservada de que podíamos dispor em nossa própria casa. O tempo foi passando e os Espíritos, na impossibilidade de contar com um Centro Espírita com acomodações apropriadas, adjungiram àquela sala um pronto-socorro espiritual. Diante das necessidades dos atendimentos que se multiplicaram, a sala chegou a assumir amplas proporções antes de ser finalmente transferida às instalações do Centro, quando este foi criado e a reunião mediúnica iniciada.

Pela sensibilidade mediúnica, podíamos vislumbrar atividades desenvolvidas sempre com a percepção reduzida pela discrição dos Espíritos em relação a cometimentos dessa natureza. Quando finalmente deu-se a transferência de sede da reunião, os Espíritos mostraram-se satisfeitos com o sucesso obtido naquela experiência transitória, cuja coordenação com o ambiente do lar, sob o amparo de entidades superiores, foi toda conduzida por um Espírito familiar.

Geralmente, essa extensão do espaço destinado à assistência preliminar de entidades a serem atendidas, ou em fase de atendimento no trabalho mediúnico, é mantida isolada do ambiente principal da Instituição e da sala destinada ao intercâmbio com o plano espiritual por recursos fluídicos e magnéticos. A contaminação por germens psíquicos, assim como por criações mentais nefastas, é assim controlada.

Os médiuns videntes costumam descrever essas ocorrências com maior ou menor precisão. Lembramos de um relato sobre um desses aposentos de extensão feito em uma reunião mediúnica de que participamos na Federação Espírita Brasileira, quando se falou de um ambiente de luz tênue, sustentado por colunas de um material que parecia mármore rosado, com todos os veios e marcas usuais da pedra que conhecemos, porém translúcido, de formato no estilo usual de Brasília, lembrando as colunas exteriores do Palácio da Alvorada, a emitir luz suave que se refletia nas camas, onde eram atendidos os Espíritos enfermos.

Equipamentos e instrumentos do plano espiritual

Outro aspecto da preparação do ambiente da reunião mediúnica pelo plano espiritual é que os Espíritos trabalhadores trazem antecipadamente para o recinto de comunicação mediúnica os recursos necessários ao atendimento. Lembremo-nos, neste ponto, de que o nosso mundo físico é pálida versão do que existe no plano espiritual. Essa consideração nos permitirá um melhor entendimento do que se passa no lado de lá da vida.

Consideremos, assim, os desencarnados em sofrimento como enfermos que necessitam de atenção médica e poderemos fazer ideia, ainda que incompleta, dos recursos que, no plano espiritual, lhes são oferecidos. Assim como atendemos os nossos enfermos nas salas de urgência, oferecendo-lhes maca, medicamentos, gaze, equipamentos médicos etc., no plano invisível, esses equipamentos existem e são amplamente utilizados. Lá, contudo, há recursos que nossa medicina ainda não alcançou desenvolver, principalmente no que se refere ao tratamento da mente e dos distúrbios psíquicos. Além do conhecimento ampliado, há instrumentos, aparelhagens e outros meios de tratamento ainda desconhecidos em nosso plano, como é o caso do psicoscópio, da tela para a projeção de experiências de encarnações pretéritas, de equipamentos cirúrgicos para as eventuais intervenções perispirituais, intensificadores e direcionadores de sintonia, entre outros.

Embora proliferem nas obras espíritas informações e exemplos dessa evolução de conhecimento e tecnológica, vamos citar unicamente o caso registrado no livro *Nos domínios da mediunidade*,[113] quando André Luiz relata que, a pedido do Irmão Clementino, mentor da reunião,

> [...] um dos assessores de nosso plano [trata-se aqui, naturalmente, do plano espiritual] [...] apressadamente acorreu, trazendo interessante peça que [...] pareceu uma tela de gaze tenuíssima, com dispositivos especiais, medindo por inteiro um metro quadrado, aproximadamente.[...] O mentor espiritual da reunião manobrou pequena chave num dos ângulos do aparelho e o tecido suave se cobriu de leve massa fluídica, branquicenta e vibrátil. [...]

Sobre o aparelho, explicou, mais tarde, o instrutor Áulus que se tratava de um "condensador ectoplásmico", com a

[...] propriedade de concentrar em si os raios de força projetados pelos componentes da reunião, reproduzindo as imagens que fluem do pensamento da entidade comunicante, não só para a nossa observação, mas também para a análise do doutrinador, que as recebe em seu campo intuitivo, agora auxiliado pelas energias magnéticas do nosso plano. [...]

O aparelho condensava as energias ectoplásmicas fornecidas pelo conjunto dos encarnados como apoio ao atendimento dos desencarnados em estado de maior vinculação à matéria.

Outra aparelhagem de que nos falam as obras espíritas é a que permite o recurso da ampliação da voz dos doutrinadores e das mensagens dos bons Espíritos para as regiões espirituais sombrias como meio de convencimento e de extensão dos benefícios da reunião mediúnica a um número maior de habitantes de certas regiões umbralinas.

5.3.2 Seleção e preparação dos Espíritos trazidos à comunicação mediúnica

Dentre as tarefas essenciais ao bom desenvolvimento das reuniões, destacamos aqui a seleção e o transporte dos Espíritos trazidos à comunicação mediúnica. Participando da reunião, recebemos os Espíritos que vêm trazidos à comunicação sem conhecer a extensão do trabalho previamente executado no plano invisível para que aqueles necessitados de ajuda e/ou endurecidos no mal compareçam ao atendimento pelos canais da mediunidade.

Os livros psicografados por Francisco Cândido Xavier e Divaldo Pereira Franco relacionam casos em que os Espíritos benfeitores mergulham na psicosfera enfermiça do umbral e mesmo de esferas espirituais ainda mais inferiores, para resgatar irmãos dementados, enfermos que ainda trazem no perispírito as marcas do episódio ou da doença que lhes precedeu a desencarnação, ou ainda para tentar auxiliar entidades enceguecidas pelo ódio ou pelo desejo do desforço.

Em *Nosso Lar*,[114] encontramos registrada como emissão radiofônica de equipe espiritual denominada de *Samaritanos,* em atividade no umbral, mensagem nesse sentido:

> — Samaritanos ao Ministério da Regeneração!...Samaritanos ao Ministério da Regeneração!... Muito trabalho nos abismos da sombra. Foi possível deslocar grande multidão de infelizes, sequestrando às trevas espirituais vinte e nove irmãos. Vinte e dois em desequilíbrio mental e sete em completa inanição psíquica. Nossas turmas estão organizando o transporte... chegaremos alguns minutos depois da meia noite... Pedimos providenciar...

Esse pequeno trecho é um, dentre muitos, que nos deixa entrever a grande extensão do trabalho dos benfeitores que resgatam das trevas espirituais os irmãos dementados e sofredores, os quais, de algum modo, ou já cumpriram sua etapa de necessidade da dor renovadora, estendendo mãos suplicantes aos céus, ou esgotaram os fluidos pesados que os prendiam ao passado de dor, ou, ainda, que despertaram para a necessidade de renovação interior.

Assim, o trabalho de localização dos irmãos desorientados já predispostos em algum grau ao atendimento mediúnico, assim como a identificação dos que necessitam receber os recursos do magnetismo e dos fluidos materiais, é todo realizado em etapa prévia à reunião mediúnica.

Muitas vezes, entre a retirada da região de sofrimento ou de descaminho, esses irmãos já recebem ajuda e recursos que os predispõem à renovação. Assim, quando os benfeitores acompanham um desses Espíritos necessitados ao trabalho mediúnico, muito já pôde ser obtido em termos de produzir a predisposição relativa, que facilitará a aceitação das palavras do dialogador, ou das outras medidas de auxílio tomadas diretamente no plano espiritual com a utilização dos recursos medianímicos.

De modo geral, é nesse estado de espírito que a maioria das entidades é admitida nas reuniões mediúnicas. André Luiz assim descreve sua postura íntima: "Aqui e ali, nos variados semblantes a se comprimirem no lugar reservado a irmãos menos felizes, as máscaras de sofrimento eram suavizadas por sinais inequívocos de arrependimento, fé, humildade, esperança..."[115]

Naturalmente, os casos são selecionados para atendimento mediúnico, com o critério principal do melhor aproveitamento da combinação dos recursos dos dois mundos: o material e o espiritual. De modo geral, eles já estão mais ou menos propensos à transformação. É assim que, também em *Nos domínios da mediunidade*, o Espírito André Luiz narra a entrada de um infortunado solteirão desencarnado que obsidiava torturada enferma à qual se imantava pelos laços da paixão. Ele adentra o recinto à maneira de surdo-cego, conforme o relato mediúnico, custodiado por três guardas espirituais, cuja companhia não percebe. É trazido ao recinto da reunião "[...] sem saber o rumo tomado pelos próprios pés, como qualquer alienado mental em estado grave.[...]".[116] É o caso de Libório, que, após o atendimento mediúnico, é retirado sob crise emotiva e entregue aos vigilantes para abrigo em organização socorrista próxima. Narra também sobre o Espírito demente que adentra o recinto com fácies horrenda e no qual o rosto patibular parece emergir de um lençol de lama, aliando frieza e malignidade, astúcia e endurecimento. É José Maria..., que, principiando a aceitar o serviço da prece, chegou mesmo a "[...] atingir a felicidade de chorar".[117]

Quantas vezes em nossos trabalhos mediúnicos recebemos entidades que apenas mostram algum tédio da vida, ou o princípio de um descontentamento que já os leva a considerar a possibilidade de um caminho diferente na eternidade de sua vida espiritual?

No intercâmbio mediúnico, também são atendidos casos mais leves, seja por merecimento ou intercessão, assim como são recebidos Espíritos nos quais o choque mediúnico pode produzir resultados mais rápidos e amplamente benéficos. É frequente que se utilize um Espírito como exemplo; a orientação que lhe é dada serve para encaminhar e atender as diversas entidades de mesma problemática ali reunidas.

Lembramo-nos, nesse sentido, do Espírito de um rapaz jovem que vimos adentrar a sala da reunião mediúnica na época do carnaval, quando muitos Espíritos se congregam nos festejos momescos e muitos acidentes e eventos infelizes ocorrem. A sala mediúnica estava repleta de Espíritos associados aos festejos. O rapaz vestia calça branca e blusa florida e caminhava como se estivesse dançando ao compasso de um samba. Acompanhava-o somente um benfeitor, também de aparência jovem e veste comum aos nossos tempos. Mal entrou no recinto, foi encaminhado ao atendimento. A médium, uma senhora de idade madura, deixou-o abrir o diálogo indagando: Onde estou? Isto aqui não é uma festa! Dava a entender que assim lhe fora prometido. Ignorava que estava desencarnado e que efetivamente naquele ambiente se desenrolava uma festa de recursos espirituais que a Bondade divina esparzia a mancheias sobre os necessitados. Felizmente, conseguiu compreender sua situação e, manifestando um grau de conformação inesperado, pôde ter atendidas suas necessidades espirituais prementes, tendo o diálogo, com ele mantido, sido útil a diversos Espíritos de mesma problemática, congregados no ambiente.

Nos casos acima indicados e nos muitos outros que encontramos relacionados nos livros espíritas, mormente os psicografados, se destaca a questão importante do transporte e do resgate dos Espíritos para atendimento no grupo. Alguns desses Espíritos resgatados se encontram no mundo sem tomarem conhecimento do fenômeno da desencarnação pelo qual passaram, outros buscam atividades de sua preferência entre os "vivos", utilizando-lhes as forças e energias em atividades de vampirização e consórcio espiritual, outros, ainda, se encontram vagando nas regiões umbralinas e inferiores do plano espiritual.

Com consistente espírito de sacrifício e amor à humanidade, Espíritos bondosos e de grande envergadura espiritual descem ao umbral, às trevas e aos abismos em busca dos Espíritos em condições de serem atendidos. Muitas vezes, invadem as organizações trevosas para recuperar uma ou várias almas ali aprisionadas. Essa atitude corajosa, frequentemente, faz com que se erga em revolta toda a organização inferior num impulso que termina por trazer encadeada a renovação de muitas almas que ali estagiam e que já se encontram cansadas, desiludidas ou almejando um novo rumo nas suas vidas, atitude mental da qual muitas vezes nem estão conscientes e que só vem à tona nos diálogos na reunião mediúnica e sob o influxo de amor com o qual os banha a Bondade divina.

5.3.3 O atendimento oferecido aos Espíritos na reunião mediúnica

Se o mentor age diretamente no apoio aos médiuns e aos doutrinadores, quando o trabalho se multiplica, outros Espíritos benfeitores também desempenham função, apoiando o estudo. Quando há explanação doutrinária, inspiram-na, aproveitando a oportunidade para esparzir orientação, esclarecimentos e consolos às entidades que ali vieram para serem atendidas. Além disso, podem também atuar na assistência ao desdobramento e à visita dos médiuns a lugares distantes do ambiente da atividade mediúnica, entre outras atividades de apoio.

O atendimento que requer cada Espírito nos permite entender um pouco melhor a dimensão e a variedade dos requisitos, em termos de especialização de trabalhadores espirituais e de recursos fluídicos, que as sessões mediúnicas requerem.

Suely Caldas Schubert, em *Dimensões espirituais do centro espírita*, relaciona: "[...] médicos, enfermeiros, sacerdotes e freiras católicos, pastores evangélicos, espíritas — entre estes, médiuns, doutrinadores e dirigentes —, além de magnetizadores, guardiães, padioleiros, etc."[118]

Efetivamente, médicos, enfermeiros, padioleiros e outros trabalhadores afins são necessários nas tarefas de atendimento aos desencarnados com lesões no corpo perispiritual, disfunções mentais e distúrbios psíquicos que, aliás, constituem a grande maioria dos que são trazidos à reunião mediúnica. A fixação em ideias religiosas tradicionais, que mantêm as mentes fechadas em círculo de raciocínios estreitos e estáticos, torna precisa a presença de religiosos das respectivas igrejas para o esclarecimento necessário ao despertamento espiritual de muitos recém-desencarnados ou mesmo de alguns Espíritos que sofrem nas regiões inferiores, crendo-se no inferno ou no purgatório.

Há, entre os desencarnados que integram as legiões umbralinas e trevosas, muitos que participaram de episódios dolorosos da história religiosa da humanidade, como as Cruzadas, a Inquisição e, ainda, a perseguição aos cristãos, na Roma antiga. Dentre esses, diversos vêm sendo resgatados pela presença de companheiros daqueles tempos idos que, ou resistiram às injunções sociais da época, voltando-se desde então para o bem, ou se renovaram em tempos posteriores e, condoídos, retornam a recuperar antigos irmãos de crença ou afetos do passado.

O trabalho de magnetização e desmagnetização também é muito demandado por entidades fixadas em ideias desequilibradas, que vão desde os episódios mais simples de persistência em uma situação específica do passado aos casos mais graves das lesões e distorções perispirituais causadas pelo suicídio ou pela hipnose malfazeja que determinou a imersão nos processos da licantropia, ou, ainda, até o caso superlativo da perda da forma perispiritual que ocorre nas entidades transformadas em ovoides.

A cura de enfermidades e lesões

Almas aflitas que ainda se ressentem dos ecos de suas enfermidades ou das mutilações causadas pelo episódio que lhes promoveu a desencarnação requerem atendimento fluídico específico. Acidentes de trânsito, afogamentos, assassinatos podem deixar marcas perispirituais que encontram recursos de alívio e mesmo cura nos elementos fluídicos manipulados e transformados de modo a converter-se em "remédios".

A farmácia divina é abundante e variada. No atendimento mediúnico, são combinados três tipos de energias fluídicas: as que promanam do plano maior da vida, dotadas de maior sutileza, superioridade e maleabilidade; as doadas pelos participantes encarnados da reunião, que portam suas qualidades espirituais, vitalidade e disponibilidades físicas e as energias neutras retiradas dos elementos naturais do planeta.

Em *Missionários da luz*,[119] o autor espiritual relata:

> [...] Os dezoito companheiros encarnados demoravam-se em rigorosa concentração do pensamento, elevado a objetivos altos e puros. [...] Cada qual emitia raios luminosos,

muito diferentes entre si, na intensidade e na cor. Esses raios confundiam-se à distância aproximada de sessenta centímetros dos corpos físicos e estabeleciam uma corrente de força, bastante diversa das energias de nossa esfera. [...] Em certo ponto, despejava elementos vitais, à maneira de fonte miraculosa, com origem nos corações e nos cérebros humanos que aí se reuniam. As energias dos encarnados casavam-se aos fluidos vigorosos dos trabalhadores do nosso plano de ação, [...] formando precioso armazém de benefícios para os infelizes, extremamente apegados ainda às sensações fisiológicas.

Entidades suicidas recebem fluidos de recomposição. Sua situação é grave e requerem grande habilidade do magnetizador espiritual pelo estado em que se encontram de imersão em um processo de desequilíbrio psíquico e perispiritual com a recapitulação compulsiva do momento do suicídio e, em muitos casos, a flutuação entre o momento desse ato, o procedimento da autópsia e os embates da decomposição cadavérica do próprio corpo físico, associados a um profundo sentimento de remorso, dor e sofrimento.

Regressão de memória e painéis fluídicos

A regressão de memória é recurso importante para o trabalho mediúnico, principalmente no caso da desobsessão, de modo a obter dos companheiros perdidos no ódio o mergulho necessário em lembranças recalcadas que se encontram no centro de sua problemática anímica. No esclarecimento do obsessor, a imersão em vidas físicas pregressas pode levá-lo ao motivo inicial de seu sofrimento e à origem das dificuldades afetivas com o atual oponente, permitindo-lhe reviver o próprio erro, o próprio crime, de modo a compreender e perdoar.

Nesse trabalho de regressão, relatam os Espíritos sobre a utilização dos "quadros ou telas fluídicas", com o auxílio de equipamentos específicos (vide item 5.3.1 – equipamento e instrumento do plano espiritual), que correspondem a projeções nas quais o Espírito é chamado a visualizar cenas vivas de seu passado, retiradas do episódio central de sua problemática. Não se trata de recriações do pretérito, como na nossa cinematografia, em que atores interpretam dramas. Esses quadros trazem, diretamente da mente, dos arquivos perispirituais do desencarnado, os episódios vividos nos quais ele não pode deixar de se reconhecer, sentindo, pensando e agindo. O Espírito pode recalcitrar, recusando-se a esse reconhecimento, mas essa atitude é momentânea, pois a conscientização de seu eu ali retratado é evocação imperiosa e irresistível dos recessos mnemônicos da alma.

André Luiz exemplifica:[120] "[...] vários ajudantes de serviço recolhiam as forças mentais emitidas pelos irmãos presentes, inclusive as que fluíam abundantemente do organismo mediúnico [...]". Essas energias representam vigorosos recursos plásticos para que os benfeitores espirituais se façam visíveis aos Espíritos perturbados e aflitos ou para que sejam materializadas provisoriamente imagens ou quadros para o despertamento da emotividade e da confiança nas almas infelizes.

Nesse processo terapêutico, equipamentos como os que mencionamos anteriormente, citando como exemplo o caso do "condensador ectoplásmico", são utilizados de modo a permitir que o Espírito compreenda sua situação e o porquê do sofrimento que experimentou e desenvolva as condições necessárias ao perdão e ao recomeço das experiências de reajustamento.

Hipnotismo e contenção com recursos magnéticos

Recursos de hipnotismo são essenciais em muitos casos e a reunião quase sempre requer o apoio de um magnetizador como recurso de recondução ao bem de Espíritos ignorantes e desviados do bem. Há obsessores que necessitam ter removidos os efeitos do magnetismo insensibilizador que, aplicados nas esferas inferiores da vida espiritual, os impede de sentir os efeitos de seus crimes no seu corpo espiritual. Outros trazem imantações dolorosas, como as transformações perispirituais que lhes emprestam fácies deformada, ou que resultaram na licantropia. Outros, ainda, precisam de recursos magnéticos para superar condicionamentos que os impedem de rearmonizar-se com a vida e com o bem.

São muitos os casos. Lembramo-nos de um feiticeiro que passou muito tempo desviado do bem no plano espiritual e que, após algum tempo de diálogo, durante o qual tentou hipnotizar membro após membro do grupo, para obter sustentação magnética para sua causa, terminou por declarar-se vencido, saudando o conhecimento superior do magnetizador espiritual que apoiou o grupo e entregando-lhe seus instrumentos e apetrechos à guisa de rendição. Outro caso marcante que nos ficou na memória foi o de um rabino, grande magnetizador, praticante da Cabala quando encarnado, que desviou seus conhecimentos para a opção do mal. Ele compareceu a muitas sessões, requerendo grande esforço dos participantes para evitarem ser envolvidos na fascinação que ele tentava exercer, assim como grande trabalho de contra-hipnose dos Espíritos benfeitores para controlar seu extenso poder magnético.

Em trecho que nos informa sobre outra atividade dos Espíritos benfeitores que trabalham com magnetização, Manoel P. de Miranda descreve um processo em que um encarnado recebe um implante em seu perispírito que o leva a agir de forma negativa até que recebe o auxílio dos trabalhadores do bem que o libertam da imposição infeliz.[121]

Desintegração de objetos trazidos pelos Espíritos

Quando Kardec (LE 552)[122] pergunta o "Que se deve pensar da crença no poder que certas pessoas teriam de enfeitiçar?", os Espíritos lhe respondem que

> Algumas pessoas dispõem de grande força magnética, de que podem fazer mau uso, se maus forem seus próprios Espíritos, caso em que possível se torna serem secundados por outros Espíritos maus. Não creias, porém, num pretenso poder mágico, que só existe na imaginação de criaturas supersticiosas, ignorantes das

verdadeiras leis da natureza. Os fatos que citam, como prova da existência desse poder, são fatos naturais, mal observados e sobretudo mal compreendidos.

Feitiço, sortilégio, bruxaria são conceitos antigos, surgidos da falta de desenvolvimento intelectual e do conhecimento reduzido do homem do passado. Amuletos e talismãs, assim como objetos enfeitiçados são-lhes vinculados.

A propósito, esclarece Kardec (LE 555. comentário)[123] que

> [...] o Espiritismo e o magnetismo nos dão a chave de uma imensidade de fenômenos sobre os quais a ignorância teceu um sem-número de fábulas, em que os fatos se apresentam exagerados pela imaginação. O conhecimento lúcido dessas duas ciências que, a bem dizer, formam uma única, mostrando a realidade das coisas e suas verdadeiras causas, constitui o melhor preservativo contra as ideias supersticiosas, porque revela o que é possível e o que é impossível, o que está nas leis da natureza e o que não passa de ridícula crendice.

Assim é que a realidade espiritual nos fala da possibilidade de mobilização das forças do plano espiritual para magnetizar objetos, e a *psicometria* surge como a capacidade de perceber as impressões fluídicas ou energéticas deixadas nos objetos por seus usuários. O que atribui valor a esses objetos é, pois, o pensamento e as energias dos Espíritos, encarnados ou desencarnados, que a eles se vinculam ou que deles se ocupam ou ocuparam.

Há seres no plano espiritual inferior com grande conhecimento dos processos magnéticos. Alguns provêm de eras priscas e se consideram feiticeiros ou bruxos. Atêm-se a objetos que consideram mágicos, cujo "poder" reside no longo processo de imantação a que os submeteram, cercando-os de energias magnéticas próprias, ao influxo de sua vontade poderosa.

Esses objetos assim magnetizados lhes constituem ora elementos a retê-los na atitude desequilibrada do passado, ora "instrumentos de trabalho", os quais utilizam para fixar seu pensamento na atividade malfazeja que estão executando.

Nas reuniões mediúnicas, uma tarefa dos benfeitores com grande conhecimento nessa área é a desintegração desses objetos imantados no plano espiritual inferior como recurso de libertação dessas entidades voltadas ao mal.

Para melhor ilustração, recordamos um episódio acontecido em reunião mediúnica de que participamos, quando uma irmã desorientada chegou oferecendo com fala mansa e baixa: "He, he he, eu posso fazer um trabalhinho para resolver todos os seus problemas! São muitos, não são? Olha — insistia — isso é uma oferta, não estou pedindo nada em troca!" O entendimento com o Espírito infeliz foi longo e difícil. Ela disse que fazia isso havia muito tempo. Quanto? Não lembrava. Dizia: "Desde que o mundo é mundo." Reencarnação? Isso era para os mortais. Por que ela abandonaria a vida boa que levava? Todos a respeitavam, mesmo os grandes, sisudos e cheios de pompa. Somente a ação de magnetização realizada pelo benfeitor espiritual, que superou todos os recursos e processos que ela conhecia, desfazendo seus amuletos, foi capaz de convencê-la a retomar o caminho do aprendizado e da evolução.

Interferência direta do mentor espiritual

Há raros casos em que o mentor assume o papel do dialogador por intermédio de outro médium. Isso somente ocorre em casos extremos, excepcionais, quando o mentor se manifesta por um dos médiuns psicofônicos a fim de dialogar com o Espírito rebelde.

Reproduzamos aqui o que ensina André Luiz em *Desobsessão*[124] a respeito do assunto:

> Em algumas ocasiões, tarefa em meio, aparece um ou outro desencarnado em condições de quase absoluto empedernimento.
>
> Tal desequilíbrio da entidade pode coincidir com algum momento infeliz da mente mediúnica, estabelecendo desarmonia maior.

O fenômeno é suscetível de raiar na inconveniência. Assim sendo, o mentor espiritual, se considerar oportuno, ocupará espontaneamente o médium responsável e partilhará o serviço de esclarecimento, dirigindo-se ao comunicante ou ao médium que o expõe, ficando, por outro lado, o dirigente com a possibilidade de recorrer à intervenção do orientador referido, se julgar necessário, rogando-lhe a manifestação pelo psicofônico indicado, a fim de sanar o contratempo.

Leitura cuidadosa desse ensinamento nos leva a concluir que a medida só é válida em casos de descontrole, quando o médium se encontra em um "momento infeliz" ou no caso de médiuns iniciantes que ainda não têm experiência na contenção de Espíritos particularmente rebeldes, pois, como já vimos, cabe ao médium manter o controle da comunicação para evitar perturbações descabidas no ambiente mediúnico.

Cabe também ao dirigente do plano físico a preservação de sua autoridade moral, que será respeitada pelo Espírito manifestante, pois, como ensina Kardec, "os Espíritos têm uns sobre os outros a autoridade correspondente ao grau de superioridade que hajam alcançado [...]".[125] A advertência fraterna e/ou o ensinamento ao médium também deverão ser feitos com respeito e procurando evitar ferir-lhe a suscetibilidade. Essa é tarefa delicada, mas da qual não cabe ao dirigente eximir-se.

Acompanhamento dos Espíritos após o encerramento da reunião

O mergulho temporário do Espírito desencarnado nos fluidos mais densos da matéria, pela via mediúnica, nada mais é do que uma etapa no tratamento de que ele necessita para reequilibrar-se, readequando-se à Vida. Se, como dissemos anteriormente, sua vinda ao grupo é precedida de preparativos mais ou menos extensos dos benfeitores espirituais e sua presença no grupo é amplamente planejada e assistida, também sua partida é marcada pela continuidade do atendimento diretamente no plano espiritual.

Quando os encarnados conseguem manter postura de equilíbrio interior, seu concurso é admitido nessa etapa de atendimento, que se processa no período posterior à reunião mediúnica. Às vezes, nas mensagens de encerramento dos trabalhos ou no período de sono, o mentor nos convida a essa participação, a ser feita quando desdobrados pelo processo do sono. Sempre nos alerta, todavia, para a necessidade de postura de opção pelo bem e vigilância mental para que possamos ser úteis nesse trabalho.

O Espírito atendido em nossas sessões mediúnicas ou permanece em lugares transitórios, geralmente aposentos que se estendem, na dimensão espiritual, a partir do local de reunião, ou instituições correspondentes à sua necessidade específica. O necessitado não fica jamais entregue a si mesmo e, ainda quando ele rejeita a assistência oferecida, é seguido de perto, enquanto os benfeitores espirituais aguardam nova oportunidade de tentar atraí-lo para o bem.

Nesses lugares de atendimento, que podem ser provisórios ou permanentes, mais ou menos afastados da crosta terrestre, os Espíritos recebem tratamento com os recursos superiores do plano espiritual em continuação ao seu atendimento. A grande maioria é imersa em um sono profundo, do qual desperta renovada e mais propensa a compreender sua nova situação e os caminhos de crescimento no bem com que a divina Misericórdia sempre nos brinda quando nos decidimos à renovação. Outros retornam ao grupo mediúnico para nova etapa de atendimento, ou são encaminhados diretamente à reencarnação, quando assim é necessário, por motivo do endurecimento no erro ou por outras necessidades como as do remorso superlativo deprimente, ou por graves lesões perispirituais que precisam dos recursos de reequilíbrio oferecidos pela nova modelagem de um corpo físico. Outros, ainda, retornam ao seu meio próprio, sendo acompanhados discretamente pelo plano espiritual superior, como etapa de assimilação de conceitos e de abertura à compreensão de suas necessidades de evolução e de reencaminhamento ao bem. De todo modo, o trabalho de atendimento prossegue até que o atendido retorne a um nível de equilíbrio e muitas vezes se converta em mais um trabalhador do bem.

5.4 Interação entre as equipes encarnada e desencarnada

Se considerarmos somente os indícios que percebemos da ação espiritual, dificilmente faremos ideia da amplitude e intensidade do trabalho dos benfeitores desencarnados, assim como da extensão de suas responsabilidades.

Na verdade, os benfeitores espirituais realizam a maior parte da assistência aos desencarnados e aos encarnados necessitados na própria espiritualidade. Utilizam o concurso dos médiuns somente em situações nas quais é necessária a intervenção de recursos fluídicos ou vibrações mais materializadas para tratar, por exemplo, de Espíritos muito fixados nas questões terrenas. O Espírito Emmanuel[126] comenta que muitos desencarnados não se encontram aptos a compreender a linguagem dos benfeitores espirituais e precisam ouvir a voz materializada dos encarnados. Esclarece ainda que são conduzidos frequentemente até o nosso meio os Espíritos que, no mundo espiritual, se encontram impregnados das sensações corporais.

André Luiz confirma esse ensinamento no livro *Os mensageiros*,[127] quando Aniceto esclarece que "o serviço de socorro é mais eficiente ao contato das forças magnéticas dos encarnados", pois eles consolam-se com o auxílio dos benfeitores, "mas o calor humano está cheio de um magnetismo de teor mais significativo, para eles". E o instrutor conclui, informando que, por esse motivo, o trabalho de cooperação nas Casas Espíritas oferece proporções que, por agora, não podemos imaginar.

A reunião mediúnica é, pois, um trabalho que conta com a participação conjugada dos encarnados e dos benfeitores espirituais.

As principais dificuldades que se revelam nessa associação são sempre decorrentes da atitude mental e do comportamento dos encarnados, a parte mais frágil dessa equipe mista.

Contudo, pelo próprio Espírito de humildade dos benfeitores espirituais que ocultam suas virtudes e realizações, revelando somente fatos que contribuam grandemente para nosso entendimento da vida e atendem nossas necessidades espirituais, se sabe bem menos da excelência comparativa e da superioridade do trabalho das falanges de Espíritos superiores, não só para neutralizar a influência das entidades malfazejas, como para promover a evolução humana.

A continuidade do atendimento, que não se processa somente no ambiente mediúnico, mas antes dele e depois dele, pode-se fazer com amplas vantagens, aproveitando os recursos da interação entre as equipes encarnada e desencarnada quando o grupo dos encarnados se encontra em condições psíquicas e espirituais adequadas.

5.4.1 Preparação durante a semana e no dia da reunião

Ouvimos diversas vezes de Raul Teixeira, palestrante e médium espírita, que se a pessoa é médium, é médium todo o tempo e, portanto, não sabe quando será demandada para o trabalho. Seu dever é estar preparada para a eventualidade de ser requisitada pela espiritualidade amiga para o auxílio aos necessitados de toda ordem que podem surgir em nosso caminho a qualquer momento. Naturalmente, o médium de Niterói não estaria fazendo referência a uma atividade mediúnica ostensiva e evidente aos olhos de toda a gente, a todo o momento, o que se converteria em um espetáculo ridículo aos olhos de quem não entendesse do assunto. Estava destacando a importância da preparação do médium, sua disciplina e consciência quanto à extensão de suas responsabilidades, inclusive fora da reunião mediúnica.

Quando ainda não se dedicaram a aprofundar os conceitos quanto ao tema, há trabalhadores da área mediúnica que pensam ser suficiente sua preparação para a atividade somente no dia da reunião. A aproximação do Espírito comunicante pode ocorrer dias antes da reunião mediúnica. Além disso, é importante considerar que os Espíritos inferiores podem acompanhar os trabalhadores encarnados por períodos variáveis, levantando "a ficha", registro de vida elaborado nos planos inferiores por organizações voltadas ao mal, ou buscando ocasião de flagrá-los em comportamento contraditório ao compromisso assumido ante o grupo e a própria consciência.[128]

Portanto, se no dia da reunião são importantes alguns cuidados especiais com a alimentação, o descanso físico e mental, a busca da sintonia mais íntima com os trabalhadores do bem desencarnados, a vigilância, a oração e o programa de reforma íntima precisam fazer parte do cotidiano do trabalhador da área mediúnica, que deve estar preparado todo o tempo para não ceder às tentações naturais ou armadas pelos inimigos da luz e para saber aproveitar as oportunidades que surjam de fazer todo o bem possível.

5.4.2 Durante o sono

O período de desprendimento do corpo físico pela rotina do sono é propício ao trabalho espiritual juntamente com os amigos do plano maior, que nos estimulam a cooperação. Mas também pode ser oportunidade mal aproveitada pelas pessoas menos avisadas que não se preparam devidamente para dormir. André Luiz registra palavras do assistente Áulus sobre o assunto:[129]

> — Quando o corpo terrestre descansa, nem sempre as almas repousam. Na maioria das ocasiões, seguem o impulso que lhes é próprio. Quem se dedica ao bem, de um modo geral continua trabalhando na sementeira e na seara do amor, e quem se emaranha no mal costuma prolongar no sono físico os pesadelos em que se enreda...

Por mais estranho que pareça, dormir exige preparação. Não é recomendável que uma pessoa simplesmente se atire numa cama e durma quando já não suporte mais o peso do sono e do cansaço. O sono é um período de descanso do corpo, mas o Espírito, normalmente, encontrará outros encarnados e desencarnados com os quais se afiniza e passará por experiências, em estado de desdobramento, que são consequência de seus compromissos do passado ou do presente e das afinidades que estabeleça por seus interesses, pensamentos e ações.

Yvonne Pereira[130] descreve que tinha o hábito de visitar manicômios em corpo astral, durante o sono, desacompanhada dos guias e protetores espirituais. Uma vez, uma obsessora desencarnada enfurecida investiu contra ela, perseguindo-a em corrida desabalada até que Yvonne, já despertando do transe, elevava o pensamento em prece e súplica de socorro por si mesma e pela infeliz.

André Luiz, em *Missionários da luz*,[131] insere dois exemplos de pessoas que são aguardadas para participar de uma assembleia no mundo espiritual durante o período do sono, mas que não comparecem por estarem presas, por afinidade, identidade de interesses e sintonia com entidades atrasadas, dominadas pelas sensações e que dificultam o trabalho de esclarecimento do incauto que se deixa enredar em suas malhas.

Há anos, conversando com um rapaz sobre o desdobramento durante o sono, ele, não espírita e pouco versado nas questões da espiritualidade, disse que conhecia, sim, o fenômeno, pois, ao dormir, buscava e, ao despertar, tinha lembranças dos encontros que mantinha durante o sono com "lindas mulheres", as quais não tinha coragem de abordar durante a vigília. As horas de desdobramento espiritual que poderiam ser aproveitadas para o aperfeiçoamento espiritual eram gastas à cata de sensações materiais, consequência da imaturidade do Espírito, geradoras de desequilíbrio e instabilidade emocional. Outro, ainda não afeito à disciplina da preparação para o sono, nos revelou que, um dia, ao despertar repentinamente pela manhã, guardava vívida lembrança de uma relação que mantinha com uma mulher que tinha cauda e que, ao ver o despontar do Sol no horizonte, disse a ele que tinha que partir de imediato, pois já estava atrasada. Havia nela um sentimento de risco de punição por seu descuido. Ele, por sua vez, insistia que ela ficasse um pouco mais, perguntando por que ela tinha aquela cauda.

Segundo André Luiz, milhares de pessoas são atraídas para lugares menos dignos durante o período do sono. Seja de forma sutil, seja ostensiva, há Espíritos que encetam perseguições espirituais a encarnados, aproveitando-se do período de desdobramento pelo sono para diversos propósitos que resultam em prejuízo do próprio indivíduo ou de outros com quem convive. Exemplo nesse sentido encontramos em *Libertação*,[132] onde se registra uma conversa mantida entre uma entidade desencarnada e outra encarnada nas regiões das trevas que estavam sendo visitadas por André Luiz em missão de resgate. A encarnada recebe a orientação malfazeja:

> — Orações? Você está cega quanto ao perigo que isso significa? Quem reza cai na mansidão. É necessário espezinhá-lo, torturá-lo, feri-lo, a fim de que a revolta o mantenha em nosso círculo. Se ganhar piedade, estragar-nos-á o plano, deixando de ser nosso instrumento na fábrica. [...]

Daí a importância da preparação antes de dormir. Ideal é que a pessoa se sente confortavelmente antes de deitar e, sem cair no ritualismo, que mais atrapalha que ajuda, adote algumas medidas que sejam eficazes para preparar-se para o sono. Entre elas, não necessariamente nessa ordem, citamos a leitura de uma página nobre, seja de *O evangelho segundo o espiritismo* ou outro livro que auxilie a mente e o coração a sintonizar com o bem e os propósitos de servir ao próximo; uma breve meditação sobre a leitura e suas aplicações à vida cotidiana; um pequeno balanço do dia à luz do conhecimento espírita que já tem; ou uma oração sentida na busca da sintonia com a Espiritualidade superior, renovando os propósitos de aproveitar bem o período do sono para estudo e atividades nobres em companhia de benfeitores espirituais.

Quando a pessoa participa de uma atividade mediúnica, estando consciente da realidade dos desdobramentos durante o período do sono, poderá ser admitida em atividades de preparação da(s) próxima(s) reunião(ões) durante as noites da semana. Poderá, também, ser convidada a participar de assembleias, conferências, reuniões de estudo sobre temas diversos que visem ao seu aperfeiçoamento espiritual ou suas condições de melhor servir nas atividades a que se dedique.

Quando estamos envolvidos na tarefa mediúnica, os mentores espirituais podem aproveitar nossos esforços durante o sono para auxiliar Espíritos renitentes e empedernidos que resistem ao comparecimento a um grupo mediúnico ou aos quais seja conveniente atender ali mesmo no mundo espiritual.

Em nossa experiência pessoal, tivemos oportunidade de funcionar como doutrinadora e médium, respectivamente, durante o período de desdobramento pelo sono normal. Ao despertar, ambos guardávamos lembranças de aspectos complementares da atividade desenvolvida, conforme a perspectiva da tarefa que tínhamos sob nossa responsabilidade.

A literatura espírita nos oferece diversos exemplos de trabalhos realizados pelos encarnados no plano espiritual. Manoel Philomeno de Miranda, em *Sexo e obsessão*, faz referência à incursão aos antros de dor e sofrimento em missão de auxílio e resgate em que o médium encarnado, em desdobramento, foi incluído na equipe de trabalhadores espirituais, visando ao encontro com determinada entidade que, mais tarde, seria atendida no grupo mediúnico por seu intermédio.

Eurípedes Barsanulfo, Francisco Cândido Xavier, Divaldo P. Franco entre outros médiuns, muitas vezes trabalhadores anônimos, tiveram ocasião de visitar, durante o descanso do corpo, em excursão de aprendizagem e esperança, planos superiores à crosta onde estamos encarnados. André Luiz, em sua obra, registra diversas excursões e visitas que fazem os encarnados, em desdobramento, a familiares durante o período do repouso físico.

5.4.3 As consultas aos trabalhadores espirituais

Seria válido consultar os mentores espirituais sobre questões que dizem respeito ao grupo espírita ou especificamente ao grupo mediúnico, sobre problemas que os frequentadores ou trabalhadores vêm enfrentando?

Para muita gente a resposta é obviamente sim, mas outros têm dúvidas quanto ao assunto. Tivemos oportunidade de observar trabalhos equilibrados de consulta à espiritualidade e outros visivelmente manipulados por Espíritos burlões e pouco interessados no adiantamento moral dos componentes do grupo mediúnico.

Normalmente, os mentores amigos orientam o grupo e seus cooperadores de forma espontânea quando algum esclarecimento se faz necessário. Mas nada impede que participantes, coordenados pelo dirigente, façam alguma pergunta específica com o objetivo de obter orientação pontual sobre questões nobres que dizem respeito ao grupo ou aos problemas vividos por algum de seus membros. Mas, por favor, não vamos fazer reuniões administrativas com a presença dos médiuns ou do suposto "médium principal", para que os "mentores" resolvam divergências de opiniões entre os encarnados, dizendo, por exemplo, qual seria o melhor lugar para colocar o bebedouro ou construir essa ou aquela sala no Centro. Algumas questões são, obviamente, responsabilidade dos encarnados que, se mantiverem a serenidade e os canais da sintonia abertos com elevação de propósitos, quando se fizer necessário, os mentores amigos os inspirarão para a condução de certos temas que julguem merecer sua atenção específica.

Quanto à consulta à espiritualidade para o atendimento de pessoas necessitadas que visitam o Centro, a experiência evidenciou que o ideal é o Centro desenvolver uma atividade controlada em que, por exemplo, a pessoa interessada escreva seus dados pessoais, como nome e endereço, em um papel, fazendo uma breve descrição do motivo de sua consulta ao mundo espiritual. Ao(s) médium(ns) seria encaminhado somente o nome da pessoa para que receba a orientação da espiritualidade. Um terceiro trabalhador ou, melhor ainda, uma pequena equipe receberia a resposta da espiritualidade e compararia a orientação com a breve descrição registrada pelo interessado, fazendo chegar a ele a orientação, caso ela faça sentido, tenha lógica e evidencie realmente estar conforme com a necessidade indicada.

Essa prática preservaria o médium de possíveis mistificações ou outras interferências negativas e a pessoa que consulta de ser eventualmente enganada por Espíritos infelizes, além de auxiliar o Centro a reduzir os riscos de orientar equivocadamente algum de seus frequentadores. O Centro pode, ainda, saber em que aspectos precisaria aprofundar o estudo e orientações aos médiuns que trabalham na atividade.

O trabalho seria discreto e teria todas as chances de dar bons resultados. Naturalmente, os médiuns ficariam anônimos, preservando-os dos riscos da vaidade que tem feito perder excelentes potenciais ao longo do tempo.

5.5 Como reconhecer os Espíritos trabalhadores

A influência dos Espíritos superiores é sempre benevolente e por esse fato pode ser facilmente reconhecida. Sua presença suscita bons pensamentos, sua inspiração é sempre conciliadora, sua orientação é precisa e sem fantasias, sua lógica é clara e seu raciocínio equilibrado. Sua ação é sempre no sentido de nos desviar do mal, de proteger os que se mostram dignos, de neutralizar a influência dos Espíritos imperfeitos. Fazem o bem pelo bem, tolerando nossas imperfeições e fraquezas.

A primeira sensação que temos quando um Espírito de nós se aproxima é exatamente o que lhe vai no íntimo. Por esse mecanismo, relacionado à sensibilidade mediúnica, da qual todos temos algum indício, podemos reconhecer a natureza das entidades espirituais. Uns mais, outros menos, quase todos temos condições de perceber as correntes mentais projetadas pelos seres espirituais, identificando e às vezes apreendendo suas sensações, seus sentimentos, suas ideias ou sugestões.

Os bons Espíritos irradiam em torno de si fluidos leves, agradáveis, suaves, calmos, harmônicos que nos despertam uma sensação de bem-estar, harmonia, otimismo. Os maus emanam fluidos pesados, desagradáveis, fortes, violentos, desarmônicos que nos podem fazer sentir um mal-estar geral, ansiedade, desassossego, nervosismo, irritação.

Não é possível aos Espíritos inferiores reproduzir as sensações benevolentes dos seres espiritualizados. Por esse motivo, para a pessoa vigilante e conhecedora, não lhes é possível, tampouco, disfarçar a condição espiritual em que se encontram, bastando a análise das impressões que transmitem.

Não restam dúvidas de que, no nosso dia a dia, quando andamos no mundo desavisados, essa convivência entre encarnados e desencarnados é tão sutil que não conseguimos frequentes vezes estabelecer uma separação entre o que é nosso em termos de pensamentos e sentimentos e o que provém dos Espíritos. Muitas vezes, nossas ideias e nossos quadros mentais refletem o que recebemos, pela via telepática, sem que disso nos apercebamos.

Os médiuns ostensivos e, especialmente, os videntes têm mais facilidade para o reconhecimento dos mentores espirituais que, quando é o caso, colaboram para esse fim mantendo a aparência que tiveram quando encarnados. É-lhes factível até mesmo identificar possíveis embustes de Espíritos mistificadores que querem fazer-se passar por mentores ou assumir identidades de personalidades conhecidas e respeitáveis.

Foi-nos contado, por familiar, um caso ocorrido na época em que proliferavam as sessões mediúnicas abertas ao público. Uma senhora era clarividente e acompanhou o marido a um Centro em busca de um passe. Quando ali chegaram, fazia-se ouvir a palavra do mentor da Casa em uma explanação sobre tema de ordem moral dando conselhos sobre a vida matrimonial. O casal, colocando-se na fila do passe, acomodou-se na lateral do salão e, quando a senhora olhou na direção do médium que recebia a mensagem, estupefata, sem se poder conter, exclamou em alta voz:

— Valsinho — esse era o nome pelo qual chamava o marido — olha, olha, da parte de baixo da túnica branca do Espírito está escorrendo um visgo negro! É um Espírito impostor!

Para perplexidade geral, vendo-se descoberta, a entidade deu um riso de mofa, passando daí às gargalhadas, com as quais se retirou, enquanto a reunião terminava em tumulto.

A clarividência é mediunidade rara nos nossos dias. Contudo, o exame das mensagens recebidas do plano espiritual, sejam as psicofônicas, sejam as psicografadas, nos permite reconhecer sem sombra de dúvida a natureza espiritual da mensagem, que sempre reflete o seu autor.

A mensagem dos bons Espíritos é sempre positiva, sem exotismos e sem laivos de sentimentos inferiores.

Acrescente-se ainda que os benfeitores espirituais são sempre disciplinados e atendem à programação feita pela equipe encarnada. Por exemplo, se for estabelecido que haverá comunicações dos mentores somente no início e/ou final das reuniões, eles, muito dificilmente, promoverão interferência durante o atendimento aos necessitados para dar mensagens, sendo sempre motivo de desconfiança quanto ao tipo de comunicante quando isso ocorre, exigindo cuidado redobrado no exame do conteúdo ou da orientação transmitida.

5.6 Elementos definidores de uma mensagem dos Espíritos superiores

Afirmam os Espíritos superiores a Allan Kardec:[133]

> [...] os Espíritos só têm uma língua, que é a do pensamento. Essa língua todos a compreendem, tanto os homens como os Espíritos. O Espírito errante, quando se dirige ao Espírito encarnado do médium, não lhe fala francês, nem inglês, porém, a língua universal que é a do pensamento. Para exprimir suas ideias numa língua articulada, transmissível, toma as palavras ao vocabulário do médium.

Isso é válido para todo tipo de comunicação recebida por meio dos médiuns, inclusive as transmitidas por Espíritos menos evoluídos, que utilizam o processo, sem, muitas vezes, se dar conta dele, pois, ainda que esteja falando isso ou aquilo, o médium pode desenvolver a habilidade para captar a realidade do Espírito, que pode ser bastante diferente das palavras que esteja pronunciando.

Mas isso não é simples. Muitas vezes, o médium tem dúvidas sobre o tipo de Espírito que está fazendo uso de suas faculdades e sempre pode haver os que, por demasiada afinidade com o domínio de técnicas de "camuflagem", confundem a percepção do medianeiro.

Por isso, vale perguntar: quais são os principais elementos identificadores de uma mensagem que provém de Espíritos superiores?

Lembremo-nos do ensinamento evangélico que esclarece: "uma árvore má não pode dar bons frutos". E vejamos primeiramente as características presentes em mensagens que *não* provêm de Espíritos superiores. São elas: resquícios de materialidade e orgulho permeando palavras supostamente de orientação e esclarecimento; predições de futuro, indicando descobertas científicas e de outras ordens, acontecimentos, datas etc.; elogios ao médium, incentivando seu orgulho e vaidade; emprego de nomes conhecidos e respeitáveis como assinatura em página de pensamentos comuns e banais; indicação de lugares de tesouros ocultos e fortunas; teorias absurdas ou raciocínios engenhosos, embora ilógicos, para defender certas ideias do agrado do Espírito e do médium. Todas essas são indicações seguras da presença de Espíritos inferiores. Muito mais se pode identificar nas mensagens recebidas que denotam a ação dessa categoria de irmãos que se dedicam a enganar ignorantes, incautos e crédulos com o objetivo da autopromoção, perda de tempo, ou, ainda, do interesse financeiro.

As contradições porventura existentes na mensagem também podem indicar essa ação. Há, contudo, contradições reais e contradições aparentes, surgindo estas últimas de problemas da filtragem mediúnica ou de eventual interferência anímica, que deriva da participação natural do médium em muitos dos fenômenos.

De modo geral, o exame à luz da razão e da lógica permite-nos identificar, de modo geral, quando estamos em presença de Espíritos brincalhões, que às vezes se apresentam com aspecto aparentemente inofensivo, mas claramente leviano, ou mesmo quando se trata de obsessores isolados ou integrantes de falanges do mal a procurar interferir nos trabalhos mediúnicos.

Lembremos a respeito o ensinamento de São Luís (RE, 1859,):[134]

> Por mais legítima que seja a confiança a vós inspirada pelos Espíritos que presidem os vossos trabalhos, há uma recomendação, nunca demais repetida, que sempre deveis ter presente no pensamento, quando vos dedicardes aos vossos estudos: tudo pesar e amadurecer; submeter ao controle da mais severa razão todas as comunicações que receberdes; não deixar de pedir, desde que uma resposta vos pareça duvidosa ou obscura, os esclarecimentos necessários para vos consolidar.

Naturalmente, um maior preparo será necessário no campo intelectual e moral para reconhecer os Espíritos de natureza hipócrita e enganadora, que mais perigosos se fazem porque enganam, mantendo-se em atitude de seriedade fingida e apoiando-se em lógica desvirtuada em seus princípios, mas razoavelmente consistente. Esse tipo de Espírito engana principalmente médiuns orgulhosos e indisciplinados e dirigentes pouco competentes, seja no campo moral, seja no intelectual.

Por esse motivo é que Allan Kardec[135] insiste que "[...] toda teoria em manifesta contradição com o bom senso, com uma lógica rigorosa e com os dados positivos já adquiridos deve ser rejeitada, por mais respeitável que seja o nome que traga como assinatura". Assim é que ele recomenda:[136]

> [...] não pedirdes ao Espiritismo senão o que ele vos possa dar. Seu fim é o melhoramento da humanidade; se vos não afastardes desse objetivo, jamais sereis enganados, porquanto não há duas maneiras de se compreender a verdadeira moral, a que todo homem de bom-senso pode admitir.

Os Espíritos superiores, em suas mensagens, só dizem coisas boas, em linguagem isenta de toda trivialidade. São econômicos nas frases e dizem muito com poucas palavras. A bondade, a afabilidade, a lógica e o bom senso são atributos essenciais do conteúdo que transmitem. Quando lamentam nossas fraquezas ou criticam os enganos, o fazem sempre com moderação, sem animosidade e de forma impessoal, alertando-nos para a necessidade da melhoria espiritual. Recomendam sempre o bem e aceitam, sem se ofender, que suas comunicações sejam examinadas com atenção e rigor que garantam a rejeição de tudo o que possa vir de Espíritos inferiores, pseudossábios ou mistificadores. Em caso de dúvida em algum conceito ou alguma ideia apresentada, concordam em atender às perguntas sérias que lhes são dirigidas no sentido de esclarecer os pontos que porventura não tenham ficado claros.

Capítulo 6
A manutenção do grupo mediúnico

Vencidas as etapas iniciais de *estudo-harmonização* e implantada a atividade mediúnica, geralmente, o grupo passa por um período de tranquilidade em que tudo é novidade. O nível de interesse se mantém elevado, as mediunidades surgem e vão sendo desenvolvidas, alguns descobrem aptidões que não supunham ter, cada um vai-se acomodando em suas funções e tudo caminha bem.

Mas todo grupo tem a tendência de cair na rotina, estabilizando-se as atividades na mesmice, em que, de forma imperceptível, mas progressiva, tudo vai-se transformando em repetições cansativas e monótonas. Com o grupo mediúnico não será diferente se o dirigente e seus membros não souberem adotar medidas preventivas que evitem a monotonia que finda por desanimar a maior parte dos membros, alguns se afastando por frustração, esquecimento dos objetivos que nortearam a criação da equipe, falta de solidariedade e outros fatores decorrentes do desinteresse que se implanta e contagia os trabalhadores.

Às vezes, no afã de recompor a equipe, que perdeu membros ao longo do tempo, o dirigente começa a admitir pessoas que não participaram dos estágios vivenciados pelos membros que ainda permanecem. Os novos participantes trazem seus hábitos e vícios, e o grupo vai perdendo a sua característica inicial, tão arduamente construída ao longo do esforço que termina esquecido e abandonado.

Vamos examinar algumas sugestões que podem contribuir e/ou inspirar outras para que o grupo mediúnico mantenha sempre o dinamismo e o interesse necessários para a sua própria sobrevivência.

6.1 Terminou o curso. O que vamos estudar agora?

Nos primeiros tempos de atividade mediúnica, normalmente o grupo ainda está finalizando o estudo proposto no material selecionado. O tempo para o estudo diminuiu e o material alimenta essa parte das reuniões por um certo período. Mas esse período será vencido, mais cedo ou mais tarde. Surge, então, o primeiro grande desafio da manutenção do grupo mediúnico: o que estudar na sequência?

As opções são variadas, desde a interrupção do estudo, que seria substituído por uma breve leitura inicial ou um comentário sobre tema previamente escolhido; o reinício do estudo finalizado, adaptando-se a prática à nova situação; a escolha de outro material que apresente diferentes aspectos dos assuntos estudados até então; a leitura conjunta das obras da Codificação ou de André Luiz, por exemplo; a seleção de temas de interesse do grupo para aprofundamento mediante pesquisa de algum de seus membros ou de pequenos grupos formados para apresentá-los em cada reunião e assim sucessivamente.

A depender da escolha e da forma como o novo material será utilizado, poderá o grupo receber o primeiro fator de desagregação e desinteresse. A equipe estava acostumada a uma dinâmica de estudo que sofreu alterações quando do início da prática mediúnica. Mas, como tudo é novidade nesse início de trabalho mais íntimo com a espiritualidade, o grupo normalmente absorve bem a mudança... por um tempo. Agora, o novo material poderá introduzir outra dinâmica ou simplesmente não introduzir dinâmica alguma, ficando a cargo do dirigente ou de outra pessoa indicada pelo grupo a condução do estudo. O fato poderá significar meio caminho trilhado para a rotina estagnadora, que necessariamente se implantará, caso não sejam usados criatividade e dinamismo equilibrados.

As opiniões quanto a esse tema são variadas e divergentes. Cada um tem suas experiências que, geralmente, considera as ideais para solucionar a questão. Não entraremos no mérito de qual método seria o melhor, pois isso realmente vai depender de cada grupo. Mas, conscientes de que há opiniões divergentes, já manifestamos[*] que a nossa prática tem evidenciado ter o estudo começo mas não fim, ou seja, *enquanto existir o grupo, é importante manter o estudo*. Dessa forma, estamos seguros de que o estudo é fundamental durante toda a vida do grupo mediúnico. Ele deverá ser sempre um elemento agregador, que mantém os trabalhadores atualizados quanto aos novos ensinamentos e firmes quanto às bases que norteiam a atividade mediúnica.

Há grupos que, com o tempo, passam a funcionar como ilhas. Ignoram o mar revolto da vida e suas demandas a título de se concentrar e melhor desenvolver o intercâmbio mediúnico. Esquecem-se de que encarnados e desencarnados somos seres humanos que não podemos fechar os olhos para a realidade que nos cerca e que todo trabalho mediúnico afastado do cotidiano de seus membros e das demandas da vida em sociedade perde sua função e se isola do contexto para o qual foi criado. É da natureza humana acomodar-se. Com o tempo, o comum é que nos esqueçamos dos pontos fundamentais que serviram de base para a formação e manutenção do grupo. Examinar os problemas e dificuldades que vão sendo identificados ao longo da vida do grupo, tendo por apoio estudos bem elaborados e baseados em Kardec e outros autores seguros, é um privilégio para o grupo e para um dirigente maduro e seguro quanto aos destinos do trabalho que conduz.

Em síntese, toda vez que o estudo começa a tender para a rotina, cabe ao grupo reagir e repensar o assunto, buscando novos caminhos. Nenhuma atividade dentro do grupo mediúnico deve ser feita simplesmente para "cumprir" ou para "constar". Ou a alma de cada membro e todo o grupo está empenhado para o dinamismo das atividades ou o grupo tenderá para a monotonia e futura acomodação e/ou desagregação.

---

[*] Nota dos autores: Consulte os capítulos 1 e 2.

6.2 Os processos obsessivos ao longo do trabalho

Ninguém está imune às influências espirituais negativas, nem mesmo os grupos mediúnicos. Especialmente quando uma pessoa ou um grupo se considera seguro e livre de qualquer perigo em relação ao assunto, na maior parte das vezes, é quando o fator risco está mais alto. Daí a importância do cultivo de elementos que garantam a segurança de cada membro e de todo o grupo.

6.2.1 Os inimigos encarnados e desencarnados do grupo

Os maiores inimigos do Espiritismo podem estar entre seus próprios adeptos. Todo aquele que se afirma espírita, mas não tem comportamento compatível com os postulados do Espiritismo, age em prejuízo da causa. Por extensão, os piores inimigos do grupo mediúnico podem vir a ser seus próprios participantes. Não significa que alguém precisa ter a deliberada intenção de prejudicar o grupo para causar-lhe dano. Basta não cumprir com a parte que lhe cabe. Quando alguém descuida da própria vigilância, por exemplo, poderá levar para dentro do grupo vibrações de desarmonia e atrair os inimigos desencarnados que atuarão por meio do próprio incauto e de outro membro que baixe a guarda, provocando momentos de tensão no relacionamento ou desânimos e desistências.

A confiança de uns em relação aos outros precisa ser cultivada todo o tempo para que, ao menor sinal de influência negativa, seja pelo comportamento de um participante encarnado ou pela ação de um inimigo desencarnado, o grupo atue de forma compatível para a manutenção ou o restabelecimento do equilíbrio ameaçado. Não pode haver, entre os membros, o melindre, o medo de não ser entendido, o desejo não manifesto de expor propostas, as incompreensões em relação a essa ou aquela atitude de alguém e assim sucessivamente.

Lembremo-nos de que a cizânia é uma das estratégias preferidas pelos inimigos dos grupos mediúnicos como, aliás, de toda a ação espírita. Portanto, oremos sempre e cultivemos a amizade acima de toda possibilidade de desentendimento manifesto, disfarçado ou contido.

6.2.2 Alguns desafios

O desânimo, a paralisação do estudo etc.

Pode ocorrer de o participante do grupo seguir, no conjunto, acompanhando o estudo e, inclusive, participando das atividades propostas com certo afinco e dedicação. No entanto, individualmente, se relaxar o estudo em casa, a meditação ou outro qualquer compromisso assumido com o grupo, poderá estar a caminho do desânimo ou da rotina paralisantes.

Uma vez implantado, no íntimo, o gérmen do desânimo, a pessoa começa a achar que o esforço não vale a pena, que os demais não estão dando tudo o que deveriam para o bem do grupo. As ausências alheias incomodam e justificam as próprias. Depois de certo tempo, o participante chega à conclusão de que tudo está errado, de que o dirigente deveria ser substituído ou, no mínimo, deveria agir de forma diferente para evitar a derrocada iminente do grupo (percepção que pode estar equivocada, pois poderá ser resultado de análise viciada e parcial da realidade da equipe). Aparece um ou outro que compartilha da mesma opinião e pequenos grupos se formam, uns criticando os outros, fazendo o jogo dos inimigos da luz que urdem e executam planos para anular as ações do grupo mediúnico.

Essa situação é propícia para que os "inocentes", os "bonzinhos" do grupo se manifestem no sentido do entendimento superficial, do "deixemos isso para lá", "precisamos do consenso", "isso é coisa das trevas", sem dar-se conta de que os problemas não solucionados se acumulam com o tempo, exigindo cada vez maior dose de esforço para serem superados.

Há dirigentes que preferem esse tipo de participantes, pois eles não dão trabalho, estando sempre "dispostos a colaborar" para o "equilíbrio" do grupo. Em realidade, quase sempre, são pusilânimes que não desejam ser incomodados em sua inércia, achando que vão para "Nosso Lar" simplesmente por frequentar um Centro Espírita, especialmente se "fazem parte" do grupo mediúnico. São os inimigos passivos do grupo.

Se o dirigente e o grupo se permitem seguir nessa linha, a produtividade poderá cair e, com o tempo, poderá ficar anulada pela ação dos Espíritos inferiores que saberão aproveitar a oportunidade para manter o trabalho em níveis pífios de "atendimento" a supostos sofredores e obsessores que fingem arrependimento, encenam transformações, deixando o grupo feliz pelo "trabalho realizado".

Alguém poderá perguntar: "Mas onde os mentores do grupo?" Diversos autores, encarnados e desencarnados, já responderam a essa dúvida. Os mentores e trabalhadores estão aguardando o despertar dos encarnados acomodados em sua ignorância voluntária, pois eles não nos podem obrigar a fazer o que não queremos. Se nos comprazemos com a inércia, com a acomodação, com a influência paralisante dos inimigos do grupo, que mais podem eles fazer além de aguardar que sinceramente nos decidamos a retomar o caminho do crescimento espiritual e da assunção de nossas responsabilidades?

Por isso é fundamental manter vivo o processo de avaliação, os encontros fraternos, enfim, as oportunidades para que todos se manifestem abertamente, tendo a oportunidade de ouvir a opinião dos demais em relação a suas ideias, as quais, se o grupo já formou base de conhecimento comum e desenvolveu afinidade entre seus membros, não têm por que serem disparatadas e fora de propósito. Mas se o forem, por quaisquer razões, inclusive pelo envolvimento em processo obsessivo, a melhor forma de identificar e auxiliar a pessoa é pelo diálogo franco dentro da equipe, evitando, até mesmo, excessiva carga sobre os ombros do dirigente que, de outra forma, teria que enfrentar esses casos sozinho. As opiniões muitas vezes evitadas por serem consideradas "discordantes" podem ser justamente as que trarão novo ânimo à equipe, apontando para a luta contra a acomodação, com o incentivo à constante consulta à Codificação, a outras obras espíritas e aos avanços da ciência.

Cabe ao dirigente e a todos os membros do grupo estarem atentos para auxiliar os companheiros logo no início da problemática da acomodação, paralisação do estudo, entrada em estado inercial ou descendente. Mas também é responsabilidade de cada membro a constante vigilância e a busca de soluções para que sua participação no grupo não se converta em rotina.

Tudo está errado e eu tenho a solução

Quando as problemáticas surgem e não recebem tratamento adequado, com o tempo podem surgir polarizações dentro da equipe com um ou outro ficando convencido de que tudo está errado e que ele é o único a ver a solução. Não entende por que os demais não "enxergam" como ele. Às vezes, pequenos grupos se formam, não porque tenham as mesmas opiniões, mas porque se sentem "alimentados", pois, se são obrigados a ouvir os queixumes e críticas dos outros, por sua vez, eventualmente também serão ouvidos e é tudo o que desejam. Esse tipo de situação evidencia certa carência de liderança e de rumo para as atividades. Se o dirigente permite que isso ocorra com o grupo, será responsável pelo estancamento da produtividade da equipe. O diálogo existe para que a equipe seja encaminhada no sentido de evitar essas dissensões e divisões, com polarização de opiniões consequente da falta de maturidade dos indivíduos e de todo o grupo.

O desejo de abandonar o grupo

Lá no íntimo, de forma sutil, vai-se formando o desejo de abandonar o grupo, uma vez que a pessoa começa a considerar que não vale a pena desenvolver o esforço necessário para estar ali. Sempre há muito o que fazer, outros compromissos a cumprir. Como a pessoa não se sente bem nas reuniões, pois perdeu a afinidade com a equipe, os Espíritos obsessores se aproveitam da brecha para potencializar o desejo de deixar as atividades por razões que, antes, não tinham a menor importância ou sequer faziam parte das cogitações do potencial desertor.

O aparecimento de novas oportunidades
(cursos, empregos, promoções)

É comum, em momentos dessa natureza, o aparecimento de novas oportunidades profissionais, promoções que exigirão a presença da pessoa no trabalho profissional justamente no dia da atividade mediúnica, ou de um curso de aperfeiçoamento que absorverá todo o tempo e não permitirá a participação no trabalho mediúnico. A ideia de fazer um mestrado ou outro tipo de estudo vai ganhando dimensão antes inexistente. Podem surgir convites para participar em outra Casa, em alguma atividade social ou simplesmente de um curso de dança etc., sempre com horário incompatível com a atividade mediúnica. No íntimo, a pessoa sabe que está utilizando a "oportunidade" como escusa para afastar-se do grupo.

Observe-se que pode não haver nada de mal ou equivocado com as oportunidades que o indivíduo passa a encontrar. O grande problema é a visão equivocada de que elas são incompatíveis com a atividade mediúnica. Quando conscientes de suas responsabilidades, as pessoas, por diversas razões, em diferentes momentos da vida, ainda que assumam outras responsabilidades, não abandonam o trabalho mediúnico por reconhecer nele fator crucial de equilíbrio pessoal e proteção contra as investidas dos inimigos da luz.

Os compromissos e as enfermidades de família

Além dos fatores mencionados e de outros fatores que aqui não consideramos, dada a variedade muito grande das condições e experiências oferecidas pela vida, também podem levar ao afastamento dos membros do grupo os compromissos e as enfermidades dentro da família. Esta é a prioridade de cada um de nós, no entanto, muitas vezes, é possível conciliar os desafios familiares com o trabalho mediúnico, e todo membro motivado, consciente da importância da atividade para o seu próprio equilíbrio e a proteção dos seus familiares, dificilmente deixará a tarefa por essa razão.

6.3 Objetivos permanentes

Qual a solução para tudo isso? Como evitar o desânimo, a tendência a pensar que tudo está errado, o desejo de abandonar o grupo, o desejo de suspender a participação em função de outras oportunidades como empregos novos, promoções, cursos e estudos de aperfeiçoamento e tantos outros fatores que podem interferir negativamente na participação da pessoa no grupo?

Lógico que tudo depende da própria pessoa ante as situações que é chamada a vivenciar, pois a decisão é sempre individual, com base no livre-arbítrio. No entanto, uma direção segura e atuante — que remete o grupo periodicamente à análise dos compromissos assumidos; que cultiva a base comum de conhecimento, mantendo atualizados os membros da equipe; que renova a proposta da harmonização individual e do grupo como objetivos permanentes — conduz a uma solidez que garante à equipe equilíbrio e produtividade, que motiva a continuidade dos esforços de cada um em favor do bem de todos.

6.3.1 Fatores de desequilíbrio

Podem ser considerados fatores de desequilíbrio pessoal e de todo o grupo: o abandono ou relaxamento da oração de uns pelos outros; as críticas mentais ou verbais ao dirigente e aos demais membros; os exemplos negativos no cumprimento da disciplina; a crença de que o grupo é melhor do que os outros; a ausência de exame das mensagens recebidas; a entrega à rotina paralisante.

6.3.2 Fatores de equilíbrio

As avaliações periódicas têm, como um de seus objetivos, identificar os fatores de desequilíbrio que se estão estabelecendo e evidenciar possíveis ações que, adotadas em conjunto, poderiam debelar o problema. É sempre importante lembrar pontos fundamentais como o estudo individual, a vigilância, a oração e a meditação, que constituem atribuições de cada membro. No entanto, é muito importante que o grupo conserve a convivência também fora da reunião mediúnica, incluindo outros membros da família e amigos ou trabalhadores de outras áreas da casa, como fator crucial de equilíbrio e manutenção da equipe.

Atenção especial precisa ser dada, pelo dirigente, para cada participante, mas é interessante que, além das reuniões periódicas conjuntas, se façam também encontros em separado com os doutrinadores, com os médiuns, com as pessoas de apoio (passistas e apoio vibratório), pois cada um desses segmentos do grupo pode ter necessidades e dificuldades específicas que precisam ser identificadas e atendidas devidamente.

Depois de certo tempo de atividade, é muito comum que os médiuns passistas e, especialmente, os de apoio vibratório, pela rotina estabelecida, comecem a se deixar envolver pela monotonia e entrem em processo de desânimo, pensando que a tarefa que desenvolvem não é importante e poderia ser realizada por qualquer um. Portanto, não faria diferença se faltassem ou mesmo deixassem de frequentar o grupo. Qualquer brecha nesse sentido poderá ser aproveitada pelos Espíritos inimigos do grupo para a implementação de táticas que minem as defesas das reuniões, área de especialidade do apoio vibratório.

Cabe, pois, aos trabalhadores dessa função e ao dirigente estarem atentos para não dar margem a esse processo. Vale o esforço periódico para relembrar a importância de cada função dentro do grupo e a necessidade da constante atualização de conhecimentos, da busca de novos ângulos para o entendimento da importância do trabalho, que transcende as capacidades individuais pela união de esforços e que potencializa a produtividade do grupo.

Usando o acordo de grupo

Temos observado que muitos grupos iniciam com entusiasmo tanto o estudo quanto a prática mediúnica para, dentro de algum tempo, desestimular-se e até mesmo sofrer severos problemas obsessivos, com a anulação dos esforços anteriormente empregados e que garantiram ao grupo chegar à prática da mediunidade. Diversos podem ser os fatores para situações como essa. Mas o principal deles está ligado à inexistência ou ao desleixo do grupo quanto à observação de um acordo de grupo. Com o tempo, a tendência é que a rotina domine os participantes, que se vão acomodando em suas funções e deixam de empregar esforços para ampliar conhecimentos e observar nuances do trabalho que lhes ofereceriam novas oportunidades e desafios na atividade. O dirigente vai perdendo o entusiasmo e não percebe que está contagiando o grupo. As brechas começam a aparecer, e os obsessores, inimigos da luz, aproveitam as oportunidades para plantar desavenças entre os trabalhadores, rompendo a harmonia conquistada.

Uma situação interessante relacionada com o tema pode servir de exemplo. Durante anos, tivemos a oportunidade de acompanhar a participação de um companheiro em um grupo mediúnico. Logo no início da atividade, quando soube da proposta do acordo de grupo para o *estudo-harmonização*, ele manifestou com pesar que, mesmo desejando muito, pois havia esperado anos para encontrar um grupo como aquele, não poderia participar do estudo da mediunidade, uma vez que viajava muito em função da atividade profissional.

O dirigente, com alguma experiência acumulada, para não atrapalhar o andamento do programa estabelecido para a reunião, propôs ao companheiro que tratassem do tema depois de finalizadas as atividades do dia. Em particular, perguntou-lhe se ele estaria disposto a evitar faltas que não fossem por motivo de viagem a trabalho ou férias, comprometer-se a ler todo o material recomendado, apresentar resumos dos conteúdos oferecidos nas reuniões a que ele não estivesse presente, manter contato frequente com o dirigente ou outros companheiros do grupo quando estivesse em viagem, vibrar positivamente pela reunião e pelos companheiros com assiduidade. Ele disse que estaria disposto a tentar e ficou muito entusiasmado com a perspectiva de superar a barreira que o impediria de realizar um desejo há muito cultivado: participar de uma reunião mediúnica equilibrada, em um Centro Espírita que adotasse a orientação de Allan Kardec.

O dirigente informou ao companheiro que na reunião seguinte ele exporia a situação para o grupo para saber se todos estariam dispostos a aprovar aquela exceção ao acordo, pois suas ausências não poderiam ser motivo para que outros viessem a se ausentar das reuniões por quaisquer razões. A exceção seria exclusivamente para ele. O grupo aprovou e realmente o companheiro cumpriu com os compromissos assumidos. Quando parte do grupo estava preparada para a atividade mediúnica, esse companheiro foi um dos que tiveram condições de iniciar a prática mediúnica, enquanto outros, que não tiveram suas mesmas limitações, ainda não tinham alcançado a condição almejada.

Algum tempo depois, o dirigente havia se mudado para outra cidade e, encontrando o companheiro em uma viagem, lhe perguntou como estava o trabalho mediúnico, recebendo, satisfeito, a resposta de que tudo ia muito bem. Confirmou, então, que o companheiro seguia cumprindo os compromissos com o novo dirigente e com o grupo.

Passados outros tempos, o ex-dirigente encontrou-se com o companheiro em visita que fez ao Centro onde o grupo era mantido e soube, por ele, que as coisas já não iam muito bem. O ex-dirigente lhe perguntou se ele continuava mantendo os compromissos que havia assumido inicialmente e que vinha cumprindo até o último encontro que tiveram. A resposta foi um pouco evasiva e o dirigente soube que ninguém no grupo, inclusive o dirigente, estava muito interessado em seus contatos, resumos etc. Ampliando informações com o então dirigente do grupo, o antigo dirigente soube que o acordo de grupo estava esquecido fazia já algum tempo. No grupo se instalara a indisciplina generalizada e o atual dirigente declarou que não sabia o que fazer. As críticas eram frequentes entre os membros do grupo e deles em relação ao dirigente, com o aparecimento daqueles que "sabiam" identificar os "problemas", mas que nunca tinham proposta de soluções. A resposta era óbvia: ou o dirigente recuperava a direção do grupo ou não haveria como manter produtividade na equipe. O acordo de grupo ou outro instrumento que pudesse reativar o compromisso dos frequentadores com o trabalho seria indispensável naquela situação. Com o esquecimento do acordo, com a crescente indisciplina e o contínuo minar de sua autoridade moral, pela ação dos Espíritos inferiores inimigos do grupo, o dirigente se via em situação complicada que somente poderia ser resolvida mediante sincera e séria análise de todo o grupo. A solução foi a interrupção da atividade mediúnica por algum tempo, retomando-se o estudo, até que o grupo novamente construísse as bases de harmonização mínimas necessárias à prática mediúnica.

O incentivo permanente

A homogeneidade ainda segue sendo uma meta para esse e muitos grupos que existem há anos. Por isso mesmo grupos nessas condições seguem aquém de seu potencial de produtividade, pois só a homogeneidade identificada pelo codificador possibilita a plena realização de um grupo como um todo e de seus membros em particular.

No entanto, para que a homogeneidade se mantenha, é preciso que o dirigente busque constantes incentivos para que a equipe se sinta envolvida no processo e cada membro tenha convicção de sua utilidade para o grupo. A insegurança é característica de nossa inferioridade. Por isso a importância do apoio de todos para que cada um se sinta confiante em relação ao seu papel e aos resultados que está auxiliando o grupo a alcançar.

O grupo é um organismo vivo que precisa ser alimentado, higienizado, cuidado, enfim. Se os membros falham em seus compromissos, o grupo fica capenga, debilitado e impossibilitado de cumprir plenamente a sua função. Mas se cada um se sente responsável e realiza a parte que lhe cabe, sem desânimo, compreendendo a importância de sua contribuição para o bem do conjunto, a equipe será mantida coesa e produtiva ao longo de toda sua existência.

6.4 Como agregar novos membros

Examinamos anteriormente que, por distintas razões, pode ocorrer diminuição da quantidade de participantes da reunião mediúnica. Se, para equilibrar essa situação, o dirigente ou o grupo admitem aleatoriamente novos participantes, perguntamos: de que terá valido todo o esforço para formar o grupo com base em critérios que exigiram o estabelecimento da base fundamental de conhecimentos do Espiritismo e, especificamente, da mediunidade, assim como o desenvolvimento de homogeneidade de pensamentos, sentimentos e propósitos? Já vimos também que um novo membro implica um novo grupo, pois as contribuições agregadas em termos de vibrações e participação ativa exercerão influência no conjunto, empreendendo novo dinamismo positivo ou agregando elementos dissonantes que dificultarão o andamento das atividades.

Quem já entendeu a responsabilidade exigida para a prática mediúnica equilibrada considerará os inconvenientes em participar de um grupo que, a cada reunião, pode contar com novos participantes, surgidos ao sabor da vontade de alguém que os admite sem critério claro e sem a seriedade compatível com a tarefa. Assim, o grupo poderá ter, como participantes, pessoas que não contam ou não estão dispostas a adquirir um mínimo de requisitos que garantam a segurança de um trabalho produtivo e resistente às investidas dos Espíritos ignorantes e inimigos da luz.

Dessa forma, se evidencia como ideal que novos membros somente sejam admitidos se passarem pelo mesmo processo que todos os demais, o que terá que ser feito, naturalmente, em outros grupos de estudo da mediunidade, periodicamente abertos pelo Centro Espírita, nas mesmas bases que o outro. Ah! Mas a pessoa terá criado afinidade com um grupo e, agora, participará de um outro! Como resolver isso?

Simples: o grupo mediúnico continua mantendo o estudo da mediunidade? Se estiver, essa é a porta de entrada para o novo integrante que será convidado a frequentar somente a parte do estudo por um tempo indeterminado, necessário e suficiente para que ele conheça os demais membros do grupo, seja conhecido por eles, manifeste ali suas dúvidas e inquietações, conheça o acordo de grupo e dê plena aceitação a suas regras e se sinta, finalmente, parte da equipe e esta o acolha devidamente como membro. Quando isso ocorrer, nada mais impede sua presença e participação na atividade prática.

Se, no decorrer do processo, o candidato chegar à conclusão de que não deseja participar do grupo ou não terá condições de cumprir com o compromisso, bastará informar o fato ao grupo ou ao dirigente e deixar de frequentar as reuniões de estudo.

Importante considerar que não é preciso pressa, jamais sendo feita qualquer tipo de exigência ao candidato em função das necessidades de sua contribuição no grupo para não induzir uma integração que ainda não amadureceu o suficiente para ser produtiva. Por outro lado, jamais devem ser atendidas possíveis ansiedades do candidato para sua aceitação. Se ele manifesta esse tipo de comportamento, evidencia indício de que não está maduro e poderá vir a ser elemento de dissensão dentro da equipe.

O dirigente, o grupo e o novo candidato devem estar conscientes de que essa é uma etapa de acolhimento e *possível* integração no grupo, mas também de que não há garantia de resultado positivo. Por isso, depois de explicar o processo de formação do grupo, o acordo de grupo e suas funções, com ênfase nos objetivos que mantém, na importância do estudo constante e no cultivo da harmonia da equipe, vale perguntar à pessoa se ela aceita tentar a integração, evidenciando que, após algum tempo, se o candidato não mostrar ação efetiva que garanta sua plena integração e produtividade, causando desarmonia e desequilíbrio dentro do grupo, a admissão não será possível. Dessa forma, se não houver correspondência quanto às expectativas e necessidades do grupo, o candidato deve ser informado pelo dirigente, depois de criteriosa avaliação com o grupo, de que, conforme critério estabelecido e esclarecido desde o princípio, seu concurso não será necessário na parte prática e, portanto, ele está dispensado de seguir comparecendo ao estudo específico do grupo, sendo convidado a seguir estudando na Casa em outros grupos existentes ou a serem formados.

Se o indivíduo estiver maduro, tendo compreendido desde o início que o convite era para a tentativa de adaptação dele ao grupo e deste com ele, não haverá maiores dificuldades. No entanto, se não estiver maduro, apresentará comportamento de rebeldia, revolta, e demonstrará, com isso, que realmente não está preparado para o trabalho mediúnico prático. Hermínio Miranda comenta, em *Diálogo com as sombras*, que a facilidade na admissão pode implicar grande dificuldade na dispensa. Por isso, antes de convidar alguém para o estágio de integração na equipe, é preciso saber efetivamente quem está sendo admitido para evitar os possíveis constrangimentos de uma recusa posterior. Mas se for necessário exercitar essa recusa para o bem do grupo, melhor enfrentar a dificuldade do que admitir um membro que poderá se tornar um pesadelo para o grupo depois. Se o dirigente ainda não está maduro para compreender que precisa dar preferência ao bem do grupo, que é maioria, em relação a um membro, que é minoria, vale lembrar a conveniência da consulta aos itens 19 a 21 do Cap. X de *O evangelho segundo o espiritismo*.

6.5 Novos grupos de estudo da mediunidade

Novos grupos de estudo da mediunidade são necessários? São convenientes? A resposta para ambas as perguntas é positiva. Mas quando seria o momento de criá-los? Sempre que a Instituição

Espírita tiver recursos humanos e logísticos e pessoas interessadas no estudo da mediunidade. A quantidade de grupos de estudo da mediunidade e de grupos mediúnicos depende de quanto a Casa pretende crescer nessa área. Importante lembrar, nesse quesito, a recomendação de Allan Kardec quanto à maior efetividade de pequenos Centros que de grandes instituições.

PARTE II – Diálogo e situações

Capítulo 7
O diálogo com os Espíritos

Cada ser é o resultado de suas experiências de vida. Assim falando, não estamos nos limitando à última e mais lembrada das existências. Reportamo-nos a todo o processo de formação do Espírito, desde seu início nas etapas mais básicas até o momento atual, em que ele se apresenta com o comportamento complexo do ser que necessita de experiências mais positivas para o crescimento interior, por ter falido ou por se ter mantido alheado da realidade espiritual.

As experiências de vida são diversificadas ao longo da história, pois as sociedades e as épocas apresentam condicionamentos próprios aos seres que nelas vivem. Por sua vez, o ser, em seu processo evolutivo individual, reage de modo diferenciado ante as opções de vida, gerando personalidades únicas nas distintas etapas do processo evolutivo, as quais interagem a cada passo do caminho. Assim, desse amálgama de influências e escolhas individuais, resulta um ser complexo, diferenciado e que se apresenta para o dialogador, que pretende ajudá-lo, como um desafio que não pode ser encarado sempre da mesma maneira e para o qual não há soluções unificadas.

7.1 Breve visão do plano espiritual e as regiões de sofrimento

Antes de tratar do diálogo propriamente dito e dos esforços para auxiliar os irmãos desencarnados necessitados, recorramos ao livro *Evolução em dois mundos*[137] para compreender que

> No Plano Espiritual, o homem desencarnado vai lidar, mais diretamente, com um fluido vivo e multiforme, estuante e inestancável, a nascer-lhe da própria alma, de vez que podemos defini-lo, até certo ponto, por subproduto do fluido cósmico, absorvido pela mente humana, em processo vitalista semelhante à respiração, pelo qual a criatura assimila a força emanante do Criador, esparsa em todo o cosmo, transubstanciando-a, sob a própria responsabilidade, para influenciar na Criação, a partir de si mesma.

André Luiz descreve aí, em síntese admirável, o princípio da cocriação, pelo qual o Espírito transforma o fluido cósmico para criar, em torno de si, sua própria psicosfera e o ambiente em que se movimenta, seja ele de dor e sofrimento, sujeira e feiura, ou de resplandecências de luz, bem-estar e beleza, conforme seu nível evolutivo.

A interação entre os Espíritos, cada um no exercício de seu potencial criador, seja ele instintivo nos grupos menos evoluídos, ou planejado e combinado entre os Espíritos com maior desenvolvimento interior, resulta nos diferentes ambientes espirituais encontrados pelos Espíritos desencarnados. Buscando-se uns aos outros pelas leis de afinidade e atraídos para cada região espiritual pelas leis de sintonia, esses Espíritos formam colônias, que podem ser felizes ou desgraçadas, em graduações variadas, em conformidade com o nível de adiantamento moral de seus habitantes.

Na medida em que o Espírito se desenvolve, ganha maior nível de responsabilidade individual e coletiva. Sua capacidade de cocriação se expande, saindo das reações instintivas ante a vida para a colaboração efetiva e consciente no desenvolvimento dos mundos e no apoio ao crescimento dos seres. Criam, também, formosas colônias espirituais, de inimagináveis expressões de beleza e bem-estar, para refrigério e aprendizagem do Espírito em fase adiantada de crescimento interior e como bases de trabalho sublime na seara divina.

Infelizmente, na atualidade, milhões de indivíduos ainda desencarnam em condição rudimentar de conhecimento e de evolução moral, permanecendo apegados à crosta da Terra. São como crianças espirituais que reclamam o amparo das potências divinas, sem mobilizar os próprios recursos de autorrealização e sem desenvolver suas potencialidades d'alma. Sobre esses, diz André Luiz[138] que

> [...] não permaneciam chumbadas à esfera carnal por maldade, senão que se demoravam hesitantes, no chão terreno, como os pequeninos descendentes dos homens se conchegam ao seio materno; guardavam da existência apenas a lembrança do campo sensitivo, reclamando a reencarnação quase imediata quando lhes não era possível a matrícula em nossos educandários de serviço e aprendizado iniciais. [...]

Esses dificilmente comparecem aos nossos grupos mediúnicos, sendo tratados na sequência dos automatismos sublimes da própria Lei divina.

Há, no entanto, Espíritos que, embora com maior nível de consciência, à semelhança dos que acabamos de referir, ainda desencarnam de forma inconsciente. Pensam que seguem no corpo de carne e permanecem presos às mesmas rotinas que tinham quando encarnados. Geralmente, viveram voltados às necessidades da vida material. Outros, ainda apegados aos gozos materiais, deixam de cumprir os compromissos assumidos para a encarnação ou não efetuam o esforço de evolução necessário, tendo muitos caído em desvios morais ou assumido débitos consideráveis perante as Leis divinas. Poucos são os que conseguem levar à prática os planos de evolução traçados para suas encarnações.

Constituem esses a maior parte da humanidade que, assim, passa ao plano espiritual cercada de criações inferiores, com a mente em desajuste e com o corpo espiritual comprometido pelas ações desequilibradas. Os ambientes que os Espíritos criam em torno de si refletem essas situações interiores e a reunião de indivíduos semelhantes cria regiões diversas no plano fluídico nas quais predominam os miasmas dos sofrimentos e das inferioridades espirituais, onde as paisagens escuras, soturnas e aterrorizantes ecoam a desolação e as tempestades interiores.

Não é nosso objetivo fazer, aqui, descrições pormenorizadas, que podem melhor ser visitadas nos livros de André Luiz, Manoel Philomeno de Miranda, Irmão Jacob, Yvonne Pereira entre outros autores. André Luiz,[139] por exemplo, registra explicações de Lísias sobre o umbral que

> [...] começa na crosta terrestre. É a zona obscura de quantos no mundo não se resolveram a atravessar as portas dos deveres sagrados, a fim de cumpri-los, demorando-se no vale da indecisão ou no pântano dos erros numerosos. [...] Funciona, portanto, como região destinada a esgotamento de resíduos mentais; uma espécie de zona purgatorial onde se queima a prestações o material deteriorado de ilusões que a criatura adquiriu por atacado, menosprezando o sublime ensejo de uma existência terrena.

E Irmão Jacob[140] relata que

> Ruídos de vozes desagradáveis alcançavam-nos os ouvidos de quando em quando. Formas monstruosas, de espaço a espaço, surgiam visíveis ao nosso olhar e, pelo que me era dado perceber, flutuávamos sobre região vulcânica, cujo "solo instável" oferecia erupções nos mais diversos pontos. [...]

Camilo Cândido Botelho, em *Memórias de um suicida*, faz surpreendente descrição da região que o atraiu logo após o suicídio.

São muitos, enfim, os textos pelos quais se pode avaliar o ambiente de onde procedem os Espíritos que se manifestam em nossos grupos mediúnicos. Recomendamos o aprofundamento do estudo nas obras desses autores espirituais para compreender essa realidade, ainda que parcialmente, dadas as restrições impostas pela nossa situação de encarnados e pela discrição dos Espíritos superiores, que reduzem as notícias do plano espiritual ao que temos condições de absorver e entender.

Longo tempo passam os Espíritos nesse processo de purgação até que o sofrimento desgasta a resistência, o desespero apela à Misericórdia divina e o Espírito passa a suspirar pelo alívio de seus padecimentos e pela mudança da tediosa e desalentadora rotina da infelicidade. É geralmente nesse ponto que os Espíritos são buscados pelos mensageiros espirituais e atendidos nos diversos postos de assistência criados no próprio plano espiritual ou, em casos menos numerosos, trazidos ao atendimento nos grupos mediúnicos por necessitarem de fluidos mais materializados ou de outros recursos que os encarnados de boa vontade e desejo de servir lhes possam aportar.

Veem-se em situação de sofrimento indescritível, em alguns casos entorpecidos por recursos de hipnose ou pela atonia moral e espiritual, autoinduzida como recurso paliativo ante a dor superlativa. Compareçam, de modo geral, com profundos desequilíbrios do sentimento, princípios lógicos muitas vezes confundidos e raciocínio vacilante. Outras vezes rebeldes e desesperados, ou ainda em atitude de plena confrontação com as forças do bem. Os casos variam ao infinito, de acordo com a natureza da problemática que interiorizaram, conforme a herança de suas experiências evolutivas e, ainda, como resultado do modo como abraçaram, positiva ou negativamente, o encaminhamento natural da vida pela senda evolutiva, sob o aguilhão da dor e do sofrimento.

7.2 Breve visão do mundo íntimo do Espírito em desequilíbrio

Ainda antes de entrarmos nas considerações a respeito do diálogo, vamos examinar, de forma breve, a complexidade do mundo íntimo dos Espíritos que são trazidos para o atendimento espiritual.

Por causas variadas, na generalidade dos casos ocorreu, em algum momento da vida do Espírito imortal, um desajuste de comportamento que provocou alterações em seu complexo intelecto-moral com repercussões mais ou menos acentuadas em sua organização perispiritual. O raciocínio distorcido por interpretações decorrentes da visão sempre parcial dos fatos que lhe afetaram os sentimentos levam o Espírito a superestimar os sofrimentos próprios e os dos que ama. Por não alcançar a visão do conjunto de suas várias existências físicas e por rebeldia aos desígnios da Providência divina, atribui-se o direito de vingar-se daqueles que julga terem sido as causas de suas decepções e fracassos. Movido pelo ódio, vincula-se cada vez mais àqueles que deseja perseguir, enquanto estes não resolverem seus problemas cármicos e deixarem de merecer o desforço encetado. Em situações em que seus perseguidos logram, pela evolução, escapar de sua sanha, se transformam em rebelados contra a Lei divina e seus processos. A razão e o sentimento se encontram em desequilíbrio e já não compõem um conjunto harmônico, não preenchendo, portanto, sua função de conduzir o Espírito pela rota do bem, que leva à felicidade e à paz.

Nos desajustes espirituais, em geral, predominam as disfunções emocionais. Na alma humana, o equilíbrio existe em função da opção pelo amor, que conduz às culminâncias do devotamento, santificando e sublimando o sentimento. Por outro lado, o ódio, o rancor e o desejo de vingança conduzem aos abismos da dor, das angústias inenarráveis e do inferno da loucura.

Por isso, Hermínio C. Miranda[141] registra que, na assistência aos necessitados, devemos sempre recordar que, na grande maioria dos casos, paradoxalmente, é o amor, sob a forma de afeto desorientado, mesclado com o orgulho e o egoísmo, característicos de nossa inferioridade moral, que desencadeia os grandes dramas espirituais.

As disfunções emocionais existem somente porque os seres humanos ainda levam, em suas almas, mais elevada taxa de sombras que de luz. Muitos dos enfermos da alma vivem num passado do qual não conseguem ou não querem fugir, seja pelo poder de que usufruíram, seja pela vaidade e pelo orgulho que desenvolveram não somente no exercício do poder, como na posse da beleza física, de vestimentas opulentas ou de uma inteligência brilhante.

Para essas anomalias espirituais, o antídoto único é o amor, tal como o Cristo no-lo ensinou.

7.3 Começando o diálogo

A complexidade interior de cada Espírito não permite a adoção de regras absolutas para o início do diálogo, seu desenvolvimento ou seu encerramento. Contudo, para alcançar a meta, há uma atitude que se pode adotar — a de *observação* — e um sentimento que se pode cultivar — o da *empatia* —, ambos recomendáveis em qualquer caso.

7.3.1 Observação

Ensina Emmanuel[142] que "[...] nas manifestações de toda natureza [...] o crente ou o estudioso do problema da identificação não pode dispensar aquele sentido espiritual de observação que lhe falará sempre no imo da consciência." Observação requer silêncio e atenção. Não é conveniente adotar, logo de início, apressadamente, quando mal começa a manifestação espiritual, qualquer linha de diálogo, ou enunciar saudação de boas-vindas, ou, ainda, recorrer a chavões que muitas vezes se tornam habituais nas nossas sessões mediúnicas, como, por exemplo: "meu irmão, estamos aqui para ajudá-lo", "meu irmão, aqui o recebemos com carinho e respeito", ou ainda, "meu querido, esta Casa se alegra com sua presença". Nada há contra essas expressões, que podem efetivamente ser úteis para introduzir algum que outro diálogo, ou para interromper longos silêncios, mas na oportunidade adequada e na situação correta. Como sabemos qual a situação que vamos enfrentar se não paramos para observar o Espírito e identificar a que vem?

Pensemos na nossa vida cotidiana. Quando alguém se aproxima de nós com um problema, o que lhe dizemos? Nossa primeira atitude não é ouvir para saber como podemos ajudar? O mesmo se passa com o Espírito que se manifesta em uma reunião mediúnica.

Na experiência com doutrinadores iniciantes, verificamos que a maior parte das dificuldades para o começo de um diálogo se encontra relacionada às limitações em ver e compreender o Espírito como um ser humano com problemas ou em estado de rebeldia, ou ainda com um profundo desconhecimento da realidade que vivencia. Pela forma como agem, dá a impressão de que estão recebendo alguém exótico, vindo de terra ignorada, de diferentes costumes. Em alguns casos, parecem ver no Espírito manifestante uma espécie de ser de outro mundo, de fantasma indefinido com quem acabam por estabelecer diálogo, quando não um monólogo, do tipo que jamais usariam com um encarnado.

Dificilmente, o dialogador iniciante consegue, de imediato, apreender, em toda a sua extensão, a ideia de tratar o Espírito comunicante de forma natural, como uma pessoa comum, com problemas e que precisa de uma palavra amiga. Muitas vezes encontra dificuldades em colocar em prática uma orientação dessa natureza. O médium lhe permite vislumbrar um mundo apenas imaginado, com seres que choram, se contorcem ou expressam raiva e aflição, entidades que não conhece, não pode ver e lhe parecem diferentes de tudo o que já viu, mas cuja problemática lhe cabe entender. Falta-lhe, naturalmente, uma percepção mais ampla do mundo espiritual e da extensão do trabalho que nele se processa, o que só virá com o conhecimento e a experiência.

Mas esse impasse inicial pode ser superado. Basta pensar no que faríamos com alguém que chegasse até nós trazendo um problema. Naturalmente que, no primeiro momento, aguardaríamos e o ouviríamos antes de decidir como enfocar suas dificuldades ou que linha de orientação definir. Do mesmo modo pode ser o procedimento para com o Espírito que se apresenta: aguardar um pouco e observar. É importante lembrar que os Espíritos, quando não estão em grave crise de sofrimento e necessidade premente, nem sempre vêm dispostos a pedir ou aceitar ajuda. Muitas vezes procuram mesmo ocultar sua problemática. Não confiam em nós, não sabem quem somos. Se estivéssemos em seu lugar, falaríamos com um desconhecido sobre nossas dificuldades? E o que dizer daquele que se apresenta contrariado, ou que vem queixar-se de nossa "ingerência em problemas que não nos dizem respeito", como é o caso dos obsessores ou dos opositores do Espiritismo?

É recomendável, portanto, manter atitude inicial de observação, ouvir o que o Espírito diz, ou o que deixa entrever. Olhemos a atitude do médium, que é sempre reveladora e pode nos oferecer os primeiros indícios da problemática do Espírito. Olhemos sim, abramos os olhos e observemos. Nada de fechar os olhos e "deixar fluir a inspiração", desatando um novelo de conselhos e orientações, ou ainda narrativas de passagens evangélicas que, se utilizássemos um pouco de bom senso, veríamos que muitas vezes pouco se aplicam ao caso.

Lembramos aqui de um acontecimento ocorrido em uma das nossas primeiras experiências em um grupo mediúnico, quando a nós caberia o próximo diálogo, ainda em fase de aprendizagem. O dirigente, nosso instrutor, passou-nos a palavra e fechou os olhos, recolhendo-se em oração. Vimos que o médium abria olhos vítreos e avermelhados e o Espírito examinava o ambiente em torno de si. Com um meio sorriso que lhe dava certo ar de mofa, começou a falar da necessidade de paz e amor no mundo, discorrendo de forma inteligente sobre a necessidade de desenvolvimento das possibilidades de amor do ser humano, que havia sido criado para ser feliz e fazer felizes todos ao seu redor. O discurso parecia coerente, mas a atitude e a expressão do Espírito não pareciam condizer com suas palavras.

Após alguns segundos de hesitação, tomamos a iniciativa de apresentar cumprimentos e dizer que concordávamos em que o amor a Deus e ao próximo são o ensinamento central de Jesus. Nesse ponto, o dirigente abriu os olhos e, por gestos, tentou interromper-nos a palavra, pensando que o comentário era indevido, pois nada nas palavras do Espírito ficava a dever às máximas evangélicas.

Contudo, nas poucas palavras ditas, havíamos tocado num ponto fundamental, crítico para o Espírito: faláramos de Jesus. Sua reação foi imediata: "Não vim aqui para falar do Cordeiro". Interrompeu-se o dirigente, que arregalou os olhos e, além das palavras intempestivas do Espírito, viu de imediato o que notáramos de errado: a atitude de ironia e a linguagem corporal de orgulho que se manifestavam no sorriso de um só lado e na postura excessivamente ereta e de queixo erguido, em atitude não condizente com seu discurso.

O primeiro momento do atendimento deve, portanto, repetimos, ser reservado ao silêncio e à atenção. Olhemos, observemos. Ouçamos com cuidado e detalhe as primeiras palavras ditas pela entidade. Em primeiro lugar, procuremos identificar a problemática do irmão que nos visita. Somente quando conseguimos entender o que lhe acontece é que podemos discernir caminhos e identificar alternativas de atendimento. É preciso, no entanto, atentar para a necessidade de não deixar o silêncio se prolongar demasiadamente a pretexto de estarmos observando e tentando entender o caso. É importante sempre usar o bom senso. É nessa ocasião que cumprimentos e palavras cordiais podem ser úteis, incentivando os manifestantes a se expressar mais ampla e claramente.

Há situações óbvias em que logo se percebe a necessidade do Espírito. Tal é o caso, por exemplo, das situações de sofrimento, que requerem reconforto imediato, atendimento sem maiores delongas. Todavia, a tarefa da identificação não é sempre de fácil conclusão, nem a situação em que o Espírito se encontra é tão evidente. Também dificilmente é possível, nos rápidos momentos iniciais de um atendimento, compreender toda a extensão de suas dificuldades. Nesse caso, cumpre seguir, no próprio diálogo que mantém conosco, com delicadeza e atenção, as indicações que ele deixa passar até que possamos, pouco a pouco, formar ideia segura do caso, confiando no amparo espiritual que nos inspira nos momentos precisos.

7.3.2 Empatia

Outra atitude de grande valor é a da busca da empatia. Primeiro, vamos entender o que significa essa palavra. O conceito psicológico de empatia corresponde ao "processo de identificação em que o indivíduo se coloca no lugar do outro e, com base em suas próprias suposições ou impressões, tenta compreender o comportamento do outro".[143]

A aplicação desse conceito no atendimento mediúnico nos permite maior aproximação emocional com o Espírito comunicante e nos oferece condições ideais de acolhimento do irmão necessitado. Como poderíamos ajudar eficientemente se mantivéssemos nosso sentimento isolado e lhe oferecêssemos somente a contribuição de nosso raciocínio lógico ou de nossos conhecimentos espíritas? Qual de nós ao ver sofrer um ente amado, um pai, uma mãe, filhos ou um amigo querido não sentiria o coração se confranger diante de seu sofrimento ou de sua desorientação?

Para ajudar, é preciso doar sentimento. A busca de empatia, no sentido de procurarmos acolher e compreender o Espírito necessitado, entendendo como nos sentiríamos se estivéssemos em seu lugar e como gostaríamos de ser ajudados, constitui uma ponte que nos coloca em contato com ele. É importante, no entanto, que o nosso sentimento seja direcionado no sentido positivo, isto é, o da boa disposição, da vontade de socorrer, de consolar, do desejo de ajudar aquele companheiro a se recuperar. É imperativo evitar sintonia com suas queixas, suas dores, seus preconceitos e desvios. Para ajudar efetivamente, é necessário manter o equilíbrio no bem.

Naturalmente que nossa capacidade de identificação com o Espírito comunicante e de entendimento do que ele sente não implica querer o que ele quer ou apoiar seus desvarios ou, ainda, desequilibrar-se com ele, pensando que assim evidenciamos solidariedade. Seria evidente desequilíbrio se, mal o Espírito revelasse sua problemática, o doutrinador se envolvesse na emoção do comunicante e começasse a chorar junto com ele. Na compreensão emocional e no desejo de servir e ajudar está o limite dessa interação do sentimento, pois, para que possamos ajudar, necessitamos manter o controle do pensamento e o equilíbrio dos sentimentos, além da precisa sintonia com o ambiente espiritual superior, necessária ao fluxo da inspiração elevada. Não percamos de vista o conhecimento de que somos somente enfermeiros, mais precisamente atendentes menores, pois o tratamento real e efetivo é o que procede dos Espíritos superiores que dirigem e orientam o trabalho mediúnico com os recursos que fluem inesgotáveis da Bondade divina.

7.4 O quê, como e quando dizer aos Espíritos

Depois do primeiro contato com a entidade e sua problemática, como prosseguir o diálogo e proceder ao atendimento adequado do enfermo espiritual?

Podemos nos deparar com diferentes casos. Algumas vezes, a entidade se abstém da conversação, mostra-se reticente ou não consegue prestar informações sobre sua problemática. A entidade pode evidentemente não se dispor ao diálogo por um outro motivo de foro íntimo, por compromisso que assumiu com algum possível líder ou organização, ou ainda pelo receio de se expor com suas dificuldades e limitações diante do desconhecido que a aborda.

Em outras oportunidades, a entidade, por sentir alguma confusão mental, não consegue racionalizar seu problema e, portanto, não logra expô-lo adequadamente, não permitindo que o doutrinador identifique claramente suas características e dificuldades. Há também os casos em que os Espíritos têm dificuldades ou não conseguem absolutamente falar por motivo da persistência nos registros perispirituais, dos danos físicos que lhes foram causa do falecimento.

Uma outra situação, aliás muito comum, ocorre quando o Espírito enfrenta limitações que não lhe permitem manter sequer um diálogo básico pelo excesso de dor ou por desequilíbrios mentais graves que geram metamorfoses na aparência perispiritual. Neste último caso, as transformações podem ser, em conformidade com sua origem, *automáticas*, quando o remorso provoca a alteração perispiritual inibidora da fala, ou *induzidas*, quando além do remorso interferem fatores de natureza externa, como a hipnose. Um exemplo deste último caso é o da zoantropia, em que o Espírito assumiu a forma animal e se vê sem acesso aos recursos da fala.

Existem, ainda, obstáculos à comunicação que são atinentes ao próprio mecanismo do intercâmbio mediúnico. Mas os casos mais simples são aqueles em que conseguimos chegar a uma conclusão, ainda que preliminar, sobre a natureza da dificuldade que enfrenta a entidade manifestante. Aqui, como as variações entre os casos se apresentam mais perceptíveis, as opções para o tratamento do enfermo espiritual são de mais amplo espectro.

Na maioria desses casos em que encontramos dificuldades na caracterização dos problemas que afetam o Espírito comunicante, precisamos seguir receptivos, manifestando solidariedade e incentivando o comunicante a se expressar para coletar os indícios necessários ao atendimento adequado. Vivenciamos um exemplo dessa natureza quando um Espírito se apresentou no grupo mediúnico e pôs-se a olhar em torno, mantendo silêncio. O doutrinador cumprimentou-o e perguntou-lhe como poderia ajudar. A resposta veio desconcertante: "Você não pode! Não o conheço e você não me conhece". Respondeu o doutrinador: "Mas você aqui é bem recebido e, quem sabe?, se você nos falar o que o está incomodando, podemos, juntos, tentar encontrar uma solução". Um simples encolher de ombros recebeu a declaração, deixando o doutrinador um tanto sem jeito, voltando o Espírito ao mutismo inicial.

O diálogo seguiu um pouco mais nessa vertente com o doutrinador fazendo algumas afirmativas para reconforto, arriscando uma ideia aqui outra ali, arrancando algumas poucas palavras do manifestante. Depois de algum tempo, quando o doutrinador já se dispunha a interromper o entendimento em vista do tempo transcorrido, o Espírito abriu brecha para a compreensão, dizendo: "Como posso confiar em você se minha própria família me ignora?" Foi essa a abertura que permitiu ao doutrinador imprimir melhor orientação ao diálogo e, quase em seguida, perceber que estava diante de um Espírito de natureza desconfiada, desorientado por se crer abandonado pelos familiares, já que não tivera consciência de sua desencarnação.

7.5 Outros elementos de apoio ao atendimento

O atendimento a casos em que o Espírito não consegue se comunicar por estar em estado de licantropia ou submetido a outros fatores limitadores impostos por processos de indução magnética poderá ser mais bem entendido no capítulo seguinte, quando abordaremos algumas situações em que os Espíritos se encontram e apresentamos sugestões de atendimento.

Quando o Espírito se recusa ao diálogo, é muito importante, além dos recursos que sugerimos, a ajuda do médium, cuja sintonia mental com o manifestante permite-lhe acesso à base de seus pensamentos e intenções. Alguns médiuns têm a percepção do que o Espírito está sentindo ou pensando. Outros, além da percepção, como que ouvem mentalmente os pensamentos do Espírito e podem transmitir em voz alta para que o dialogador direcione a conversa e a orientação conforme as necessidades do irmão em atendimento.

Se falham os recursos à disposição, o doutrinador sempre poderá utilizar-se da empatia, buscando nos canais da inspiração e da intuição a identificação do problema e o que dizer, em breve monólogo, para acalmar, infundir confiança, reconfortar e lembrar as promessas da Misericórdia divina mediante os ensinamentos do Mestre. Cabem aqui as passagens evangélicas de consolo, reconforto, esperança e a oração que, movida pelo amor ao sofredor, pode auxiliar no rompimento das barreiras inibidoras de sua manifestação ou ao encaminhamento para a continuidade do atendimento nos postos de socorro no mundo espiritual.

Recordamos aqui de um pobre enfermo espiritual que, ao ser atendido, não podia falar e se comunicar devidamente, porque se mantinha preso ao choque de sua decapitação. Sentia sua cabeça separada do corpo. Contudo, na medida em que o dialogador monologava sobre as promessas de Jesus, lembrando passagens evangélicas que mostrava o Cristo socorrendo os enfermos que se colocavam em condições de fé e confiança, desejando a cura no sentido mais amplo do equilíbrio espiritual, podia-se perceber seu envolvimento emocional até o ponto em que, finalmente, pôde irromper, entre soluços, com uma simples declaração: "Jesus, eu quero sim, me cura". Em seguida, surpreendido, notou que estava inteiro, seu organismo perispiritual recomposto, e desatou em pranto agradecido.

Como vemos, a oração feita pelo doutrinador, por outro componente do grupo ou, ainda, pelo próprio assistido é elemento fundamental no atendimento aos Espíritos sofredores. A prece, ao levantar o padrão vibratório ambiente, envolvendo positivamente doutrinador e paciente, funciona como catalisador de energias de reequilíbrio e refazimento. Além disso, possibilita a sintonia com os mensageiros do bem que, desde o plano espiritual, se empenham na recuperação do irmão em sofrimento.

Os passes também funcionam como instrumento relevante para a mobilização dos recursos fluídicos necessários aos processos de reequilíbrio psíquico e de reconstituição perispiritual como explicado anteriormente.[*]

---

[*] Nota dos autores: Veja no cap. 3 – Quando transmitir os passes – e no cap. 4 – Os passistas.

* * *

Dessa forma, o bom desempenho da tarefa de atender o manifestante, oferecendo-lhe o apoio de que necessita para encontrar seu caminho de recuperação, depende de compreendermos a condição específica sob a qual se apresenta e de o ajudarmos a identificar alternativa para o seu reencontro com a vida.

Daí resulta ser necessário ampliar nosso acervo de conhecimentos a fim de fazermos ideia precisa da vida no plano espiritual, dos lugares em que vivem os Espíritos, das situações que eles podem defrontar no Além-túmulo, das condições em que se encontram, dos desvios afetivos e processos de fuga que utilizam para tentar minimizar ou superar a dor.

São muitos os livros que, para esse fim, a Espiritualidade superior colocou à nossa disposição. O estudo metódico e organizado é essencial para ampliar as nossas possibilidades de servir. Não podemos perder de vista as bases comuns de trabalho para o esclarecimento de todos esses irmãos que encontramos em O livro dos Espíritos, em O céu e o inferno e em O evangelho segundo o espiritismo. Os dois primeiros nos proporcionam o conhecimento do ambiente que os homens encontram após a desencarnação e do estado de perturbação mais ou menos intenso em que podem imergir. Nos ensinamentos complementares de Espíritos como André Luiz e Manoel Philomeno de Miranda, temos também um valioso acervo de estudos que nos permite uma visão mais clara do plano espiritual, das condições de vida que enfrentam os recém-desencarnados e outras informações que nos permitem fazer ideia mais clara da problemática do manifestante que acede às nossas reuniões mediúnicas.

O Evangelho nos alerta para a necessidade do autoconhecimento, da renovação íntima, do desenvolvimento das virtudes do Bem e das potencialidades do Amor. Nele encontramos os fundamentos e a orientação necessária para a renovação íntima, essencial ao reequilíbrio do Espírito, para que este possa refazer sua vida e retomar o rumo do crescimento espiritual. Constituem livros básicos necessários ao conhecimento do participante do trabalho mediúnico.

7.6 Fazer perguntas aos Espíritos necessitados?

Embora a intuição e a inspiração sejam sempre os melhores guias, pois esses dois recursos são fundamentais para direcionar o dialogador no atendimento e tratamento do enfermo, com coordenação harmoniosa entre a ação dos encarnados e a direção do plano espiritual, vale lembrar que não existe diálogo sem perguntas ou questionamentos. Sim, podemos fazer perguntas, pois elas são parte importante do atendimento mediúnico. Contudo, como todo recurso de ajuda, as perguntas devem ser contidas em limite razoável e conduzidas com bom senso. Aliás, o bom senso é essencial na formação de todos os dialogadores.

Analisando a questão por tópicos, consideremos, em primeiro lugar, o que podemos ter como limite razoável. Primeiramente, reduzir a quantidade de perguntas a um número suficiente para esclarecer o caso, sem a intenção, ainda que inconsciente (vigiemo-nos!), de explorar a questão com laivos de curiosidade. Cuidado especial deve ser empregado para não exacerbar sofrimentos ou fazer reviver episódios dolorosos com o excesso de perguntas. Respeito à dor dos manifestantes é elemento crucial no atendimento.

Por isso é importante não multiplicar perguntas para forçar respostas e não desenvolver curiosidade malsã que leve a indagar nomes, procurar relacionamentos com pessoas conhecidas ou descer a detalhes da vida do desencarnado. Respeito à privacidade do manifestante e das pessoas que possam estar envolvidas em seu problema é condição necessária ao bom desenvolvimento do diálogo.

Mesmo em situações nas quais os dirigentes espirituais do trabalho mediúnico decidam pelo retorno do comunicante a situações críticas do passado como fator essencial para que o Espírito reconheça suas dificuldades e identifique questões centrais à sua dor, o melhor instrumento para a consecução desse objetivo não são as perguntas que o dialogador possa fazer, mas recursos como a magnetização e a visualização de quadros fluídicos, cujo uso seria alertado pela inspiração ou por processo mediúnico mais ostensivo.

Além das perguntas *eventualmente* necessárias, o que podemos dizer? Pensemos no nosso parente enfermo. O que lhe diríamos? Estamos ali para servir, para sermos úteis de algum modo. Podemos argumentar que a conversa é recurso natural de entendimento entre as pessoas e que, conversando, podemos nos entender e apoiar em nossas necessidades. Usemos o recurso da empatia: o que nós gostaríamos de ouvir se estivéssemos no lugar do manifestante? E se fosse nosso pai que ali estivesse precisando de auxílio ou de orientação? Esse é o caminho do amor que nos compete trilhar em cada passo do atendimento.

7.7 O processo de despertamento e o reequilíbrio

Vale a pena fazermos, aqui, uma breve revisão das causas geradoras dos sofrimentos dos Espíritos, de como esse conhecimento pode ser utilizado para o auxílio a eles e do esquema de retomada do processo de renovação íntima por cujas veredas precisamos ajudar o manifestante a caminhar.

7.7.1 A raiz da problemática do Espírito sofredor

É interessante, neste ponto, examinar o egoísmo, viciação do sentimento que leva os homens a uma vida voltada aos interesses próprios, à sua promoção na vida material, à aquisição de conforto físico e riqueza, sem maior consideração às questões do relacionamento com o próximo ou aos temas espirituais.

A questão 913 de *O livro dos espíritos*[144] situa o egoísmo como o vício do qual deriva todo mal e "[...] neutraliza todas as outras qualidades". O egoísmo, efetivamente, exalçando o eu, o personalismo, leva as pessoas a colocar seus interesses, pontos de vista, vontades e o que consideram suas necessidades como prioridade, procurando amoldar os fatos e o ambiente em que vivem a essa opção.

Notemos, no entanto, que nos primórdios de sua evolução o Espírito em formação, em seus primeiros ensaios de relações sociais, parte do egocentrismo característico da infância da humanidade para estabelecer suas referências ante o mundo. Trata-se de etapa natural, inicial, do crescimento espiritual do homem e de seu processo de socialização e que, normalmente, deveria evoluir para uma compreensão da necessidade da interação dos interesses de todos como guia do comportamento social.

O altruísmo, sentimento contrário ao egoísmo, é uma construção espiritual do homem em sua caminhada evolutiva. Suas primeiras manifestações são dirigidas aos semelhantes mais próximos e que dão sustentação emocional ao Espírito, ou seja, a família. O amor à família é, geralmente, via de desenvolvimento espiritual inicial do ser humano. Os amigos constituem outra fronteira de expansão do afeto, que daí se estende para a comunidade maior em que vive o ser, ampliando-se até abrir-se para a humanidade.

A persistência na centralização dos interesses do Espírito no eu transforma-se no egoísmo. Essa situação é considerada enfermiça, nessa fase que vivemos na Terra, pelos Espíritos que despertam para a razão e para o desenvolvimento das expressões superiores da emoção. Quanto mais denso o manto de inferioridade que envolve a entidade, mais arraigada ao eu ela se encontra e maior império sobre ela têm os processos egoístas.

O orgulho é sentimento associado, pois o egoísta naturalmente faz uma estimação muito elevada de seu próprio eu.

7.7.2 O que o Espírito sofredor necessita

A principal alavanca da Bondade divina para impulsionar a correção dessas distorções da alma se encontra na dor e nas lutas vivenciais. Nelas estão os recursos que impelem à aquisição de valores morais e ao desenvolvimento das virtudes que levam ao altruísmo. Ao mesmo tempo, sofrendo o que fizemos sofrer, passando pelas dificuldades pelas quais fizemos o nosso próximo passar, em bendito sofrimento temperado pela Misericórdia divina, conforme nosso desempenho nas provas do mundo, resgatamos dívidas cármicas adquiridas em nosso passado de primitividade.

No processo evolutivo, o *conhece-te a ti mesmo* é a primeira fase para a reforma consciente do eu. Esse antigo aforismo grego, registrado no frontispício do Templo de Apolo em Delfos, permanece atual, apesar de decorridos séculos desde que Sócrates, o conhecido sábio grego, o imortalizou, tomando o perfeito conhecimento do homem como o objetivo de seus estudos e as relações sociais e com a realidade espiritual como o cerne de sua filosofia.

Efetivamente, Emmanuel[145] afirma que, "como nos tempos mais recuados das civilizações mortas, temos de reafirmar que a maior necessidade da criatura humana ainda é a do conhecimento de si mesma". *O livro dos espíritos*[146] destaca o autoconhecimento como o "[...] meio prático mais eficaz que tem o homem de se melhorar nesta vida e de resistir à atração do mal".

Em sua aplicação na vida cotidiana, sem entrar em aprofundados estudos filosóficos, implica saber o que somos, nossos principais defeitos, as conquistas que já alcançamos e nossos objetivos de vida, definindo, assim, o que queremos de nós mesmos. Somente a partir daí podemos traçar planos, estruturando, modificando, reformulando ou encaminhando nossa vida no sentido escolhido. Trata-se, portanto, de ação lógica e racional necessária para que não nos deixemos levar pelos acontecimentos cotidianos, nos limitando a reagir ante a vida. É pré-requisito para que sejamos parte ativa no planejamento e execução de nossa existência.

Em síntese, devemos pensar bem, examinar o que queremos e viver em conformidade com princípios espirituais que adotamos, criando a cada momento valores de elevação intelecto-moral que promovam harmonia em nossa existência e no relacionamento com nossos semelhantes, gerando felicidade e alegria em nossa vida. A felicidade e o bem-estar no mundo só advirão quando cada pessoa superar sua inferioridade e renovar-se para dar passo à luz do bem, ascendendo espiritualmente à paz e harmonia interior.

Para o Espírito desviado, que viveu no mundo reagindo, fazendo suas opções com o imediatismo do momento, sem maiores aspirações espirituais ou morais, o primeiro passo de despertamento precisa ser a compreensão da situação em que se encontra. Para isso, ele precisa fazer um autoexame para saber quem é e reconhecer a debilidade que o desviou da senda reta.

O tempo de purgação que se segue imediatamente à desencarnação funciona, para a maioria, como um período de reconhecimento inicial do eu. A dor é consequência do equívoco. O desengano ante as ideias mais comuns do Além-túmulo evidencia o equívoco das convicções tradicionais no mundo. O desencanto e o tédio sinalizam para a necessidade de novos ideais e novos rumos. Em muitos casos, porém, a rebeldia e o endurecimento emocional bloqueiam os objetivos desse período de depuração e de reencontro com o Eu, introduzindo maiores complicações na vida dos Espíritos que assim optaram, levando-os a desperdiçar tempo e recursos sublimes de regeneração.

Algumas dessas entidades agravam sua situação espiritual, quando se envolvem em processo de negação da sua verdade interior e da realidade espiritual maior, reunindo-se, em seu estado de rebeldia, a Espíritos da mesma natureza, com os quais decidem modificar sua vida *post mortem* por meio da dominação de outros Espíritos que passam a explorar de uma forma ou de outra. Incorrem, assim, em desatinos maiores, complicando sua herança cármica, até o momento em que são resgatados pela divina Misericórdia, pelos diversos processos que antes examinamos, incluindo o atendimento no grupo mediúnico.

Quando são trazidos a nós, nossa primeira responsabilidade é procurar reforçar o processo de conscientização. O passo inicial necessário ao reequilíbrio do Espírito é a consolidação desse reencontro consigo mesmo. O Espírito precisa reconhecer que sofre, concordar que requer ajuda, aceder a buscar os recursos da Misericórdia divina para suas necessidades, admitir a necessidade de mudar de rumo e abrir o coração à orientação superior. É o *conhece-te a ti mesmo* que necessitamos ajudar o manifestante a buscar.

Isso não significa que lhe devamos dizer: "Olha, você está equivocado e precisa se conhecer!" O processo é sutil e requer mais a indução do que a declaração. Isso significa que devemos levar o Espírito a buscar o autoconhecimento, e não crivá-lo de meras e inúteis afirmações nesse sentido.

7.7.3 Como utilizar esse conhecimento na reunião mediúnica

A solução para a proposta de como utilizar o conhecimento dessa estrutura inicial do ser humano no processo de orientação aos Espíritos que se manifestam nos trabalhos mediúnicos pode ser simples: em primeiro lugar, compreendendo que vivem uma fase da evolução espiritual pela qual todos passamos e de onde uns emergem mais rapidamente que os outros e colocando-nos em posição de simpatia em relação ao Espírito desarvorado, sofredor ou rebelde que nos é trazido para a ajuda que pudermos prestar.

O segundo passo é procurar retirar a entidade desse casulo infantil que limita suas emoções, levando-o a lembrar de seus afetos, das pessoas com as quais estabeleceu os vínculos emocionais iniciais da evolução: família, amigos, amores, considerando que não há ser que nunca tenha recebido afeto, pois a Bondade divina semeia amor em nossos passos desde o alvorecer de nossa humanidade.

Confirma Emmanuel[147] que há uma gradação do amor que

> [...] existiu em todos os tempos, como gradativa é a posição de todos os seres na escala infinita do progresso. [...] Desde as manifestações mais humildes dos reinos inferiores da natureza, observamos a exteriorização do amor em sua feição divina. Na poeira cósmica, síntese da vida, temos as atrações magnéticas profundas; nos corpos simples, vemos as chamadas "precipitações" da química; nos reinos mineral e vegetal, verificamos o problema das combinações indispensáveis. Nas expressões da vida animal, observamos o amor em tudo, em gradações infinitas, da violência à ternura, nas manifestações do irracional.
>
> No caminho dos homens, é ainda o amor que preside a todas as atividades da existência em família e em sociedade.
>
> Reconhecida a sua luz divina em todos os ambientes, observaremos a união dos seres como um ponto sagrado de referência dessa lei única que dirige o universo. [...]

Convocadas a essa verdade, algumas entidades que procuramos ajudar a imergir no processo do despertamento do amor, da emoção positiva chegam a dizer irritadas: "Ninguém me amou, nem eu amei". Depois veem alguém que lhes foi alvo de crimes, muitas vezes atrozes, e que retornam do túmulo a lhes oferecer a mão compadecida. Perguntam: "Como ele ou ela pôde me perdoar?" Não compreendem que o afeto, o amor, nem sempre se manifesta nas nossas vidas da maneira usual. Quando não se lembram efetivamente de ninguém, há sempre o amor infinito do Pai e o carinho inexcedível de Jesus, o Bom Pastor que dá a vida pelas ovelhas que o Pai lhe confiou. Usualmente, a carência afetiva desses irmãos desorientados é tão intensa, que o amor, o afeto, a consideração podem operar o milagre de sua conversão interior.

Os lastimáveis processos de dor em que todos estão imersos constitui, por outro lado, incentivo dos mais poderosos para fazer com que o Espírito aceite a ajuda e o encaminhamento que lhe são oferecidos.

Ocasião há em que, mercê de processos de magnetização a que foram submetidos por associados de erros, essas entidades comparecem com a sensibilidade embotada, esquecidas das dores de seu passado recente, dopadas nos recursos mais sublimes da alma por terapias criminosas utilizadas nas regiões inferiores da vida espiritual.

Os trabalhadores de Jesus, de seu plano de vida espiritual, versados em técnicas de recuperação, costumam retirar essas couraças que impedem o Espírito de sentir e restauram-lhes muitas vezes a dor e o sofrimento com que desencarnaram, qual o médico que receita e aplica remédio amargo ou dolorido, mas que promoverá a cura do paciente. Nosso coração geralmente se confrange nessas situações em que a entidade, de ameaçadora, irritada ou fria e calculista, passa a contorcer-se movida pela dor moral.

Em outros casos, as dores superlativas com que se apresentam entidades que aportam ao grupo mediúnico precisam ser reduzidas a níveis pelo menos suportáveis para que os pobres enfermos tenham condições de raciocinar e compreender. Muitas lesões do corpo espiritual precisam ser tratadas, como no caso dos suicidas que somente quando sentem o alívio do atendimento espiritual, a ação dos medicamentos utilizados na Espiritualidade, é que passam a apresentar condições de serem tratados efetivamente.

É André Luiz[148] que nos reporta como se dá o tratamento desses enfermos no plano espiritual:

> Na Espiritualidade, os servidores da medicina penetram, com mais segurança, na história do enfermo para estudar, com o êxito possível, os mecanismos da doença que lhe são particulares.
>
> Aí os exames nos tecidos psicossomáticos com aparelhos de precisão, correspondendo às inspeções instrumentais e laboratoriais em voga na Terra, podem ser enriquecidos com a ficha cármica do paciente, a qual determina quanto à reversibilidade ou irreversibilidade da moléstia, antes de nova reencarnação, motivo por que numerosos doentes são tratáveis, mas somente curáveis mediante longas ou curtas internações no campo físico, a fim de que as causas profundas do mal sejam extirpadas da mente pelo contato direto com as lutas em que se configuraram.
>
> Curial, portanto, é que o médico espiritual se utilize ainda, de certa maneira, da medicação que vos é conhecida, no socorro aos desencarnados em sofrimento, porque, mesmo no mundo, todo remédio da farmacopeia humana, até certo ponto, é projeção de elementos quimioelétricos sobre agregações celulares, estimulando-lhes as funções ou corrigindo-as, segundo as disposições do desequilíbrio em que a enfermidade se expresse. [...]

A esse tratamento, segundo explica André Luiz, se adicionam a psicoterapia e o magnetismo, largamente usados no plano extrafísico, que exigem do médico espiritual grandeza de caráter e pureza de coração. Geralmente, se lhe segue a internação hospitalar necessária para que a entidade se restabeleça perispiritual e psiquicamente. Por esse motivo é que muitas vezes os Espíritos veem macas que lhe são oferecidas, enfermeiros que os tratam e medicam e que carinhosamente lhe oferecem o suporte à partida para as estações espirituais de hospitalização.

Há situações em que, alcançado certo nível de compreensão sobre a condição em que se encontra, o manifestante precisa ser incentivado no sentido da conscientização de suas dificuldades. Em seguida, fazer com que se disponha a adotar as providências íntimas necessárias para o reequilíbrio, ou pelo menos que aceite a ajuda de que necessita para o refazimento espiritual como um primeiro passo para esse reequilíbrio.

A função do orientador nessa fase do processo, no exercício do amor ao próximo ensinado por Jesus, é procurar apoiar emocionalmente o enfermo a buscar a elevação possível de pensamento para que os recursos da Luz divina possam ser aproveitados em seu favor. Como dissemos, a oração coopera eficazmente nesse sentido e os textos evangélicos são a luz que ilumina os caminhos de retorno para o Espírito que perdeu o rumo na loucura do erro, no desvio do egoísmo.

Essa é uma síntese bem simples do início do processo de reequilíbrio dos Espíritos, aos quais cumpre, a partir daí, desenvolver-se no rumo do bem, com o apoio dos benfeitores espirituais que os encaminharam para o atendimento mediúnico. Certamente, a experiência nos trabalhos de esclarecimento aos manifestantes vai levar os doutrinadores ao conhecimento e à compreensão de matizes e estruturas mais complexas que se estabelecem em cada caso.

Capítulo 8
Algumas situações em que os Espíritos se encontram

A variação individual do ser humano é inegável. Sendo os Espíritos seres humanos desencarnados, seria ideal avaliar e traçar linhas de diálogo caso a caso. Contudo, seria praticamente impossível cobrir toda a gama das personalidades e das problemáticas existentes. Tampouco se pode, diante da complexidade da alma humana, rotular cada entidade, procurando encaixá-la em padrões necessariamente genéricos e compartimentados.

A despeito da inadequação de qualquer processo dessa natureza, necessitamos, exclusivamente para fins didáticos, analisar alguns dos problemas mais comuns a partir de circunstâncias, dados e informações que pudemos congregar ou mesmo de traços de personalidade dos Espíritos que se manifestam no grupo mediúnico. Naturalmente que teremos, aqui, de valer-nos de uma listagem simplificada em benefício de nossa melhor compreensão, conscientes, todavia, de que toda generalização sempre implica deixar de lado aspectos importantes para o atendimento da situação individual.

Muitas vezes essas características e condições se sobrepõem e complementam, outras vezes a entidade que se comunica não apresenta encaixe aproximado com qualquer dos grupos que a seguir analisamos.

Assim, encaremos o estudo que se segue como um panorama que tem a intenção de permitir uma visão genérica e necessariamente superficial conforme as observações, também limitadas, que pudemos fazer nos grupos mediúnicos que frequentamos. Outros autores, como Hermínio C. Miranda, principalmente em *Diálogo com as sombras*, apresentam classificação diferenciada que vale conhecer.

Para tornar mais claras as nossas afirmações e conjecturas, vamos também, em oportunidades que julgamos convenientes e quando for relevante, relatar alguns casos que ilustram adequadamente a problemática examinada, com o devido respeito pelos irmãos que pudemos conhecer e com quem pudemos interagir. Justificamos nossa voluntária indiscrição com a finalidade deste estudo, que é principalmente de oferecer subsídios para espíritas em tarefa de ajuda aos necessitados do plano espiritual, bem como de prestar apoio aos encarnados assediados por dificuldades relacionadas com as atividades do plano invisível.

8.1 Principais tipos de Espíritos trazidos aos trabalhos mediúnicos

8.1.1 Vinculados à vida física

Ao tratar dos Espíritos vinculados à vida física, estamos considerando aqueles que pouco deram atenção à realidade espiritual durante sua vida na matéria, independentemente do tempo de sua desencarnação. Incluímos, assim, nesta categoria, Espíritos nos quais predomina o problema da vinculação excessiva à matéria e que necessitam da interação fluídica com o médium para facilitar o desligamento das peias físicas ou afetivas, o despertamento para a atual realidade em que se encontram, ou, ainda, a ampliação de suas percepções em relação ao mundo espiritual.

Tal seria o caso, por exemplo, de um Espírito que se manifestou no grupo estranhando a luz reduzida e queixando-se de mal estar geral. "Onde estou?" — ele perguntava. "Por que está tudo tão escuro?

Como vim parar nesta sala? Estava no meio de uma viagem!" Passou subitamente a mão no peito e exclamou: "Santa Mãe de Deus, eu não estava com essa roupa!" Enquanto o doutrinador tentava tranquilizá-lo para procurar desenvolver o clima necessário ao esclarecimento, uma ideia lhe surge: "Meu Deus, é como no filme *Os outros!*" [película que mostra uma família que habita uma antiga mansão e que desconhece sua desencarnação e da qual só se dá conta quase ao final do filme]. "Será que...?" — pergunta. "Ó meu Deus, estou com medo!" A partir daí, o esclarecimento se tornou mais fácil e a prece ajudou a elevar o padrão vibratório do manifestante para que ele pudesse perceber o plano espiritual, os Espíritos que ali prestavam a assistência aos necessitados e, naturalmente, o familiar que viera recebê-lo no limiar da nova vida.

Nesse grupo podem ser incluídos os *materialistas*, que se deixam levar pelos excessos do culto à inteligência ou do racionalismo desorientado. São, via de regra, acalentadores do amor-próprio que não logram raciocinar além de suas convenções ou prevenções, crendo que nada existe além do acanhado limite de seus sentidos físicos. A própria existência da vida após a morte os coloca inicialmente em estado de confusão e, com o tempo, os faz revisar suas ideias e convicções.

Também é o caso dos que simplesmente se vinculam à vida material, sem alçar vistas aos processos de espiritualização e crescimento interior, presos aos interesses do dia a dia e batalhando arduamente em uma vida de objetivos imediatistas. Em casos extremos, chegam ao plano espiritual em situação muito penosa. Voltados para uma vida materialista, acreditavam fixamente que a vida terminava no nada, que consideravam como um sono infindável. O Espírito André Luiz relata as palavras de Narcisa, em *Nosso lar*,[149] sobre a situação desses "semimortos", chamados "crentes negativos", que "[...] Converteram a experiência humana em constante preparação para um grande sono e, como não tinham qualquer ideia do bem, a serviço da coletividade, não há outro recurso senão dormirem longos anos, em pesadelos sinistros. [...]"

Em circunstâncias normais, a vinculação à matéria pode gerar a incapacidade de perceber a ajuda espiritual. Quando excessivo, o apego ao corpo físico pode prolongar-se até que o Espírito passa a sofrer com os horrores da decomposição. Quantos irmãos se apresentam nos grupos mediúnicos sob padecimentos comoventes, sentindo a ação dos vermes, o desespero de se acreditarem enterrados "vivos" e, em muitas ocasiões, a tristeza de se julgarem traídos ou abandonados pelos entes queridos!

Muito comum, também, é a situação do Espírito que crê que seus familiares e amigos não mais se interessam por ele, tendo-o deixado no hospital ou em sua própria casa, desatendido, ou ainda que seus entes queridos lhe fazem ouvidos moucos, ignorando sua desdita e seguindo com a vida rotineira como se não o estivessem vendo ou ouvindo. São frequentes os casos em que o Espírito se junge à família ou a outros entes queridos. Algumas vezes, principalmente quando estabelece alguma vinculação entre sua situação de desdita e alguém a quem considera inimigo, fica preso àqueles a quem odeia.

Em outras ocasiões, suas peias se encontram em determinados lugares de sua predileção ou aos quais se ata pelos fortes liames do hábito ou do uso cotidiano. Tal é o caso, por exemplo, de uma senhora, nossa vizinha, que desencarnou com muita idade e que, por longo tempo, permanecia a se embalar na cadeira habitual, em frente à televisão, assustando sua família, de pouco preparo espiritual e interessantes recursos mediúnicos. Outra situação peculiar foi a de um senhor, também desencarnado idoso, que, durante o trabalho mediúnico, adentrou o Centro Espírita com passos tão pesados que pudemos ouvir e acompanhar até que se postou atrás de um dos médiuns, pelo qual se comunicou, dizendo que não entendia o que se passava, tendo-se referido, entre outros fatos, à sua ida ao mercado para compras quando fora ignorado pelo vendedor. Dizia: "Não sei o que está ocorrendo, pois sempre fiz compras ali e o vendedor me atendia sem problemas. Agora quero levar comida para casa e ele não me responde".

Nos casos dessa natureza, a entidade manifestante necessita ser incentivada ao esforço de reformulação de ideias e convicções. Reconhecer-se no plano espiritual e conscientizar-se de que uma nova vida se lhe abre à frente é o objetivo a que o orientador deve procurar conduzi-la. Claro que, na maioria dos casos, diante do total despreparo para a verdade da morte física e de sua nova realidade no plano espiritual, cabe evitar chocar o pobre sofredor com declarações muito diretas, comunicando-lhe a morte do corpo físico, por exemplo.

O assunto pode, sim, ser introduzido com delicadeza e tato por meio de referências às verdades básicas da sobrevivência do Espírito ao fenômeno da morte, deixando a afirmativa final para o próprio necessitado. É interessante deixar ao manifestante a pergunta ou afirmação: "Então eu morri!?". Claro que surgirão oportunidades em que poderemos informar, de modo indireto, sobre a ocorrência da desencarnação. Pode-se inclusive utilizar afirmativas delicadas como, por exemplo, "Compreendemos que você passou por uma situação muito difícil de transição", ou ainda, "Na verdade, você está vivendo uma realidade diferente" e outras tantas afirmações nesse sentido que a nossa criatividade conseguir introduzir no diálogo sempre guiados pelo senso de oportunidade e conveniência.

O orientador precisa dosar a verdade. Se não for possível, absolutamente, caminhar nesse sentido, podemos manter o atendimento no nível assistencial, procurando, pelo menos, levar o manifestante a perceber o socorro que está recebendo dos Espíritos que usualmente fazem o trabalho de enfermagem inicial, geralmente vistos como médicos ou enfermeiros comuns, do plano físico, pelo Espírito que se julga simplesmente enfermo.

8.1.2 Vinculados à modalidade de desencarnação

Podem ser considerados aqui os Espíritos que mantêm as sensações das enfermidades ou que continuam a sentir os efeitos dos acidentes pelos quais desencarnaram. Manifestam os sintomas das doenças que os levaram ao túmulo, podem sentir dores, problemas respiratórios ou de outra natureza, perceber-se inválidos ou mutilados. Podem ser incluídos no grupo, ainda, Espíritos que optaram pelo *suicídio*, caso em que os padecimentos são mais graves, pois a dor de alguns deles é multiplicada pelo sistemático repetir do ato final do drama de sua desencarnação.

De modo geral, os Espíritos de pouca ou de mediana evolução, ao desencarnarem, mantêm por tempo mais ou menos longo, conforme a condição íntima de cada um, as marcas da enfermidade, do choque ou do acidente violento do momento da morte física.

Alguns se apresentam em profundo sofrimento, o que não lhes permite sequer pensar no socorro de que necessitam. Apenas queixam-se, choram ou gemem sob a constrição da dor. Outros, ainda sob a impressão de viverem no corpo físico, pedem o socorro de enfermeiros, médicos e hospitais para o alívio de seu padecimento.

Todos têm dificuldade de desvencilhar-se da dor por desconhecerem a realidade espiritual em que passaram a movimentar-se e, também, por ignorarem os recursos curativos da prece. Em sua maioria, ou não lembram do poder do divino Bem ou não conseguem mobilizar os recursos da vontade e do autocontrole para sobrepor-se ao sofrimento e concatenar os pensamentos e as emoções na busca do auxílio divino para suas dores.

Somente quando a exaustão e a perda das energias esgotam o desespero e trazem a acomodação e a resignação é que a alma se dispõe a ouvir os ecos do divino Amor que permeiam a natureza nos convidando à comunhão com os impulsos nobres de nosso Eu interior.

Muitas vezes, a Misericórdia divina se manifesta no meio do sofrimento, impulsionada por alguma oração bondosa de um ser querido ou por créditos espirituais que possam ser mobilizados em favor do Espírito em processo de dor reparadora. O Espírito é levado para o atendimento mediúnico de modo a que apresse o seu despertar para a realidade espiritual e acelere a recuperação.

O consolo é fundamental nesses casos com a manifestação de solidariedade e sincero desejo de ajudar. Em casos de sofrimento superlativo, os passes podem ajudar muito. Em todas as situações para essa categoria de Espíritos, a oração é sempre recomendável.

Causas das dores após a desencarnação

É interessante examinarmos o processo que determina esse prosseguimento das sensações do corpo físico. Allan Kardec afirma (LE 257), nesse sentido, que a alma tem a percepção da dor material que ela recebe através do perispírito, que é o agente das sensações exteriores. Com a desencarnação e a perda do corpo físico, o perispírito segue retratando as dores da alma, que, ou são repercussões dos desequilíbrios morais e espirituais de que o indivíduo é portador, ou são ecos de enfermidades, acidentes ou da opção pela morte voluntária que conduziram o Espírito à desencarnação.

Esse fenômeno resulta do fato de o perispírito ser dotado de natureza plástica e maleável. Ele é instrumento de comunicação com a matéria, formado a partir do elemento material rarefeito que circunda o nosso orbe e que Kardec denomina de fluido universal, do qual também se origina o corpo físico. Assim, o Espírito imprime a marca de suas características individuais em seu próprio perispírito de acordo com o mesmo princípio e de igual modo como age na modificação do fluido ambiente, pelo poder do pensamento, em atividade de cocriação.

Sempre há que lembrar que as enfermidades físicas e suas matrizes perispirituais têm suas origens nos desequilíbrios ou disfunções espirituais. O Espírito Áureo,[150] no livro *Universo e vida*, confirma que é das vibrações da mente espiritual que depende a harmonia ou a desarmonia orgânica da personalidade e, portanto, a saúde ou a doença do perispírito e do corpo material. Nada mais natural, portanto, que o Espírito, ao desencarnar, mantenha, por algum tempo, mais ou menos longo, conforme o nível de compreensão da vida e dos valores do bem, as repercussões dos mais recentes problemas físicos em seu corpo perispiritual.

Os Espíritos superiores, assim, apresentam-se como focos de luz, irradiando serenidade, emotividade superior e paz. Os Espíritos em desequilíbrio imprimem, de forma automática, em seu próprio perispírito as marcas de seus erros e viciações bem como enfermidades, distorções e dilacerações que resultam de compromissos negativos adquiridos quando a alma se afastou do caminho reto e do cumprimento do dever. Isso implica dor? Certamente. André Luiz relata que Gotuzo, médico desencarnado que trabalhava no socorro a entidades muito arraigadas à matéria, em Casa Transitória, nas regiões umbralinas inferiores, comenta que "[...] o corpo astral é organização viva, tão viva quanto o aparelho fisiológico em que vivíamos no plano carnal [...]".[151]

No mesmo livro,[152] André Luiz relata excursão de apoio a sofredores, na qual descreve que as filas de sofredores se estendiam:

> [...] em vasta procissão de duendes silenciosos e tristes, parecendo guardar todas as características das enfermidades físicas trazidas da crosta, no campo impressivo do corpo astral. Viam-se ali necessitados de todos os tipos: aleijões, feridas, misérias exibiam-se ao nosso olhar, constringindo-nos os corações. [...]

Lembramo-nos aqui de uma entidade tristonha que se manifestou em nosso grupo mediúnico chorando mansinho. Disse que sabia que tinha morrido e perguntava: "Mas como posso seguir com essa dor no peito como se ainda tivesse um coração?" E tem! O perispírito é o molde do corpo, que lhe reproduz órgãos, estrutura e características.

Quando a pessoa passa por uma longa enfermidade antes da desencarnação, normalmente se inicia, ainda no corpo físico, uma purgação que predispõe o sentimento e o raciocínio à aceitação do fenômeno da morte física. Não é o caso das desencarnações por acidentes, quando o desprendimento súbito e inesperado pode ser fonte de dor e sofrimento para o Espírito. Quase sempre este não se encontra preparado para o desenlace, tanto por se tratar de uma ocorrência imprevista, com a ruptura brusca dos laços que o prendiam ao corpo, quanto pela inconformação usual nesses casos.

A situação do Espírito se torna ainda mais difícil quando a morte súbita decorreu da própria imprevidência ou desequilíbrio do vitimado — como no caso dos acidentes de rodovia, em que o motorista cansado dormiu ao volante, ou ainda quando a bebida alcoólica precipitou a ocorrência —, situações que poderiam ser descritas como suicídio involuntário ou inconscientemente buscado e que vamos examinar, a seguir, com mais detalhe.

Podemos sintetizar a questão relativa aos Espíritos de baixa compreensão espiritual da seguinte forma: o ser em desequilíbrio impregna seus problemas no perispírito, que os traduz em desarmonias no corpo físico. Sobrevindo a desencarnação, o apego à matéria e o desequilíbrio do indivíduo fazem com que o perispírito siga refletindo os problemas espirituais e evolutivos das criaturas. Assim, nos Espíritos mais materializados, as desarmonias físicas seguem imantadas ao perispírito e têm sua origem na inferioridade do próprio Espírito.

Quando em processo de rearmonização emocional e espiritual, as repercussões no perispírito diminuem gradativamente até desaparecerem. Mas podem ocorrer recaídas pelos desequilíbrios emocionais provocados pelo ódio, pelo desejo do mal ou pela simples lembrança dos relacionamentos deixados no mundo carnal.

Para os Espíritos de nível espiritual superior, a situação é diversa, pois ensina Kardec (LE 257)[153] que

> [...] quando deixar esse invólucro (o corpo), não mais lhe sofrerá a influência. Nenhuma recordação dolorosa lhe advirá dos sofrimentos físicos que haja padecido; nenhuma impressão desagradável eles lhe deixarão, porque apenas terão atingido o corpo e não a alma. Sentir-se-á feliz por se haver libertado deles e a paz da sua consciência o isentará de qualquer sofrimento moral. [...]

Distraídos

A grande maioria dos Espíritos nas condições de persistência de dolorosas sensações de enfermidade ou mutilação é atendida diretamente, no próprio plano espiritual, pelos Espíritos trabalhadores, que desenvolvem atividades de socorro nas regiões umbralinas e nas trevas com grande dose de sacrifício e dedicação ao bem. Compareçam às atividades mediúnicas aqueles que necessitam de uma maior interação com os recursos do plano físico para seu despertamento e reequilíbrio. Entre esses estão os distraídos que viveram a vida sem dar maior importância a suas responsabilidades. Quando não tem outro jeito, cumprem simplesmente com os deveres imprescindíveis e voltam para sua vida inercial, esperando o tempo passar.

Essa situação é a daqueles que deixam de encetar a luta pelo aprimoramento simplesmente por medo, covardia, preguiça moral ou intelectual que os mantém em estado de inércia espiritual ou pela falta de opção pelo bem. São indivíduos que recuam ante os desafios, sem ter convicções fortes ou ideias próprias a defender.

Quando encarnados, são o que o vulgo denomina "Maria vai com as outras". Vivem no mundo seguindo a corrente de pensamento da época, sem desenvolver a inteligência da vida e o conhecimento filosófico necessário para erguer-se acima do comum dos homens. Podem ser sumidades em áreas outras do conhecimento, até mesmo grandes matemáticos ou cientistas, mas não se dedicam a meditar no aspecto da alma e do comportamento, ou ainda da ética e do pensamento humano. Sem ideias próprias, vivem a vida por viver, simplesmente deixando-se levar. Não são maus, mas também não fazem a opção consciente pelo bem. Falta-lhes a vontade e a disposição.

Algumas vezes, quando não assumiram grande comprometimento moral, são atendidos no próprio plano espiritual após período de purgação mais ou menos longo. Normalmente, só comparecem à reunião mediúnica quando sua extrema ligação com a matéria os leva a ter dificuldades na percepção dos benfeitores espirituais. Com muita frequência, sua falta de coragem ou sua preguiça os converte em rebeldes passivos, requerendo fortes impulsos da dor para arrancá-los da inércia.

Assim que o problema da vinculação à modalidade da desencarnação é identificado — o que se consegue quase que de imediato, dadas as características muito precisas do caso —, precisam ser acalmados com palavras de conforto que os distraiam de suas dores e lhe despertem a atenção para a enfermagem que seguramente já lhes está sendo ministrada. A oração é importante como elemento de elevação, que lhes permite a sintonia com os recursos do plano espiritual superior que fluem em seu socorro. Em alguns casos, é possível avançar orientações sobre a importância do aproveitamento do tempo e do uso dos recursos da vida para o bem do próximo.

Suicidas

O caso dos suicidas merece ser examinado à parte pela complexidade da situação que esses Espíritos vivem no plano espiritual. Há os suicidas involuntários, cuja desencarnação se deve a enfermidades decorrentes de abusos contra o corpo físico ou de acidentes, conforme mencionamos acima, provocados por descuidos ou desequilíbrio. É o caso daqueles que levam uma vida de desconsideração ante a dádiva divina do corpo físico. Esses podem ser considerados suicídios prolongados no tempo e que gradualmente vão minando o corpo daquele que se deixa dominar pela inércia do dia a dia na interação com o mundo material. Usualmente, esses indivíduos também são afetados pelos resultados de suas próprias atitudes descabidas diante do mundo e dos semelhantes e atingidos pelas vibrações de ódio e malquerença que semeiam ao seu redor.

Esse é o caso do próprio André Luiz, como ele relata no livro *Nosso Lar*.[154] Identificado como suicida, sem se reconhecer nessa condição, recebeu o seguinte esclarecimento:

> [...] A oclusão (intestinal) derivava de elementos cancerosos, e estes, por sua vez, de algumas leviandades do meu estimado irmão, no campo da sífilis. A moléstia talvez não assumisse características tão graves, se o seu procedimento mental no planeta estivesse enquadrado nos princípios da fraternidade e da temperança. Entretanto, seu modo especial de conviver, muita vez exasperado e sombrio, captava destruidoras vibrações naqueles que o ouviam. Nunca imaginou que a cólera fosse manancial de forças negativas para nós mesmos? A ausência de autodomínio, a inadvertência no trato com os semelhantes, aos quais muitas vezes ofendeu sem refletir, conduziam-no frequentemente à esfera dos seres doentes e inferiores. Tal circunstância agravou, de muito, o seu estado físico. [...]

Há também aqueles que buscam a morte voluntariamente, sob diversas justificativas, mais ou menos graves. Desilusões amorosas, bancarrotas financeiras, perdas de entes queridos, morte dolorosa iminente e tantas outras razões alegadas, todas desculpas que mascaram a falta de coragem moral ante os infortúnios e a ignorância da realidade da alma, da qual decorrem a falta de fé e de confiança em Deus.

A primeira decepção que aguarda os suicidas é a constatação de que a vida prossegue e de que sua situação se encontra agravada por tormentos superlativos, pois o momento da desencarnação, com todas as dores e pavor, permanece gravado na sua memória espiritual indelével. Ademais, o Espírito segue em viva ligação com o corpo em deterioração, sentindo os ecos dos vermes a trabalharem, afanosamente, na decomposição para a reabsorção natural de seus elementos. Na maioria dos casos, o Espírito vê o momento da morte a se repetir indefinidamente, anos a fio, até a completa destruição dos laços que o prendem à matéria.

Causou-nos muita lástima um pobre Espírito que veio para atendimento mediúnico após ter-se prestado ao papel de bomba viva em país do Oriente Médio. Seu estado de profundo remorso e uma hesitação de último instante que manifestara aos seus superiores hierárquicos na organização a que se vinculava permitiu que fosse atendido e recambiado para nova encarnação que lhe ajudasse a reparar o perispírito muito lesionado. Apresentou-se agitando descoordenadamente os braços no ar, enquanto gritava: "Não, eu não quero mais. Vocês não podem me obrigar a isso." Em seguida, clamava: "Afastem-se, afastem-se, vai explodir, vai explodir!" Passava então por uma síncope para, imediatamente, pôr-se a reunir resíduos que não podíamos ver e dizia: "Ai, por Alá, o meu corpo, não restou nada, nada. O que sou eu agora?" A necessária ação de recomposição perispiritual foi efetuada com o apoio dos recursos fluídicos dos participantes, manipulados por técnicos espirituais, o que certamente não impediria o surgimento de lesões no futuro corpo físico, mas que constituiu uma bênção para o Espírito, que, depois, não cessava de agradecer à Bondade divina pelo alívio que experimentava e pela oportunidade do reajuste com que se lhe acenava.

No atendimento aos suicidas, devemos considerar que, ao desertar das provas e expiações do mundo físico, o Espírito incorre em débito maior por manifestar extrema rebeldia ante a vida e, por conseguinte, ante a Lei divina, além de desestruturar os centros energéticos do perispírito.

Quando trazidos ao grupo mediúnico, de modo geral, os suicidas já vêm de um longo processo purgatorial, durante o qual foram esgotadas as energias vitais que o mantinham ligado aos despojos físicos. Os ecos do ato infortunado, no entanto, prosseguem atuantes, e o suicida necessita de apoio fluídico para a melhora de sua condição perispiritual, bem como esclarecimento e orientação para encontrar via de solução para sua problemática.

Os passes e a oração são essenciais para a recomposição perispiritual, presidida pelos benfeitores desencarnados. Quanto ao esclarecimento a ser prestado, há que considerar que os suicidas podem se apresentar com pelo menos duas características diferentes. Num caso, o Espírito já compreende seu erro e lamenta o ato irrefletido. Deseja a oportunidade do reequilíbrio, mas não sabe como fazer para reconciliar-se com as Leis divinas e reencetar caminho por novos rumos. Em outra situação, o suicida segue pretendendo a morte, lastima-se por não ter podido conseguir o seu objetivo e, em alguns casos, chega a acusar a Divindade de injustiça por ter-lhe concedido o dom da vida.

No primeiro caso, em que o remorso e a compreensão quanto ao lamentável equívoco já deram início ao processo de reequilíbrio, a assistência é mais fácil, pois se centraliza, além do necessário tratamento fluídico, no esclarecimento quanto às bênçãos da Bondade divina, que sempre dá ao culpado oportunidades de reajuste e recomeço. Vale sempre recomendação insistente no sentido de o Espírito procurar desligar o pensamento do passado, pois que a simples recordação do suicídio o reconduzirá ao torvelinho da rememoração do ato praticado e da imensa dor que acarretou. As lembranças e lamentações podem trazer recaídas. A cura requer mente firme no bem e no propósito do reequilíbrio.

É interessante informar quanto ao tratamento que o Espírito receberá no plano espiritual para erguer seu ânimo e garantir-lhe que não estará sozinho nessa dificuldade, que receberá atendimento e serviços de enfermagem. Geralmente, esse dado é confirmado quando o Espírito finalmente passa a perceber o serviço de enfermagem que lhe está sendo prestado, consegue visualizar a maca que lhe está sendo oferecida e, em muitos casos, pode perceber o familiar ou o amigo que o atende nesse momento de reencontro interior. Não podemos esquecer que a assistência médica que, no plano material, é oferecida aos enfermos é pálida réplica dos métodos usados na Espiritualidade para o tratamento das lesões ao corpo perispiritual.

No segundo caso, quando o suicida mantém-se em atitude de rebeldia perante a vida e os desígnios divinos, compete ao doutrinador orientar o manifestante no sentido de fazer aflorar à superfície de sua consciência o erro em que incidiu, ajudá-lo a reconhecer que o ato praticado piorou sua condição, acrescentando mais dor ao seu estado de sofrimento, sem ter resolvido o problema original que o levou ao suicídio. Todo esclarecimento sempre deve ser devidamente temperado com as promessas da Misericórdia divina. Lembremo-nos da afirmativa de Pedro (*Pedro*, 3:9), que diz: "Não retarda o Senhor sua promessa, como alguns a julgam demorada; pelo contrário, ele é longânimo para convosco, não querendo que nenhum pereça, senão que todos cheguem ao arrependimento."

Recordemos, também, a parábola da ovelha perdida (*Lucas*, 15:7), a qual Jesus conclui que "haverá mais júbilo no Céu por um pecador que se arrepende do que por 99 justos que não necessitam de arrependimento".

Importante é que ele se conscientize de que sua vida não terminou e seu destino não está selado. O inferno e o purgatório são somente estados d'alma dos quais todas as criaturas se podem erguer. Lembremo-nos de que, em trabalho de atendimento mediúnico, o esclarecedor é sempre um evangelizador e somente o Evangelho pode erguer as almas do sofrimento e reencaminhá-las para a harmonização interior e a paz de espírito tão necessária à vida.

8.1.3 Culpados e arrependidos

Consideramos aqui os Espíritos que incorreram em faltas graves e foram colhidos nos mecanismos da Justiça divina. Sofrem nas zonas umbralinas ou trevosas, em conformidade com a natureza de seus atos contra o próximo e das responsabilidades negativas em que incorreram. Quando se manifestam no grupo mediúnico, se caracterizam ou pelo remorso ou pela insânia dos que desconhecem a extensão de seus débitos e dos que ignoram as nefastas consequências de sua crueldade contra o semelhante. Alguns desses se apresentam com demência em graus diversos. Outros há que vêm amedrontados, perseguidos por obsessores empenhados em cobrar essas dívidas morais.

Os Espíritos arrependidos geralmente compreendem o mal que causaram, sabem que seu sofrimento deriva da infração da Lei divina e, usualmente, sentem-se aliviados quando informados de que podem reconstruir sua vida em novas bases e que terão a oportunidade de corrigir seus erros e de se penitenciarem ante aqueles que prejudicaram.

Em alguns casos, principalmente quando vêm fugidos, perseguidos por obsessores que os localizaram no próprio plano espiritual e que muitas vezes já os seguiam na última e talvez em anteriores encarnações, necessitam incentivos no sentido de adquirir valores íntimos, como a coragem necessária para empreender novos rumos em sua vida. Precisam compreender que nos recursos da Misericórdia divina encontrarão forças para vencer suas novas lutas. É importante que saibam que o amparo sempre é concedido àquele que pede e que se coloca, por sua decisão positiva, por seu empenho no processo de renovação íntima, em condições de receber a ajuda de que necessita. É possível recorrer sempre a pensamento como esse: "Meu querido, você terá a ajuda de que precisa, mas também tem de manter-se em posição de receber essa ajuda, o que implica uma atitude decidida de caminhar no rumo do bem".

Já os Espíritos culpados e que, por distorções do raciocínio ou por preconceitos e convenções humanas que ainda lhes afeta o equilíbrio, persistem em convicções errôneas necessitam, além do esclarecimento, ser induzidos a racionalizar o pensamento e analisar sua vida à luz da lógica e do bom senso. Em muitas situações, precisam compreender e sentir, pela própria experiência, que são amados e que amam também, apesar de haverem feito todo o esforço para negar essa realidade. Algumas vezes requerem mais de um comparecimento ao grupo mediúnico, pois ideias acalentadas há muito tempo, por vezes séculos, não podem ser extirpadas sem grande esforço da alma recalcitrante. O próprio sofrimento é a grande alavanca que os impulsiona ao reexame de si mesmos. O doutrinador, nesse caso, funciona como direcionador da meditação e autoanálise que o Espírito deve realizar.

Existem, ainda, aqueles em que as ideias insanas e as crenças desequilibradas lançaram raízes tão profundas que os imergiram em uma fase que poderíamos dizer de pré-demência ou mesmo de loucura. Esses se fazem quais crianças inconscientes que, na maioria dos casos, somente com o recurso da reencarnação conseguem superar atavismos seculares.

8.1.4 Em estado de inferioridade deliberada

Há Espíritos que se deixam levar pelo predomínio de interesses de baixo nível evolutivo, pelo imediatismo, por rebeldia ou pela falta de controle das paixões, mantendo-se, deliberadamente e de forma consciente, em estado de atraso, ou, ainda, estacionam em seu patamar evolutivo.

Estão nesse caso as entidades orgulhosas que não admitem a existência de seres que lhes são superiores, inclusive do próprio Deus. Outras reconhecem a existência de Deus, mas se incluem como participantes de organizações encarregadas de executar a "cobrança" ou "vingança" divina, tendo-se por imprescindíveis nesse processo, pois os "bons" não fazem esse tipo de "trabalho". Também aí se incluem Espíritos viciados, ou que se rebelam ante a corrigenda que lhes foi imposta pelas Leis divinas, inclusive os obsessores e os integrantes de associações trevosas.

Vale a pena determos o estudo nessas entidades, examinando suas principais características e levantando algumas possibilidades de abordagem de seus respectivos problemas.

Viciados

A dependência do cigarro, do álcool ou da droga não desaparece somente porque o indivíduo desencarna. Seu efeito destruidor é tão intenso que vai além das consequências perniciosas no organismo físico, lesionando também o veículo perispiritual. Ensina André Luiz[155] que

> [...] O perispírito, formado à base de matéria rarefeita, mobiliza igualmente trilhões de unidades unicelulares da nossa esfera de ação, que abandonam o campo físico saturadas da vitalidade que

lhe é peculiar. Daí os sofrimentos e angústias de determinadas criaturas além do decesso. Os suicidas costumam sentir, durante longo tempo, a aflição das células violentamente aniquiladas, enquanto os viciados experimentam tremenda inquietação pelo desejo insatisfeito. [...]

Não podemos esquecer que os vícios são uma modalidade de suicídio indireto, com as mesmas implicações, em termos de danos ao perispírito, produzidos pelo suicídio deliberado.

Os condicionamentos por eles causados também persistem após a morte, não permitindo o reequilíbrio espiritual do usuário enquanto os últimos resquícios dos hábitos perniciosos não forem suprimidos. Ademais, o desejo e a necessidade de consumir a droga, permanecendo no Espírito desencarnado, fazem com que, em muitos casos, ele se vincule a um encarnado, obsidiando e vampirizando, única maneira que encontra de satisfazer suas ânsias. Suga, assim, as emanações tóxicas do viciado ou se junta a ele, em processo simbiótico, para o próprio consumo do cigarro, do álcool ou do entorpecente. O viciado é um escravo de sua vontade pusilânime que o prende em uma teia mental, psíquica e física e/ou perispiritual de desequilíbrio.

Os Espíritos que se manifestam no grupo mediúnico portando essa problemática apresentam sintomas de ansiedade, angústia, crises de insânia, convulsões e espasmos. Vêm, usualmente, de longo tempo de purgação nas regiões espirituais inferiores. Em muitos casos, são trazidos à reunião após terem sido interrompidos em meio a um processo de obsessão, cujo tempo expirou ou que foi suspenso pela Misericórdia divina.

Normalmente, já sentem o desejo de recuperação, o cansaço do sofrimento ou o tédio da insaciedade, ou mesmo uma mescla de todas essas condições. Na maioria das vezes, essa disposição pode estar embrionária ou ainda imperceptível por situar-se no nível do inconsciente. O atendimento a esses tipos de entidade requer o estímulo necessário para que encarem sua realidade, seu isolamento afetivo, seus anseios de bem-estar e, principalmente, para que desejem com muita vontade o retorno ao equilíbrio.

A recuperação do Espírito que enfrenta essa situação requer, mais do que em qualquer dos outros casos, o fortalecimento e a retomada do controle da vontade. Certamente que a manipulação, pelos dirigentes espirituais da reunião, de recursos fluídicos espirituais e físicos, neste caso, doados principalmente pelos encarnados que participam da reunião, serve de apoio à recomposição perispiritual e facilita o alijamento dos resquícios e condicionamentos da enfermidade. Contudo, o reequilíbrio do Espírito depende, fundamentalmente, do desejo de retornar à vida e de uma atitude persistente e firme no sentido de vencer os condicionamentos.

Algumas vezes, as situações são tão sérias que tornam necessário o retorno à vida física em corpo altamente comprometido, formado sobre a matriz desestruturada do perispírito lesado.

Incluem-se nesses grupos, também, os viciados no campo do sexo desregrado, exigindo a orientação adequada ao seu encaminhamento para a recuperação e a retomada das vias normais da evolução. Enquanto hebetados pela viciação, esses Espíritos simplesmente seguem a onda de seus instintos pervertidos pelos maus costumes de exploração da economia vibratória alheia. Constituem-se em obsessores nos mais variados graus de intensidade, levando pessoas incautas à prática do sexo "sem compromisso" ou, em situações mais graves, se constituem em especialistas na inspiração a médiuns inconscientes, promotores de publicações pornográficas pelos mais variados meios de comunicação.

Podem estar em diferentes estágios de despertamento. Quando endurecidos, são hipócritas ou debochados, acreditando que todo mundo pensa e faz como eles, pois duvidam da boa natureza humana. Chegam a afirmar que não há quem não ceda a uma influência dessa natureza e cometa "seus pecados", mas que não admitem e disfarçam por causa das imposições da "falsa moral" familiar ou social. Outros se apresentam no trabalho mediúnico ainda sem entendimento da extensão de sua problemática, mas já sentindo a necessidade de mudança de comportamento. Alguns nessa situação são pusilânimes, não têm coragem de enfrentar seu problema e se deixam cair de experiência em experiência com uma crescente ansiedade pela necessidade que a consciência lhes impõe no sentido da mudança de comportamento. Outros, ainda, são simplesmente *bon vivants*, não querem compromisso e estão simplesmente vivendo a vida como ela se apresenta.

No diálogo com esse tipo de Espírito, é importante estar atento ao tédio crescente que lhes vem dominando ao longo do tempo, à insatisfação pela insaciedade do prazer, ao cansaço pela repetição de experiências que já não têm o mesmo significado de antes, à carência de alguém que realmente o ame e se devote ao seu bem. Na maior parte desses casos, a chamada para a responsabilidade diante da vida precisa ser apresentada em algum momento do diálogo. E, novamente, o amor verdadeiro, não o sexual simplesmente, é a via de recuperação desses irmãos profundamente necessitados de apoio e suporte afetivo equilibrado.

Rebeldes

A rebeldia é traço de caráter que pode se manifestar em seres de evolução incipiente. Alguns Espíritos há em que essa disposição é tão marcada que passa a potencializar os demais sentimentos e emoções negativos, acentuando as características nefastas predominantes na personalidade. A grande maioria dos Espíritos obsessores se encontra nesse caso, pois a rebeldia é um grande incentivo à ação contrária aos desafetos e aos movimentos de renovação religiosa, política e social que atuam contra seus interesses. Passemos a examinar alguns casos específicos de Espíritos nos quais a rebeldia constitui o epicentro de sua problemática interior.

Orgulhosos

Trata-se do caso de Espíritos rebeldes que se julgam mais importantes que os demais, um destaque na humanidade, e que manifestam o orgulho excessivo como elemento central em suas individualidades. Esse é o caso, por exemplo, de personalidades que ocuparam posição destacada entre os homens, seja em hierarquias sociais, administrativas ou sacerdotais. Entre eles, podem contar-se grandes senhores feudais ou reis que se julgam com direito de vida e morte sobre outros seres; fazendeiros, senhores de escravos, que não admitem a igualdade de todos os homens; sacerdotes e dignatários de igrejas, rebelados contra a situação que encontram depois da desencarnação e que julgam merecer melhor posição no mundo espiritual em função da que ocuparam na Terra.

Ilustrativo foi um caso, com que tivemos contato, de um alto dignatário asiático que percebia, de alguma maneira, as mudanças em si e em torno de si, mas, movido por rebeldia, se recusou, por séculos, a aceitar sua nova situação, mantendo-se em estado de insânia voluntária. Em sua manifestação no grupo mediúnico, recusou-se, de início, a falar com a doutrinadora, pois ela era uma mulher. "As mulheres — dizia — são submissas e servas." Não são para serem ouvidas, nem deveriam, sob pena de punição física, dirigir-se a qualquer homem sem autorização, quanto mais a um homem de sua posição! Longos anos passara fechado em sua loucura e delírios de grandeza.

O choque de ter, por interlocutora, uma mulher e de não poder exercer sobre ela o seu mando terminou por mostrar-se positivo, ajudando-o a despertar para sua nova realidade. Quando finalmente, com a orientação recebida, começou a revisar racionalmente sua situação à luz dos ensinamentos de sua religião formal, o budismo, pôde compreender melhor a realidade que vivia e, quando lembrou dos ensinamentos sobre a reencarnação e a vida após a morte, conseguiu equilíbrio suficiente para sair do estado de auto-hipnose em que imergira.[*]

Mistificadores

Os Espíritos mistificadores podem apresentar natureza pusilânime, em que o viés da rebeldia assume um caráter de flexibilidade aparente. Trata-se de Espíritos preguiçosos, medrosos ou covardes, que muitas vezes recuam diante dos desafios da evolução. Já sentem desejo de mudança, percebem uma necessidade íntima de libertar-se e progredir, mas hesitam e recuam no momento da decisão, que sabem vai lhes requerer esforço adicional ou fortaleza interior e, seguramente, vai sacudi-los do comodismo de sua vida.

---

[*] Nota dos autores: Conforme referências históricas, inicialmente, o Budismo considerava a mulher inferior ao homem. Buda só teria mudado de ideia e admitido a fundação de uma ordem feminina tempos depois de haver orientado seus discípulos a serem vigilantes em relação ao que considerava as artimanhas das mulheres.

Podem apresentar, também, maior dose de rebeldia, comparecendo ao grupo mediúnico com o propósito de distrair os trabalhadores, simplesmente enganá-los ou tomar o tempo da reunião.

Na primeira situação, os Espíritos mistificadores de natureza pusilânime, para evitar a pressão da argumentação do doutrinador e de seus convites bem-intencionados à renovação, que os incita a racionalizar suas opções e sua vida, fogem pelo subterfúgio do fingimento. Assumem aparência de flexibilidade e fingem concordar com tudo que se lhes diz. Encerrada a reunião, retornam à situação anterior para evitar enfrentar suas lutas. Trazidos novamente ao grupo, procuram se esconder atrás de personalidades fictícias, evitando "cobranças".

Rebeldes passivos, requerem observação acurada e, na maioria dos casos, a ajuda dos médiuns para serem descobertos. O médium equilibrado logo consegue identificar a entidade e usualmente alerta o doutrinador ou o dirigente dos trabalhos. Contudo, geralmente acompanham frequentadores da Casa Espírita ou mesmo integrantes do grupo mediúnico quando, por algum motivo, falha o processo de seleção inicial dos trabalhadores.* Nesse caso, costumam se manifestar pelo próprio médium que obsidiam e requerem observação acurada para ser identificados.

O sinal mais característico da presença de um Espírito dessa natureza é a repetição, em diferentes manifestações, de expressões verbais, cacoetes e costumes na entidade, que não são habituais ao médium no seu estado normal. É assim que, por exemplo, o médium recebe Espírito que se apresenta com resquícios de sofrimento físico. Na mesma reunião ou em outro dia, o manifestante se mostra dementado. Em outra oportunidade, apresenta-se como uma entidade amedrontada. Em outras vezes, se apresenta com galhofas e zombarias, fazendo comentários que acredita divertidos ou dando gargalhadas com o objetivo de quebrar o clima da reunião. Em todos os casos, porém, a manifestação se processa de modo semelhante, com características que evidenciam ser aquele o mesmo Espírito.

---

* Nota dos autores: Veja o capítulo 3 deste livro.

Devemos acautelar-nos, contudo, diante do fato de que, principalmente quando o médium é iniciante, ele pode deixar transparecer muitas de suas características nas manifestações das entidades que intermedia. É essencial buscarmos, quando em dúvida — toda dúvida equilibrada é sempre salutar — o apoio de outro médium experiente ou, sendo possível, de um médium vidente com domínio de sua faculdade para auxiliar discretamente na identificação do caso. Também pode ser feita avaliação do dirigente com os demais doutrinadores do grupo sobre o caso específico e, quando se julgar que a medida ajudará o médium, após explicar-lhe a situação, o dirigente poderá propor a ele que fique durante tempo indeterminado no apoio vibratório, sem dar passividade, acompanhando os movimentos do mistificador para ver se ele cansa de esperar a oportunidade, que não lhe será dada, de prejudicar o grupo.

Trata-se de um problema sensível, pois um equívoco do dirigente pode vir a prejudicar um companheiro iniciante nas lides mediúnicas. Sua abordagem requer muita cautela, pois algumas vezes a presença do mistificador pode ser permitida pelos mentores espirituais para treinamento do médium e/ou aprendizagem do grupo. Outras vezes terá efetivamente o intuito de ajudar a entidade a superar suas dificuldades. Até que se defina claramente o caso, convém prosseguir a doutrinação de maneira habitual.

Uma vez comprovada a presença de Espírito mistificador, é necessário verificar se se trata de uma entidade pusilânime ou se o problema é mais grave, pois algumas vezes essas entidades podem ser Espíritos especialmente treinados, ali introduzidos para impedir o bom andamento dos trabalhos ou o desenvolvimento do grupo, seja procurando assediar o médium, seja buscando tomar o tempo da reunião, ou, ainda, introduzir perturbação no ritmo do atendimento. Algumas vezes, efetivamente, esses Espíritos fazem parte de planos bem urdidos para suspender a atuação do grupo.

De qualquer forma, mantendo-nos alertas e sob devido controle o desenvolvimento dos trabalhos mediúnicos, devemos atender o manifestante mistificador como o irmão necessitado que é, procurando, primeiramente, ajudá-lo a identificar suas carências íntimas e desencontros interiores, sem nos deixar enredar nas suas manhas e ardis. Convém expor suas dificuldades de modo claro, pois somente quando assumir suas lutas e se decidir efetivamente pela renovação ele poderá ser ajudado de forma efetiva.

Se em alguns casos o grupo conseguiu ser de alguma ajuda a entidades com essa problemática, lembramos aqui, com pesar, o exemplo de um companheiro não necessariamente mau, mas no qual o orgulho e a ânsia de poder catalizavam as atitudes, levando-o a buscar, por meio do encarnado que obsidiava, predominância e destaque em todos os grupos de amigos ou de companheiros de ideal espírita para os quais estava sempre pronto a dar conselhos e orientações.

Em suas primeiras manifestações no grupo, apresentou-se vestido com a roupa típica dos rabinos, o indefectível chapéu de aba, a barba longa e os caracóis laterais. Queria aconselhar, orientar, fazer-se líder. A partir de então, passou a ser assíduo com o seu discurso antigo, sem eloquência porque centrado nas mesmas ideias — sem evolução — de sua reencarnação anterior. Diante da argumentação da ética e da moral, da clareza insofismável dos ensinamentos do Evangelho, apresentados de maneira singela, para evitar uma confrontação desnecessária, procurava evadir-se.

Algumas vezes simulava concordar, falseava mudança de interesses e de comportamento, até mesmo renovação espiritual, e retornava inalterado. Começou a tentar mistificar para alterar o ritmo dos trabalhos e ocupar o tempo da reunião. Fazia-se de Espírito sofredor, mudando as características de suas dores e mesmo a apresentação espiritual. Era cheio de recursos, mas cacoetes e expressões peculiares sempre o revelavam. O dirigente queria ajudar e consentia em sua vinda. Quando a direção do grupo estava decidindo por adotar medida mais firme no sentido de solicitar ao médium que passasse para o apoio vibratório, não mais admitindo a manifestação daquele Espírito, infelizmente, ele afastou-se em definitivo sem ter aceitado o atendimento espiritual de que necessitava e levou consigo o médium que obsidiava, que, aliás, jamais admitiu estar sob a influência infeliz. Ele ainda não estava pronto, mas o grupo, que iniciava o trabalho de atendimento mediúnico, muito ganhou em experiência com o pobre rabino.

Pseudossábios

Quando os Espíritos pseudossábios se apresentam, vêm para enganar, para tomar o tempo da reunião, para dificultar o entendimento da realidade da vida. Não é conveniente ao dialogador entrar no seu terreno de ação, pois eles são muito hábeis e podem colocar o interlocutor em situação de dificuldade. Se não há claro indicativo do seu interesse de mudança, melhor não perder tempo com eles, encaminhando o diálogo para os ensinamentos do Evangelho referentes à responsabilidade que cada um assume por seus próprios atos e para a oração.

Os pseudossábios preferem grupos ou pessoas que lhe dão acolhida. Quando dominam um grupo, dificilmente o deixam, sendo conveniente, nesse caso, para melhor garantir seu afastamento, interromper a atividade mediúnica e retomar o estudo inicial como se estivesse sendo criado um novo grupo. Se afinal esse irmão infeliz conseguiu se instalar é porque os encarnados não souberam recusar sua influência e necessitam aprender, talvez não intelectualmente, mas na prática, os conceitos básicos da relação mediúnica. Se um membro do grupo está sob uma influência dessa natureza, cabe ao dirigente convidá-lo à abstinência indefinida da prática mediúnica, entregando-se ao estudo diário do Evangelho com acompanhamento de pessoa responsável e conhecedora dos processos da desobsessão.

Temos observado que grupos ou médiuns isolados têm sido guiados por essa categoria de Espíritos, promovendo uma verdadeira profusão de publicações pseudoespíritas que visam ao lucro e à promoção dos envolvidos, sob o disfarce de doação dos resultados da venda das obras para atividades de assistência e promoção social. Alguns nem com isso se preocupam. Simplesmente publicam, pois sabem que terão público cativo ansioso por novidades "espirituais" e "do outro mundo".

Ateus

Nos casos de ateísmo, quase sempre o Espírito cede diante do inevitável reconhecimento da sequência que a vida tem após a morte do corpo físico. Excetuam-se situações muito especiais em que há rejeição do próprio conceito da Divindade e uma recusa absurda da própria sobrevivência à morte, o que poderá exigir mais esforço por parte do grupo para auxiliar o irmão empedernido. Consideremos, no entanto, com Emmanuel,[156] que, em todos os casos, "o ateísmo ou a incredulidade absoluta não existe, a não ser no jogo de palavras dos cérebros desesperados, nas teorias do mundo, porque, no íntimo, todos os Espíritos se identificam com a ideia de Deus e da sobrevivência do ser, que lhes é inata. [...]"

O principal elemento no atendimento desse grupo de Espíritos é a racionalização sobre a continuidade da vida e o envolvimento fraterno, solidário que promova a elevação do padrão vibratório do manifestante, permitindo seu acesso aos recursos de auxílio superior. Finalmente, ele entenderá que aquele que sofre necessita fazer o esforço de buscar a ajuda da Bondade divina.

Obsessores

Para facilitar nosso estudo, coloquemos em categoria à parte, entre os Espíritos rebeldes, aqueles nos quais a inconformação pode potencializar insaciável desejo de vingança. Trata-se de situação muito comum que se apresenta nas reuniões mediúnicas.

É o caso, principalmente, daquelas entidades que não aceitaram a corrigenda da Justiça divina e veem, como culpados de seus sofrimentos, aqueles que serviram de instrumento para sua dor. O objetivo de sua vida é a vingança e apresentam-se irritados com a interferência em seus planos. Falam do passado e se colocam na condição de vítimas inocentes dos perseguidores a quem, a seu turno, hoje perseguem.

São Espíritos profundamente infelizes, pois, além de manterem vivos em si os sofrimentos por que passaram, perdem o fruto da dor, que deveria ser a conformação e uma melhor compreensão da vida. Seguem vivendo uma existência sem paz, cultivando verdadeiros infernos interiores, pois se escravizam na perseguição e vivem, cada segundo, na companhia de seres que julgam detestar, fechando sua percepção à presença de seres amados que os poderiam auxiliar.

Compreensão e esclarecimento constituem a tônica de seu atendimento. É imprescindível fazer-lhes ver o ciclo vicioso que estão estabelecendo em suas vidas, pois, pelos efeitos da própria Lei divina, terão de recapitular a experiência fracassada. É importante compreenderem que, ao fazerem sofrer, incidem em uma nova dívida cármica. A sementeira de dor na vida daqueles que hoje lhes sofrem a vingança recairá, agravada, em suas vidas futuras. O princípio de causa e efeito os levará novamente, no futuro, à dor reparadora. Do mesmo modo, as vítimas de hoje, caso não saibam perdoar, poderão voltar a se tornar instrumentos dessa dor.

Preciso é conscientizá-los de que a Lei divina atuará sobre seus ofensores sem necessitar de sua ação ativa de cobrança. Sua vingança somente a eles faz mal, porque os perseguidos, uma vez quitado o débito, fugirão de sua influência, esvaziando sua vingança. Aliás, é preciso que compreendam, também, que a vingança é insaciável — quanto mais castiga mais quer castigar —, gerando a insatisfação natural, interior e muitas vezes não admitida, e o inferno d'alma.

Somente o perdão, a reconciliação sincera fará com que possam sair da situação de sofrimento em que vivem, permitindo o reencontro com entes queridos com quem não podem conviver e que não podem ver, porque estes perdoaram e seguiram adiante. Geralmente, a promessa de afeto e de reunião com a família é o argumento que mais consegue mover os Espíritos empedernidos na vingança.

Lembramo-nos particularmente de um caso em que a entidade queria exercer vingança sobre uma família de trabalhadores espíritas, que empreende, na presente reencarnação, sérios esforços de reestruturação emocional, procurando dedicar-se ao bem, participando ativamente de instituição de beneficência. O Espírito dizia: "Ah, mas você não sabe, não sabe não, o que eles fizeram para mim e minha família. Perdi tudo, tudo mesmo. Me enganaram para ficar com meus bens, fui para a prisão e, depois de muitos anos, quando finalmente saí, não sei o que aconteceu com os meus. Busquei, busquei por toda parte. Perdi tudo, tudo." Palavras de orientação, apoio afetivo e oração, depois de certo tempo, permitiram que ele pudesse perceber a filhinha de seis anos[*] que veio recebê-lo a lhe dizer: "Venha papai, venha paizinho, a mamãe e

---

[*] Nota dos autores: Forma com a qual o Espírito se apresentou para ser reconhecido pelo pai.

todos os outros o esperam." E entre prantos ele foi, seguiu para retomar a vida da qual fugia por rebeldia e ódio, centralizado na vingança sem nexo e sem resultado.

O atendimento desses Espíritos pode ser feito em uma única oportunidade, dependendo de já sentirem, dentro de si, a ânsia de mudança, o isolamento afetivo ou o tédio do sofrimento e da falta de propósito superior de vida. Em outros casos, requerem vários diálogos, muita compreensão e lógica irretorquível. Por mais que conheçamos ou que pressintamos as vítimas de sua vingança, por mais intenso que seja o vínculo afetivo que a elas nos liguem, devemos ter no bem-estar, no reequilíbrio e na felicidade do vingador nosso propósito primeiro e nossa verdadeira prioridade. Os Espíritos percebem nosso coração, sentem quando nossas palavras saem do fundo d'alma, de uma dedicação real ao seu bem.

Em diversos casos, os Espíritos vingadores se juntam a associações trevosas, que vamos examinar a seguir, e que são integradas por outros Espíritos rebeldes embora com diferentes objetivos, mas com interesses semelhantes ou complementares para obter apoio e para ter acesso a recursos específicos de que outros tenham conhecimento ou de que possam dispor para atingir propósitos de vingança. Seu atendimento, observadas nuances particulares que sempre se apresentam, é semelhante ao do Espírito vingativo que atua isoladamente.

8.1.5 As congregações das regiões espirituais inferiores

Ademais dos Espíritos vingativos de que já tratamos, outras entidades há que, tendo gozado de riqueza, poder, posição social ou, ainda, tendo pertencido à alta hierarquia de organizações a que se vincularam na vida física, chegam ao plano espiritual e, por terem abraçado conscientemente ideologias — muitas vezes vinculadas a profissões religiosas — e modos de vida contrários ao bem, infringiram pesadamente a Lei divina e se veem diante da frustração de serem recebidos como Espíritos moralmente falidos, sobre os quais recaem culpas de grande vulto.

Imediatamente atraídos para zonas de grande inferioridade espiritual por rebeldia, em vez de humildemente encetarem o caminho de retorno, de correção, fecham-se no orgulho e, na convivência com seus iguais, organizam-se, procurando assumir posições de proeminência nas associações desequilibradas das zonas espirituais inferiores, apoiando-se mutuamente para negar sua realidade interior e sua condição espiritual inferior. Juntam-se em agrupamentos, organizados ou informais que lhes perpetuem o poder, o orgulho, os profundos enganos e lhes permitam manter a ilusão que cultivaram numa encarnação de valores equivocados.

André Luiz, no livro *Libertação*, descreve uma cidade assim organizada na qual um grupo de benfeitores espirituais penetra com o objetivo de resgatar um Espírito dominante naqueles círculos espirituais: Gregório. Nada melhor do que recolhermos alguns pontos selecionados da narrativa de André Luiz para compreensão mais ampliada da situação.

Diz ele que a cidade estava situada em vasto domínio de sombras, onde, para que seu grupo fosse visto, foi necessária adaptação perispiritual pela assimilação dos recursos fluídicos pesados do meio ambiente. Gúbio,[157] orientador de André Luiz, é quem informa que a direção administrativa ficava a cargo de um

> [...] sátrapa de inqualificável impiedade, que aliciou para si próprio o pomposo título de Grande Juiz, assistido por assessores políticos e religiosos, tão frios e perversos quanto ele mesmo. Grande aristocracia de gênios implacáveis aqui se alinha, senhoreando milhares de mentes preguiçosas, delinquentes e enfermiças... [...]

Seus habitantes são "rostos horrendos", "transeuntes de miserável aspecto", "mutilados às centenas, aleijados de todos os matizes, entidades visceralmente desequilibradas". Ademais, fala o instrutor Gúbio das "milhares de criaturas, utilizadas nos serviços mais rudes da natureza", que "se movimentam nestes sítios em posição infraterrestre", tema que não nos compete examinar nesta oportunidade, deixando somente o registro para que possamos fazer ideia mais aproximada da estrutura da cidade.

Nessas regiões espirituais, as estruturas de mando podem ser de natureza hierarquizada. Nesse caso, os Espíritos que lhes integram os quadros assumem posições variadas, mas definidas, conforme suas inclinações e experiências de vida. André Luiz fala de sacerdotes, juízes e magistrados, servidores, guardas, alguns deles técnicos utilizados na identificação e seleção de visitantes etc.

Mas essas organizações podem variar em sua composição e objetivos. Se algumas têm estruturas altamente hierarquizadas, outras são de natureza mais informal. Em termos de objetivos e finalidades, algumas concentram atividades na área religiosa; outras, voltadas quase que exclusivamente ao poder, desenvolvem atividades pseudojurídicas; outras, ainda, são construídas em torno de personalidades carismáticas e atuam na administração das concentrações espirituais que lhes são vizinhas. Manoel Philomeno de Miranda relata sobre a Cidade Pervertida, destinada exclusivamente ao cultivo do sexo desregrado por desencarnados e encarnados que a visitam durante o desprendimento noturno pelo sono.[158]

Hermínio C. Miranda[159] informa que os Espíritos que se detêm nessas paixões

> [...] sabem muito bem que, enquanto permanecerem ligados àquelas tenebrosas estruturas, estão adiando o momento do encontro consigo mesmos, com suas mazelas, suas consciências, seus remorsos. Enquanto estão ali, permanecem ao abrigo dos olhares amargurados de antigos amores, que o tempo não apagou. Por que trocar a glória, que chega às fronteiras da "divinização", pelo sofrimento anônimo, pela reencarnação de resgate? [...] Enquanto estiverem no exercício do poder estarão ao abrigo da dor maior, de enfrentarem a si mesmos. É mais fácil enfrentar a dor dos outros.

* * *

Há ainda grupos de Espíritos que vamos examinar aqui por apresentarem características aproximadas às dos grupos organizados, embora não constituam propriamente associações espirituais.

Os religiosos

Examinemos, em primeiro lugar, a questão das associações de religiosos. As religiões, de modo geral, existem no mundo com o objetivo de traçar roteiros de crescimento interior para a aproximação dos seres humanos com Deus. Esses objetivos são sublimes em sua essência e, embora apresentem divergências em sua exteriorização, sua base moral tem pontos em comum no amor, no bem, na convivência social voltada ao apoio mútuo dos indivíduos. A grande maioria dos religiosos sinceros, não obstante as diferenças de forma exterior de suas crenças respectivas, quando mantiveram vida equilibrada, atendendo às diretrizes de suas próprias consciências e aos preceitos morais de seus credos, ainda que encontrem alguma dificuldade, se adaptam à vida espiritual após o perecimento do corpo.

No entanto, muitos há nos quais preponderou a atração da vantagem material, do poder, do orgulho e do egoísmo em sua ação no mundo. A vida que viveram refletiu esses interesses inferiores. Nesse caso, qualquer que tenha sido ou seja sua religião, seguramente que se encontraram, ao deixar o corpo físico, em situação de sofrimento e dor, relegados a planos inferiores da existência espiritual.

Quando a esse quadro se juntam, ao tomarem conhecimento de sua real situação espiritual, a rebeldia e o consequente desejo de procurar manter-se na situação de poder ou de vantagem pessoal, procuram, na integração em associações de indivíduos com objetivos aparelhados, promover-se, alçando-se, pelo menos em aparência, a posições de mando no convívio com esses Espíritos de natureza semelhante para os quais foram atraídos e que, geralmente, partilharam de sua mesma religião.

Assim surgem e se mantêm as associações de religiosos, que têm diferentes objetivos conforme o credo que professaram e cuja natureza está usualmente relacionada com o processo histórico vivido nos locais que lhes são contíguos na crosta terrestre. Verificamos, por exemplo, no ambiente espiritual da Península Ibérica, a predominância de instituições nas quais pontificam ex-sacerdotes vinculados aos antigos processos inquisitoriais.

Do mesmo modo, no Brasil, onde a escravidão marcou indelevelmente o ambiente espiritual do país e o sincretismo religioso que gerou os rituais afro-brasileiros têm plena aceitação em muitos agrupamentos sociais, observa-se o comparecimento dos pretos-velhos e outras entidades. Nas regiões mais ao norte do país, as tradições da pajelança indígena também contribuem com entidades que se dizem "caboclos" ou "encantados", seres vinculados às florestas, rios e mares.

Sacerdotes e religiosos católicos falidos

É elevado o comparecimento nas reuniões de desobsessão de simples sacerdotes ou prelados espiritualmente falidos. De modo geral, se dizem defensores do Cristo e de seus ensinamentos. Por ignorância ou por má-fé, consideram a Doutrina Espírita como uma afronta à Santa Madre Igreja, que julgam defender e à qual pretendem pertencer. Acreditam ser seu dever opor-se ao movimento espírita e à difusão dos conceitos espiritistas. Mais se acirra seu combate quando, na reunião mediúnica, se consegue atender com êxito algum membro de seus quadros.

Alguns há que, em uma análise ligeira, aparentam agir de boa-fé, acreditando que estão certos e que apenas cumprem seu dever de bons católicos, ao tentar impedir o desenvolvimento das atividades espíritas. São algumas vezes instrumentos de associações religiosas voltadas a impedir o desenvolvimento da Doutrina Espírita. Contudo, usualmente, após produtivas conversas com o doutrinador, não só vêm a reconhecer que realmente não andaram, na experiência física, de modo consentâneo com o Cristianismo, como chegam a admitir que, no fundo, sabem que estão agindo de modo equivocado.

A grande maioria, no entanto, é consciente de seus enganos, nos quais permanecem voluntariamente pela atração do poder ou por rebeldia. Nas organizações a que se vinculam, procuram o poder a que estavam acostumados quando no corpo físico e do qual não tencionam abdicar, ou buscam a proteção de seus pares para continuar como foram até então, evitando a necessária transformação libertadora dos prejuízos cultivados, às vezes, por séculos. Seu convencimento é de difícil obtenção. Lutam contra todos os argumentos, mesmo contra o raciocínio lógico que lhes procura apontar a incongruência de suas "teorias filosóficas" ou "religiosas".

Aliás, no seu atendimento, qualquer argumentação em defesa dos postulados da Doutrina Espírita, ou outro modo semelhante de tentar convencê-los de que não somos demônios ou feiticeiros, do que seguidamente nos acusam, é desaviso. Devemos reconhecer que muitos dos que hoje militam nas hostes do Espiritismo são almas resgatadas por Jesus de experiências falidas nos monastérios ou conventos. Quantos chegam acusando-nos de traidores da causa, de vendidos ou covardes, fracos ou pusilânimes! Por outro lado, o Espiritismo, com seus grupos mediúnicos, interfere diretamente nas atividades desses companheiros desorientados ao procurar resgatar de seus erros, muitas vezes seculares, essas almas que, como nós no passado, desvirtuaram em suas vidas os belos ensinamentos evangélicos a cuja fonte fecunda tiveram acesso.

O trabalho de orientação precisa ser direcionado prioritariamente ao seu sentimento. Não podemos esquecer que, por mais rude que se apresente, por mais endurecido que nos pareça ou por mais radicais que suas posições espirituais se mostrem, estamos diante de um irmão que, em silêncio e muitas vezes sem que ele mesmo perceba, clama por socorro, pede afeto e sentimentos de amizade e compaixão verdadeiros. Lembremo-nos de que vivem em mundo de fantasia, são odiados pelos subalternos e respiram um clima de rivalidade permanente na luta pelo poder que se desenvolve dentro dessas organizações. Muitas vezes, a extrema ordem e disciplina que regem suas estruturas pesa na economia espiritual do ser que anseia pela flexibilidade do amor, pela aceitação incondicional de um ser que lhes oferece um sentimento positivo sem nada exigir, querendo simplesmente seu bem e sua felicidade.

A argumentação lógica deve ser utilizada em apoio a esse processo de despertamento de seus sentimentos de carência afetiva ou no reforço da sensação de tédio e desencanto que muitas vezes já começa a assomar, devagarinho e sorrateiramente, no seu interior, em resposta ao chamado da luz e às vibrações de afeto que os alcançam, partindo de entes queridos que há muito os esperam, aguardando seu retorno.

Suas convicções são geralmente distorcidas e baseadas, às vezes, em complexos sistemas teológicos e filosóficos que engendram para justificar suas ações e sua posição espiritual. Os argumentos que nos oferecem o Evangelho e a exemplificação de Jesus são centrais para o atendimento de sua problemática.

A análise deformada do episódio dos vendilhões do templo, por exemplo, constitui uma das justificativas básicas de suas atitudes de violência e agressividade contra as organizações religiosas espíritas cristãs e seus adeptos. Esquecem-se de que Jesus, naquele momento, não estava confrontando o Judaísmo ou qualquer outra seita religiosa, mas visava justamente a que não se transformassem as coisas santas em objeto de comércio e usura, numa repetição e ênfase do ensinamento "a César o que é de César e a Deus o que é de Deus". Essas questões confrontam o cerne de sua problemática, que é a da busca do poder e da dominação, da riqueza e dos bens materiais, pontos cruciais no seu desvio da rota cristã.

Os pobres irmãos geralmente confundem o Cristianismo com a Igreja a que pertenceram e os propósitos do bem com os desvios de pensadores e dirigentes religiosos que impingiram sua desorientação à própria estrutura que deveria ser o bastião do crescimento religioso das comunidades a que diziam servir. Diante da clareza dos ensinamentos de Jesus, brandem equívocos intencionais de interpretação e desvios de sentido que não se sustentam por longo tempo diante da análise fria que sua consciência, faminta de luz, abraça, ansiosa, tão logo se abre a primeira brecha emocional na fachada mal composta de sua dureza espiritual.

Esses pobres companheiros não podem resistir por muito tempo aos argumentos essenciais ao seu atendimento que se centralizam na máxima evangélica do amor a Deus sobre todas as coisas e ao próximo como a si mesmo. Toda e qualquer atitude de agressão e combate não poderia estar mais distante desse ensinamento de Jesus e da moral cristã.

Para muitos, o ponto de retorno está em Francisco de Assis, no seu trabalho missionário de renovação e no seu esforço de reconduzir ao carreiro da pobreza e da modéstia, uma Igreja medieval asilada no luxo e na riqueza, vivendo no mundo, com o mundo e para o mundo. Naturalmente, quando invocamos a imagem do Pobrezinho de Assis, sua primeira reação pode ser a de acusá-lo de ter sido um visionário, um louco. Contudo, poucos são os padres desorientados que não tiveram conhecimento e compreensão de seu apostolado, ainda que lhes custe reconhecê-lo. Não podemos esquecer de que Francisco veio ao mundo por eles e para eles. São as antigas almas comprometidas com o Cristo desde os alvores da humanidade e que entraram por sendas e desvios perigosos do caminho. São as ovelhas perdidas que Jesus mandou o grande missionário medieval resgatar das brumas de seus enganos.

Em muitos casos, conseguimos contribuir para o despertamento desses companheiros, cujo problema nos fala particularmente ao coração, pois dali também viemos. Mas outras oportunidades há em que os Espíritos se encontram tão endurecidos que a Misericórdia divina os beneficia com uma reencarnação compulsória como meio de evitar erros maiores e de interromper suas ações quando estas começam a constituir obstáculo mais empedernido ao caminho do Evangelho nos corações, ou quando começam a interferir em processos ou com pessoas que não lhes merecem a ação nefasta. No momento da decisão crucial, sempre tomada pelos benfeitores espirituais e por sua exclusiva iniciativa — e de que geralmente nos damos conta quando esses irmãos começam a sofrer processo de cerceamento de sua liberdade —, eles entram em desespero e perguntam onde está o seu livre-arbítrio. O ensinamento dos Espíritos a Kardec[160] é claro. Pergunta o Mestre lionês: "Pode a união do Espírito a determinado corpo ser imposta por Deus?" Respondem os Espíritos instrutores:

> Certo, do mesmo modo que as diferentes provas, mormente quanto ainda o Espírito não está apto a proceder a uma escolha com conhecimento de causa. Por expiação, pode o Espírito ser constrangido a se unir ao corpo de determinada criança que, pelo

seu nascimento e pela posição que venha a ocupar no mundo, se lhe torne instrumento de castigo.

Lembramo-nos particularmente de um companheiro que chegou ao grupo mediúnico irritado, mas falando controladamente. Tratava-se de um ex-prelado, de alta hierarquia, desencarnado na Espanha medieval. Sua voz era áspera e o jeito decidido. Declarou que viera para desestruturar os planos de trabalho que estavam sendo feitos para a ação espírita na "sua região". Caso não o ouvíssemos, viera disposto, a exemplo do Cristo, a trazer a espada e não a paz.

O doutrinador comentou, em síntese, que o contexto dessas palavras de Jesus era bem outro e que Jesus alertava ali para a desavença entre os homens por causa de seus ensinamentos, orientava quanto à necessidade de amarmos mais a Ele que ao mundo, dizia que tomássemos a nossa cruz e o seguíssemos para dEle sermos dignos e, por fim, que quem perdesse a vida por Sua causa achá-la ia. Obviamente, o irmão indignou-se, pois como ousávamos tentar ensinar-lhe o Evangelho em que ele seguramente era professor?

O doutrinador insistiu no assunto, afirmando que sua intenção não era ensinar, mas apenas examinar certos aspectos da vida e dos ensinamentos de Jesus, aproveitando o conhecimento que declarava ter para comparar anotações. Teceu considerações sobre a mansidão de que Jesus dava exemplo e a que incitava seus discípulos. Lembrou, ainda, que o Mestre condenava toda violência e, mesmo no momento em que os soldados vinham para prendê-lo, quando um discípulo cortou a orelha do servo do sumo sacerdote, mandou que ele embainhasse sua espada. Disse que todos os que lançavam mão da espada, pela espada pereceriam.

Sem ter como contradizer, o manifestante declarou que somente à Igreja competia o entendimento dos ensinamentos de Jesus. Desfiou ameaças e brandiu argumentos sobre a autoridade exclusiva da Igreja. O doutrinador então, sob o influxo da inspiração, lembrou da figura de Francisco de Assis e percebeu que aí encontrava um ponto de apoio inicial para quebrar a couraça de que procurava se revestir o irmão desorientado. Lembrou o papel de Francisco, que viera para renovar a Igreja, repetindo os conceitos da sublime oração inspirada no missionário católico,* procurando ressaltar, em cada linha, os ensinamentos básicos do Evangelho de Jesus, restaurados em sua pureza inicial. Podiam-se sentir, a cada passo, ecos doloridos no Espírito manifestante. Mas, a cada fresta que se abria, o Espírito reagia dizendo: "Era um louco, um visionário!" Passou a repetir a frase como em processo de auto-hipnose, com o qual reagia contra os argumentos do doutrinador.

Em certo ponto, ele interrompeu a cantilena. Imergiu, por completo, na realidade espiritual que os benfeitores lhe desvendavam como último recurso de conversão. Cobrindo os olhos com os braços, ele dizia: "Apaguem essa luz! Apaguem essa luz! O que vocês querem fazer comigo? Me crucificar nessa cruz de luz? Vocês estão me encerrando em uma bola de escuridão, cercado por toda essa luz que queima meus olhos." O pobre companheiro não compreendia o grande símbolo franciscano, a cruz de luz, que se revelava ante seus olhos espirituais em supremo ato da Misericórdia divina. Não reconhecia sua própria opacidade espiritual, não assimilava que era seu o breu que o envolvia.

Recusava-se a ouvir. Não adiantavam as explicações. Ele parou completamente de ouvir, concentrando-se tão somente na resistência deliberada, até que, em tom mais desanimado, reclamou: "Estou sozinho, sozinho..." Referia-se ao isolamento em relação aos companheiros de sua coorte que o vinham até então sustentando na resistência.

Nesse momento, foi informado de sua reencarnação compulsória diretamente pelo amigo espiritual, o que pudemos compreender em sua reação. Percebia antigos companheiros de batina, membros da "Confraria de la Renovación", entidade espiritual espanhola, segundo soubemos mais tarde, que tinham vindo em seu socorro. "Eu não quero. Vocês não podem me obrigar. Traidores! Onde está a minha liberdade?"

Procurando se justificar em relação a fato por nós desconhecido e que lhe estaria sendo apresentado por benfeitor espiritual, dizia:

---

* Nota dos autores: A oração atribuída a São Francisco é de autoria desconhecida e teria sido publicada, por primeira vez, em 1912, no semanário católico francês *A croix de Orne*, pelo abade Bouquerel, com o título "Uma bela oração para fazer durante a missa", e no *Osservatore Romano*, em 1916, conforme pesquisa de Christian Renaux , doutor em história moderna e conferencista da Universidade de Angers, na França, referida no *site* www.centrinho.usp.br/sfa/cur_04.html, tendo por fonte o Instituto Teológico Franciscano, http://www.itf.org.br

"Mas ele concordou! Ele assinou o documento! Ele assinou embaixo, ele assinou embaixo..."

Passou, então, a ver braços da mãe que o atraíam e dizia: "Como pode? Como ela vai poder me amar do jeito que eu vou nascer? Como vocês a convenceram?" A pergunta direta foi respondida pelo doutrinador: "Por amor, meu querido, por amor. O amor de mãe que aceita o filho deficiente, o amor de mãe que é sublime e incondicional. Um santo Espírito que te ama há muito e que agora se alegra com poder receber-te de volta nos braços, uma carga preciosa que lhe cumpre ajudar a restaurar. A sua intercessão é uma grande dádiva divina em teu favor!"

Todo o grupo passou a um silêncio respeitoso diante de seu grande choque emocional, maravilhado pela grandiosidade da Misericórdia divina que amparava o Espírito recalcitrante, dando início a um processo de resgate que, ao mesmo tempo, o tirava de um círculo vicioso de enganos, evitando que se comprometesse mais perante a Justiça divina. Efetivamente, uma dádiva: um coração de mãe que se submeteria a um doce sacrifício pela recuperação de um ser bem-amado.

Depois soubemos pelos médiuns que nosso amigo renasceria com deficiência mental extrema e que, na própria reunião, com material ectoplásmico cedido pelo grupo, já fora preparado para o processo reencarnatório, que, por alguma razão que não nos foi dada a conhecer, seria imediato.

Rabinos e judeus radicais desencarnados em desequilíbrio

Vivendo nos Estados Unidos, onde predominavam manifestações de entidades muito vinculadas à matéria e aos interesses mais imediatistas e onde habitam muitos descendentes das casas judaicas, tivemos a oportunidade de receber, no grupo mediúnico, rabinos e judeus radicais que não tivemos a oportunidade de verificar se integravam associação do plano desencarnado.

Seu atendimento foi sempre um grande desafio, pois sua persistência em desvios afetivos e espirituais era milenar, e a orientação que requeriam pedia uma familiaridade maior com trechos das antigas

Escrituras, como os Salmos. Jesus constituía para eles uma figura histórica e, às vezes, apenas mais um profeta, cujos ensinamentos não eram plenamente aceitos.

Felizmente, a linguagem do amor é universal, e os conceitos morais das principais religiões da humanidade se aproximam muito. Assim, recorríamos, no atendimento, ao ponto comum na personalidade de todos os seres humanos, em especial aqueles que se mostram extremamente inteligentes e hábeis no discurso teológico: o aceno com os recursos do coração, que sempre produzem bons resultados mesmo diante do maior endurecimento espiritual, embora em alguns casos somente se consiga plantar uma semente, que só o tempo e a chuva da Bondade divina virão a fazer que germine.

Em outras situações, a acirrada defesa do Moisaísmo e das Antigas Escrituras, em oposição ao Cristianismo, fazia parte de um complexo de culpa e remorso que tinha origem nos primórdios da difusão do Evangelho. No convívio com os primeiros cristãos e mesmo em encontro com a figura inolvidável do Nazareno ou com os apóstolos, tinham praticado ação nefasta ou de indiferença que, neste último caso, resultou em sérias consequências para suas vítimas. Sentiam-se acusados pela consciência. Para fugir do problema íntimo que lhes cobrava reparação, entrincheiravam-se nos postulados de sua crença tradicional e justificavam-se, alegando o cumprimento de deveres religiosos.

Antigos escravos africanos e indígenas

Na época das senzalas, do triste episódio da escravidão no Brasil, muitos indivíduos trazidos da África para o cativeiro nas cidades e fazendas, onde ajudariam na formação da nacionalidade, resgataram dívidas cármicas antigas e recentes e se emanciparam espiritualmente. Na maioria, constituíam Espíritos simples e bondosos sem grande desenvolvimento intelectual que se reintegraram na corrente da vida sem maiores dificuldades. Outros eram Espíritos com maior conhecimento e responsabilidade espiritual mais antiga que, na dor da escravidão, encerravam um ciclo de resgate.

Desses dois grupos de Espíritos, uns deram sequência a seu processo de aprendizagem e desenvolvimento, retornando às plagas de origem a que estavam vinculados, não necessariamente no continente africano, tornando a encarnar e assimilando novos e distintos valores em cada experiência, integrando-se ao processo evolutivo geral da humanidade que irmana todos os seres ainda quando provenientes de diferentes sociedades e com variados cabedais intelectuais e diferentes concepções de vida. Outros se mantiveram no plano espiritual em tarefas de ajuda a seres queridos em resgate no campo físico ou entregues a severo processo de purgação em regiões inferiores da erraticidade. Outros ainda permaneceram para ajudar, gratos à terra e à gente que lhes foram motivo de crescimento e reencontro espiritual.

Alguns há, no entanto, que, sem aceitar o resgate, rebeldes, presos ao ódio e ao desejo de desforço, seguiram no turbilhão da espiritualidade desorientada, buscando os que lhes foram motivo de sofrimento e instrumentos de sua dor, localizando-os em nova encarnação ou no próprio plano espiritual, sequiosos de vingança e recaindo no ciclo vicioso da "culpa-remorso-ensaio de resgate-inconformação-vingança-culpa".

Do mesmo modo ocorre entre os indígenas. Em sua grande maioria, são Espíritos simples e ligados à terra. Outros, no entanto, reencarnam naquele meio tribal em busca de reajuste cármico. Em um e outro caso, quando, em vez de verem na dor instrumento de renovação e seguirem na vida rumo a novas experiências evolutivas, optam pela inconformação com o necessário resgate, agravam seus débitos pela busca de vingança e usam os rituais da pajelança como apoio para o seu desejo de desforço. Nesse caso, passam a necessitar de ajuda para retomar o caminho do progresso.

O que os caracteriza e faz diferir, levando-nos a tratá-los como um grupo à parte, é o cultivo das antigas crenças e procedimentos de magia da herança tribal muito presente em suas manifestações no grupo mediúnico, mormente quando eram responsáveis pelo culto religioso de seu grupo de origem. A maioria recebe tratamento e atenção nas mesmas regiões espirituais que frequentam ou em meio às atividades a que se dedicam.

Vez por outra são admitidos no grupo mediúnico para serem auxiliados a reconhecer sua condição de necessidade e seu anseio íntimo de renovação e felicidade e para serem apoiados na reconquista de si mesmos para a luz. Manifestam-se dessa forma e com esse objetivo Espíritos de antigos escravos africanos, de indígenas ou mesmo de populações primitivas vinculadas de modo básico à terra e à natureza, presos aos costumes tribais e aos seus ritos religiosos tradicionais.

Vemo-los, muitas vezes, fazendo seus "trabalhos" entre "adeptos" nas casas de macumba. São os pretos-velhos, os índios e pajés. Muitos oferecem vinganças, separações, arranjos para distintas situações, busca de bens e conforto material. Não há maior preocupação com o crescimento espiritual. Mas é sem maiores dúvidas que reconhecemos ali, também, muitos Espíritos militando em tarefa de sublime dedicação ao bem, exercendo atividades *in loco* de recuperação dessas entidades e dos frequentadores daqueles ambientes, procurando ajudar esses desviados que lhes foram companheiros de experiências, seja no eito da escravidão, seja nas malocas, seja entre os pescadores humildes, ou o povo que trabalha a roça singela. Não é por outro motivo que vemos *O evangelho segundo o espiritismo* mais e mais sendo lido nesses lugares, onde a luz da fé viva começa a penetrar, aquecendo corações e revivescendo consciências.

Parente nosso adquiriu o hábito de localizar os grupos dedicados às atividades dessa natureza no norte do Brasil para enviar-lhes exemplares de *O evangelho segundo o espiritismo* com o objetivo do desenvolvimento das suas atividades sob o aspecto da moral cristã. Certa feita, questionado sobre se não estaria provocando maior confusão em alguns companheiros que já vinham atribuindo a esses rituais o nome de Espiritismo, ele respondeu jocosamente que estava adicionando apenas mais um elemento, de natureza mais nobre e com a melhor das intenções, no cadinho de sincretismo religioso que vicejava no país. E os conceitos espíritas vão se espalhando pelos diferentes grupos religiosos, alcançando também os Espíritos que a eles se vinculam.

Algumas entidades, no entanto, requerem o apoio que só podem obter em meio diferente daqueles a que estão acostumados, ou dos "trabalhos de mesa branca", como costumam apelidar nossas reuniões mediúnicas, embora nem sempre usemos toalhas brancas e algumas vezes nem mesmo a toalhas recorramos, já que não se utilizam em reuniões espíritas símbolos e rituais de qualquer natureza.

Muitas vezes foram recolhidos em meio a "trabalhos de magia" e vêm trazendo seus apetrechos, aqueles mesmos que tencionavam utilizar contra seus desafetos ou contra aqueles que desejam prejudicar. Alguns são movidos por vingança pessoal, outros por vingança "contratada". De qualquer modo, são sempre companheiros desorientados, fixados em um episódio infeliz de sua vida infinita e que nos cabe ajudar.

Não nos impressionemos com suas ameaças, nem com os rituais que proferem diante de nós e muito menos com os elementos que dizem trazer, como caveiras, velas, penas ou o que quer que declarem estar movimentando contra nós. Efetivamente, os recursos magnéticos ativados por uma crença absoluta e o poder da vontade, utilizando o apoio de objetos e outros recursos como centros de imantação, podem apresentar efeitos inusitados e dispor de influências psíquicas consideráveis. Contudo, esses recursos não encontram ressonância na alma que usa a prece como meio de sintonia superior, a vigilância e o trabalho no bem como escudos de proteção espiritual e o amor e o desejo do bem para todos como roteiro de vida. Sempre é uma questão de sintonia.

Mais importante ainda, lembremos que, quando a Misericórdia divina traz essas entidades para o nosso meio, é para que sejam ajudadas e, podemos estar certos, a chama da renovação já se começa a fazer sentir no seu íntimo. Cabe a nós alimentar essa chama e incentivá-la para fazê-la crescer e se expandir. Pode ser que, em alguns casos, encontremos apenas uma pequena faísca, mas mesmo uma chispa reduzida, bem cultivada, pode fazer brilhar uma bela e útil fogueira de bem eterno.

O principal elemento nesse atendimento encontra-se, como em quase todos os casos, na necessidade de reconciliação com a dor, da opção pelo perdão e pelo retorno dos sentimentos de afeto e amor que certamente existiram no passado do Espírito rumo à reconquista do equilíbrio no bem. Nosso diálogo deve se encaminhar invariavelmente nesse sentido.

"Enviados" de congregações espirituais inferiores

Nos nossos grupos mediúnicos, pudemos também identificar o comparecimento de Espíritos com tarefas de natureza mais definida, como é o caso dos juízes, magnetizadores ou magos, dos planejadores de campanhas de obsessão ou de combate a atividades selecionadas, dos verdugos ou, ainda, dos Espíritos utilizados como instrumentos de enfermidade ou desequilíbrio.

Procedem eles das sociedades de que já falamos, estruturadas em bases administrativas de preponderância do mais forte, dos que dispõem de mais "conhecimento" ou dos que sejam mais espertos, localizadas em regiões espirituais inferiores, seja acima da crosta terrestre, seja nas zonas subcrostais, a partir das quais agem organizadamente para promover seus interesses entre os encarnados e as instituições do plano físico.

São geralmente enviados por suas respectivas associações para ação junto aos grupos mediúnicos e seus membros, usualmente no sentido da desorganização ou do encerramento do trabalho que lhes pode estar afetando adversamente as atividades. Sua atuação nesse sentido costuma ser muito bem estruturada, com estratégias cuidadosamente pensadas, depois de acurada avaliação do grupo. Suas "demonstrações de força" podem causar dificuldades para grupos desavisados e médiuns inexperientes.

O "conhecimento" de que dispõem não deve ser subestimado. Em muitos casos, estamos lidando com um acervo de fatos e experiências que a humanidade esqueceu ou aos quais não tem mais acesso por ter enveredado pelos caminhos exclusivos da ciência objetiva. Nem por isso esses conhecimentos são menos reais. Geralmente, se estendem pelos domínios da magia, que é o magnetismo operado com base em fetiches, símbolos e recursos naturais de que esquecemos o emprego. Outras vezes se apoiam em recursos da mente, desenvolvidos por experiências milenares de repetição e pesquisa. Podem mesmo ter conhecimentos científicos e tecnológicos herdados de experiências em outros orbes de onde foram degredados.

O esquema de trabalho dessas agremiações segue rotineiramente um processo de observação inicial do grupo e/ou de seus membros para identificar modos de trabalho, características dos componentes do grupo, debilidades e pontos fortes. A informação colhida serve de material de análise aos *planejadores*, que delineiam a estratégia a ser seguida para a consecução do objetivo de desfazimento do grupo ou de afastamento de membros-chave das atividades mediúnicas.

Essa estratégia sempre implica a exploração das dificuldades morais dos membros do grupo e, na maioria dos casos, produz dissensões e crises de relacionamento. Algumas vezes, o projeto se concentra no afastamento de algum dos membros centrais ao grupo por um ou outro motivo. A ação sobre os grupos e seus membros pode se fazer do exterior, agindo sobre pessoas de seu relacionamento, no qual podem ser mobilizados até mesmo familiares, chefes e outras relações profissionais. Outro método empregado é o de gerar impedimentos ao comparecimento às reuniões pelo incentivo à vaidade ou à atração por aspectos mundanos da vida, como, por exemplo, festas, promoção no meio social, etc. Enfim, quaisquer recursos podem ser utilizados para a consecução do objetivo de desagregação do grupo. Mesmo o trabalho de magnetizadores ou magos, ou recursos como ovoides ou Espíritos em profundo desequilíbrio, em processos de imantação para produzir desbalanceamentos semelhantes ou enfermidades não ficam fora das cogitações das associações espirituais inferiores em seu plano de desmantelamento dos grupos espíritas.

Lembremos, no entanto, como nos diz o Espírito Áureo, pela mediunidade de Hernani T. Sant'Anna,[161] que

> [...] Por mais intelectualizados que possam ser os gênios do mal, e por mais sofisticados que sejam os seus recursos tecnológicos, não podem eles, nunca puderam e jamais poderão afrontar a sabedoria e o Poder do Cristo e de seus grandes mensageiros, que controlam, com absoluta segurança, todos os fenômenos ocorrentes no planeta e no sistema de que este é parte. [...]

Efetivamente, se há conhecimentos que a humanidade limitada à materialidade não domina, eles não são alheios à Espiritualidade superior, que passou por experiências mais ricas e mais completas não só por ter caminhado mais, mas também por não se restringir à observação apenas do aspecto material da vida, pois as aplicações do amor e das Leis divinas superiores a todos os aspectos da existência trazem recursos novos e mais ampliados à ação do bem. Ademais, a atividade das inteligências rebeladas é absolutamente condicionada às leis de Justiça divina e sempre chega um ponto em que sua liberdade é contida para que não ultrapasse os limites dos direitos daquele que já não tem ali o que resgatar.

Além disso, se estamos a serviço do bem, os benfeitores espirituais que nos orientam as reuniões certamente estabeleceram barreiras de proteção em nosso favor. Nesse sentido, nossa própria confiança nos recursos divinos são a melhor proteção de que podemos dispor. Prudência sim; temor não.

No nível pessoal, somente somos afetados quando nos colocamos ao alcance desses companheiros desorientados pela invigilância ou pelas ações deliberadas contrárias ao bem. Muitas vezes, as ações de nosso passado espiritual nos colocam em situação de sermos atingidos pela atividade nefasta de alguma individualidade com quem temos débitos antigos a resgatar. Mas a Bondade divina sempre nos permite o pagamento com amor.

Recordamos uma oportunidade em que passamos uns dois dias sentindo uma pressão espiritual desusada. Era como se uma irritação pesasse no ambiente, afetando-nos a concentração e todo e qualquer trabalho que pensávamos executar. Tínhamos de manter grande nível de controle. Preocupávamo-nos em saber o que estávamos fazendo de errado para que o nosso ambiente doméstico pudesse assim ser assediado. Mantivemos nossas preces e leituras diárias em família, como de costume, mas na manhã do trabalho mediúnico a "presença" se acentuou.

Ao cair do dia, no entanto, era como se o clima tivesse sido clareado pela chuva benéfica da luz espiritual. Pouco mais tarde, no trabalho mediúnico, um prelado se manifestou com todo o peso da irritação e desequilíbrio espiritual que sentíramos nos dias anteriores, cobrando-nos a deserção. Chamava-nos de traidores da causa. Mencionava um passado em comum e, ao final de uma conversa, que não é necessário aqui relatar, felizmente pôde ser atendido e encaminhado para a recuperação espiritual.

Compreendemos, por fim, que a entidade, companheira de muitos descaminhos passados, tinha acesso a nós pelos vínculos sombrios de erros comuns. Viera para ser ajudada por aqueles que lhe apoiaram os equívocos. Agradecemos a oportunidade de serviço e de pagamento de antiga dívida e reconhecemos que, em todo o processo, não nos faltou o apoio espiritual. Ao contrário, fomos os mais beneficiados pela experiência que nos favoreceu em termos de acréscimo de resistência e equilíbrio e ampliou nossa fé e confiança na Bondade divina.

Na questão do desmantelamento dessas organizações, esclarece Áureo[162] que "[...] A Treva pode organizar e organiza infernos de vasta e aterrorizadora expressão; contudo, sempre que semelhantes quistos ameaçam a estabilidade planetária, a intervenção superior lhes promove a desintegração. [...]"

Em outro trecho, diz ele que

> [...] os operadores celestes não somente varrem, com frequência, o lixo de saturação que infecta demasiado perigosamente certas regiões do Espaço, aniquilando-o através de interações de partículas com antipartículas atômicas, como se valem de outros recursos, infinitamente mais poderosos, rápidos e decisivos, para além de todas as forças eletromagnéticas e físico-químicas ao alcance das Trevas. [...]

Algumas vezes, somos chamados a colaborar para a desestruturação de sistemas estabelecidos e projetos em curso nessas organizações por meio do atendimento de entidades-chave em nossas reuniões mediúnicas. Observadores, executores, juristas, magnetizadores e outros "profissionais" dessas equipes de Espíritos inferiores são conduzidos ao intercâmbio mediúnico.

Quando são admitidos no grupo, geralmente, já experimentam alguma mudança de disposição, algum anseio de que muitas vezes não se dão conta e que cabe ao doutrinador identificar e incentivar. Utilizam, como escudo contra sua realidade íntima e para evitar o reconhecimento do desvio de sua vida, a argumentação de que são intermediários da Justiça divina ou dizem que estão cumprindo ordens. Alguns assumem a postura da necessidade de aderir ao desequilíbrio do mundo para viver o melhor possível sem buscar justificativas mais elaboradas.

A melhor ajuda que se lhes pode prestar é no sentido de convencê-los a deixar a proteção do escudo atrás do qual se escondem, procurando facilitar o reconhecimento de que a Misericórdia divina sempre tempera a Justiça e de que esta se faz sem a necessidade de intermediários imperfeitos e falíveis. O cínico, por outro lado, sempre espera, no fundo de seu coração, que alguém lhe prove que vale a pena investir nas qualidades superiores do Espírito como caminho para a felicidade.

Outro ponto importante é destacar as necessidades íntimas desses irmãos desorientados, pois quase sempre o tédio e o vazio de sua existência sem ideais superiores, sem amigos reais, sem a presença de pessoas que os amam se lhes fazem presentes na feição de um sentimento vago que nos cumpre ajudar a tornar mais preciso. Em muitos casos, surge como um anseio, uma saudade que é um ponto dolorido no coração. Quem de nós não tem alguém cuja presença é um raio de sol nas nossas vidas? Muitas vezes, quando temos essa pessoa, seja ela da família — um pai, uma mãe, um filho, um companheiro ou companheira — ou um amigo, não sabemos lhe dar o valor devido até que a perdemos por um ou outro motivo.

Em algumas ocasiões, quando a atuação nefasta de determinado grupo procedente de regiões espirituais inferiores chega a um ponto em que ameaça o direito de outras pessoas ou instituições, o determinismo divino do bem opera na correção necessária de roteiro e os bons Espíritos, mensageiros divinos, trazem para o grupo mediúnico algumas dessas entidades, esteios da organização trevosa, e medidas são tomadas para seu isolamento em reencarnações compulsórias.

Nessas ocasiões, o grupo mediúnico atua no fornecimento das energias necessárias para o condicionamento magnético da entidade manifestante. Os médiuns fornecem os fluidos materiais e muitas vezes ectoplásmicos necessários ao atendimento, e as palavras do orientador servem como advertências e encaminhamento espiritual para o ser que vai agora enfrentar outra realidade e outras experiências de vida, na retomada de sua luta pela harmonização íntima.

Para que a questão fique mais clara, fazemos abaixo uma descrição sumária desses "enviados" em relação à função que desempenham na sua associação de origem, recomendando aos interessados a consulta ao livro *Diálogo com as sombras*, de Hermínio C. Miranda. Contudo, lembremo-nos sempre de que a tarefa específica que desempenham se sobrepõe aos problemas morais individuais, que constituem o cerne de sua problemática evolutiva. Somente quando se rompe o "escudo" com o qual se defendem da culpa, do remorso, das acusações de sua consciência e evita o autoenfrentamento é que podemos ajudá-lo a facear as dificuldades íntimas que estão na origem de seu desequilíbrio espiritual. Só então é que nossa colaboração consegue ser efetiva.

Assim, o atendimento inicial deve visar primeiramente a esse escudo, e a conversação que mantivermos deve objetivar as dificuldades de ordem moral do Espírito manifestante. Em todos os casos, cumpre visar primeiramente ao indivíduo, à alma necessitada, cujas manifestações de rebeldia e de irritação correspondem às da criança que requer pulso firme com muito amor para que cresça espiritual e moralmente sadia. Lembremo-nos sempre de que o mal somente existe enquanto o bem não se instala. Somos todos crianças espirituais a caminho do crescimento. Uns mais velhos, outros mais jovens, e o Pai velando por nós ao longo do caminho.

Juristas

Na associação espiritual, sua função está vinculada às bases legais para a punição dos infelizes que lhes recaem na "alçada jurídica". Usualmente, comparecem ao grupo quando verificam que alguém, que se encontra sob "investigação" ou que está sofrendo a "pena" determinada por efeito de um de seus "processos", está sendo assistido no âmbito das atividades do grupo.

Creem estar executando mandados como instrumentos da justiça, algumas vezes de natureza indefinida e outras vezes confundida com a própria Justiça divina, e, por esse motivo, se veem sem culpa quando o peso de suas determinações recai sobre algum de seus "réus". Os "autos do processo" são impessoais e eles são apenas os instrumentos da ação jurídica.

Seu próprio passado muitas vezes lhes é mostrado pelos benfeitores como meio de expor-lhes o íntimo desequilibrado e auxiliá-los a despertar para seu coração carente de bem-estar, paz e afeto real. No entanto, algumas vezes, mesmo a compreensão de sua real condição de Espíritos revéis não é suficiente para alavancar-lhes o processo de renovação íntima. Recordamos uma entidade que nos respondeu, sem pejo e sem hesitação, que não esperássemos que os anjos fossem cuidar daqueles "animais" de que ele se incumbia.

Coletores de informação

Sua função é observar para identificar debilidades e pontos fracos que a equipe a que pertencem possa vir a utilizar para desmantelar o grupo mediúnico, afastando seus participantes.

Seu trabalho de observação é metódico. Normalmente, se aproximam do grupo mediúnico cuidadosamente, procurando passar despercebidos. Usam muito tempo em sua tática de aproximação. Observam os participantes da reunião, primeiro fora de seus lares, na rua, no ambiente de trabalho e em qualquer outro lugar a que possam aceder, sem serem muito notados. Algumas vezes, distraídos junto a algum membro do grupo, são atraídos para a reunião propriamente dita. Outras vezes, é das imediações do Centro Espírita que são conduzidos ao atendimento. Há, ainda, os casos em que, acreditando estarem observando *in loco* os trabalhos do grupo, adentram o recinto da reunião, crendo que ali estão por vontade própria e com pleno domínio da situação, até que são finalmente associados ao médium para o diálogo com o doutrinador. Em todos os casos, somente quando se veem jungidos aos médiuns percebem que outros fatores entraram em ação e que foram descobertos.

Na sua conversão ao bem, um fator muito importante é a conduta moral dos participantes da reunião, que eles mesmos puderam verificar em suas andanças. Quando veem que, naqueles que estão observando, a vontade de realizar o bem e caminhar para a luz é sincera, uma semente de renovação começa a germinar em seu interior. Desse modo, nosso comportamento diário é, também aqui, elemento crucial para o bom desenvolvimento dos trabalhos e para nossa participação eficaz como membros positivos da reunião mediúnica.

Sua manifestação geralmente começa com a indignação, às vezes desapontamento e, na maioria dos casos, surpresa por terem sido identificados. Algumas vezes, inicialmente, olham em torno sem se darem conta de que o estão fazendo por meio do instrumento mediúnico, tal o cuidado tomado para viabilizar o atendimento. No diálogo, se dizem apenas observadores, não estão ali para prejudicar, mas para avaliar. Apenas recolhem dados, dizem. Mas os seus dados servem para a ação contrária ao bem.

Planejadores

Geralmente muito racionais e inteligentes, não necessariamente cultos, mas brilhantes como estrategistas, os *planejadores* são os inspiradores das atividades das associações do plano espiritual inferior no sentido de que respondem pelo planejamento da atividade de obsessão ou do esquema montado para a desestruturação do grupo espírita, conforme o caso. Procuram manter controle absoluto das emoções e não se envolvem diretamente com a ação: são pensadores. No diálogo, requerem muita habilidade e lógica, nunca, no entanto, a lógica fria do pensamento, mas a lógica harmoniosa e aquecedora do coração, do sentimento. Aquela que não examina ideias, mas realidades vivenciais.

Verdugos

Podem ser entidades embrutecidas, utilizadas para a execução de uma sentença de punição. Seu escudo são as ordens às quais obedecem de modo brutal e sem comiseração quando executam uma tarefa que lhes foi determinada pela agremiação espiritual inferior. Cumprem ordens. Quando se manifestam no grupo, o fazem irritados e nervosos, pois dizem que estamos interferindo em seu "trabalho".

Quando são de melhor nível de conhecimento ou maior refinamento de técnicas, se dizem agentes especializados. Citamos, nesse sentido, o caso de um Espírito que se manifestou dizendo que seu trabalho era voltado a criar cizânia no meio espírita. Coisas pequenas: um aborrecimento aqui, uma dissensão ali, um realce numa tendência à vaidade... Vários grupos, informava, tinham sido destruídos pelas suas ações nessas pequenas coisas, que tomavam vulto e assumiam proporções de crise, alimentadas pelas grandes dimensões de alguns "egos". No correr da conversação, disse que seu "trabalho" era sempre a atividade inicial numa ampla campanha de assédio ao Movimento Espírita. Outros davam a sequência necessária, uma vez quebrada a coesão.

Magnetizadores (hipnotizadores, magos e feiticeiros)

Aqui se incluem Espíritos com conhecimentos na área do magnetismo e que muitas vezes utilizam símbolos, objetos ou rituais como catalisadores do processo de magnetização, pelo qual utilizam recursos fluídicos e energias para produzir o efeito pretendido. Alguns são entidades com séculos de experiência no campo da magia negra, outros, Espíritos primitivos que repetem rituais mágicos de suas tribos. A maioria compõe-se, no entanto, de Espíritos versados no magnetismo e em outras forças naturais relacionadas.

Algumas vezes, se apresentam desenvolvendo rituais, em outras, estendem sua mente procurando influenciar os participantes do grupo, em outras, ainda, apoiam sua ação com palavras, procurando criar no espírito dos ouvintes o impacto de que necessitam para dinamizar seu processo de magnetização. Lembramos, nesse sentido, a presença de um rabino que se manifestou em um grupo que iniciava em mediunidade e ainda estava em fase de treinamento. Compareceu várias vezes à reunião e, todas as vezes, sua presença produzia, por efeito da utilização de técnicas magnéticas, um mal-estar em certos membros desavisados do grupo, em exercício de desenvolvimento mediúnico, nos quais, algumas vezes, seus comentários produziam efeitos de "eco". Era como se eles estivessem apoiando vibratória ou fluidicamente o que dizia a entidade, o que requereu medidas enérgicas do dirigente do grupo para sanar a situação.

Espíritos usados como fonte de enfermidade ou perturbação

Geralmente, são Espíritos que caíram nas malhas da organização, portadores de grande drama de consciência que os vincula à dor e a sofrimentos superlativos que os torna quase que inconscientes do mundo ao seu redor. São, em muitos casos, Espíritos de suicidas ou de criminosos muito comprometidos, algumas vezes reduzidos ao estado de ovoides pela fixação no remorso ou na ideia de vingança, ou, ainda, em um pensamento de qualquer outra natureza tão absorvente para a entidade que a faz concentrar todo seu pensamento e sua emoção nessa única ideia central, atrofiando os órgãos perispirituais de interação com o mundo.

O que as faz diferir de outras entidades em acerba expiação é o fato de serem jungidas a encarnados em "punição", vampirizando-os para provocar influência malsã permanente, interferindo em seu psiquismo ou em sua condição orgânica.

Dirigentes

Nas organizações multiadministradas, esses podem responder por diferentes níveis de chefia. Os que se encontram verdadeiramente no topo da pirâmide hierárquica quase nunca se afastam dos trabalhos de administração das agremiações que dirigem nas regiões do plano espiritual inferior. Utilizam muitos intermediários. Somente quando a ação do grupo ameaça a estabilidade de sua organização, ou quando há todo um trabalho dos benfeitores espirituais voltado para sua recuperação, criando condições propícias nesse sentido, é que intervêm diretamente, comparecendo ao grupo mediúnico.

Outros são chefes de grupos menores dentro da organização. Esses são mais frequentes nas reuniões mediúnicas, pois a ação dos grupos espíritas se faz primeiramente nas suas atividades, somente depois os efeitos de seu trabalho se estendem às demais instâncias administrativas da organização trevosa.

Os dois tipos de chefia, constituem-se de Espíritos dominadores, habituados a serem obedecidos sem tergiversação. "Condescendem" em comparecer ao grupo em atenção a algum caso específico ou uma situação especial. Têm pouca paciência para escutar outras pessoas. Muitas vezes comparecem com uma advertência ou uma proposta para o grupo.

* * *

Em conclusão, pode-se dizer, com Hermínio Miranda,[163] que

> [...] as atitudes agrupam-se e, em cada uma delas, repetem-se os gestos, as palavras, os impulsos, as motivações. No entanto, guardam todas, e cada uma delas, a sua individualidade e as suas surpresas. [...] Cada um toma o caminho que lhe impõem os seus fantasmas interiores. [...] Há certas constantes que se repetem, que se cristalizam, que constituem modelos, padrões, ou o que seja, dentro dos quais a individualidade de cada um se preserva, mantendo certa autonomia. É como se, num conceito amplo de determinismo difuso, eles agissem dentro de um amplo raio de livre escolha. [...]

Dessa forma, cada diálogo é único porque cada Espírito comunicante sempre guardará suas características individuais, seus problemas pessoais, suas dívidas particulares, seus compromissos intransferíveis, suas dúvidas e inseguranças peculiares, exigindo do dialogador o exercício da paciência, perseverança, dedicação e do insubstituível amor no auxílio específico para que cada irmão encontre a via própria para o autoconhecimento e a sua reintegração nos caminhos do bem.

9 Conclusão

A formação de um grupo mediúnico é tarefa que exige empenho, dedicação, perseverança e ampla conscientização sobre as implicações e consequências da empreitada, tanto da parte do dirigente quanto de todos os seus participantes. É tarefa coletiva que demanda ação conjunta definida e coordenada ao longo do tempo para garantir os resultados esperados.

Com o objetivo de colaborar com os interessados quanto ao planejamento e implantação de grupos de estudo e prática da mediunidade, bem como com quem deseje reorganizar e dar novo dinamismo a trabalhos já existentes, aqui deixamos nossa humilde e limitada contribuição, conscientes de que o trabalho no campo do intercâmbio entre os dois planos da vida exige muito mais do que a leitura de um livro da natureza do que ora finalizamos. A intenção foi de simples contribuição para o entendimento da importância dessa tarefa e das providências e atitudes que ela requer para que os trabalhadores não venham a ter, depois de anos de frequência, baldadas suas esperanças de auxílio aos irmãos necessitados.

"O corpo responde conforme o comando da cabeça"

Para finalizar nossa tarefa, queremos ainda registrar antigo aprendizado que a vida nos ofereceu na juventude quando ouvíamos que: "O corpo responde conforme o comando da cabeça". Esse conceito é perfeito para o entendimento do que ocorre com um grupo de estudo da mediunidade ou mediúnico. O grupo seguirá o comando do dirigente, que é o grande responsável pela orquestração, pelo que a equipe produzirá ou pelo que ela deixará de realizar.

Em nossa experiência, é invariável a observação desse fato: o grupo é o que o dirigente dele faz, porque o dirigente é responsável pelo destino do grupo. No entanto, esperamos que a leitura e a reflexão sobre o que escrevemos possa aliviar essa carga. Nossa proposta é que o dirigente divida com o grupo as decisões e os encaminhamentos necessários para o seu constante equilíbrio e manutenção de sua capacidade produtiva. Cada membro precisa se conscientizar de suas responsabilidades em relação ao conjunto.

Se lograrmos que você, ao terminar a leitura deste livro, faça essa reflexão e encontre alternativas para uma atuação mais consciente e mais produtiva em suas atividades mediúnicas, estamos em bom caminho para a concretização dessa proposta.

Anexo 1 | Alguns livros relacionados com o estudo da mediunidade

Observação: Esta pequena relação não pretende nem poderia esgotar a indicação de livros relacionados com o assunto.

Allan Kardec
- *O livro dos espíritos*
- *O livro dos médiuns*
- *O evangelho segundo o espiritismo*
- *O céu e o inferno*
- *A gênese*
- *Obras póstumas*
- *Revista Espírita*

Léon Denis
- *No invisível*

André Luiz, Francisco Cândido Xavier
- *Os mensageiros*
- *Missionários da luz*
- *Desobsessão*
- *Libertação*
- *Nos domínios da mediunidade*

Yvonne A. Pereira

- *Recordações da mediunidade*
- *Devassando o invisível*
- *Nas telas do infinito*
- *Memórias de um suicida*

Hermínio C. Miranda

- *Diálogo com as sombras*

Martins Peralva

- *Estudando a Mediunidade*
- *Mediunidade e Evolução*

Suely Caldas Schubert

- *Obsessão/Desobsessão*
- *Mediunidade: caminho para ser feliz*
- *Dimensões espirituais do centro espírita*

Divaldo P. Franco e Raul Teixeira

- *Diretrizes de segurança*

Manoel Philomeno de Miranda, Divaldo P. Franco

- *Loucura e obsessão*
- *Nas fronteiras da loucura*
- *Nos bastidores da obsessão*
- *Painéis da obsessão*

- *Temas da vida e da morte*
- *Tramas do destino*
- *Transtornos psiquiátricos e obsessivos*
- *Trilhas da libertação*
- *Tormentos da obsessão*
- *Sexo e obsessão*

Marlene Severino Nobre

- *A obsessão e suas máscaras*

Carlos Torres Pastorino

- *Técnica da mediunidade*

Anexo 2 | Algumas sugestões para o acordo de grupo – estudo/harmonização

Reunião de Estudo e Educação Mediúnica Acordo de Grupo

Requisitos para a participação:

1. Conduta espírita, ética e moral baseada no Evangelho de Jesus;

2. Disciplina, humildade, sincero interesse fraterno pelos membros do grupo e demais Espíritos encarnados e desencarnados;

3. Estudo de *O livro dos espíritos*, de *O livro dos médiuns* e de *O evangelho segundo o espiritismo*;

4. Busca constante de ampliação do conhecimento doutrinário, extraído das obras espíritas codificadas por Allan Kardec, e das complementares a estas, de autores fiéis às orientações da Doutrina Espírita;

5. Leitura dos livros indicados durante o desenvolvimento do estudo;

6. Colaboração em outras atividades do (inserir o nome do centro), especialmente naquelas dedicadas à assistência e promoção social;

7. Frequência assídua às reuniões.

Objetivos:

1. Objetivos gerais:

- Promover, pelo estudo da mediunidade e o desenvolvimento da harmonia entre os participantes, condições para o intercâmbio mediúnico equilibrado;
- Apoiar os membros do grupo que evidenciem perseverança e sincero interesse na identificação e educação de suas capacidades e faculdades mediúnicas.

2. Objetivos para os participantes:

- Estudar a mediunidade, suas manifestações, mecanismos e consequências;
- Compreender a mediunidade como meio de comunicação e recurso de esclarecimento e redenção de encarnados e desencarnados;
- Assimilar e vivenciar os princípios educativos oferecidos pela Doutrina Espírita e o Evangelho de Jesus;
- Capacitar-se para a atuação mediúnica produtiva e equilibrada.

3. Funcionamento:

- A reunião de estudo ocorrerá (dia da semana), das (horário ideal de duas horas), com base no material (indicar o material escolhido) porque atende às necessidades específicas apresentadas e observadas no grupo;
- A porta será fechada com chave e os primeiros 15 minutos serão dedicados à leitura individual de páginas edificantes, oração e/ou meditação com o propósito de harmonização íntima e preparação do ambiente;
- Em seguida, será desenvolvido o estudo proposto por 1h15min;

- Os seguintes 20 minutos serão dedicados à "prática desde o início";*
- Nos 10 minutos finais, serão realizadas uma avaliação da atividade e a oração final;
- O dirigente fará a oração inicial, depois da leitura de página edificante. Um membro indicado por ele fará a de encerramento;
- O dirigente identificará e, de comum acordo com o grupo, definirá as funções de cada membro para o melhor funcionamento da equipe, podendo indicar estudos e recomendar procedimentos baseados na Doutrina Espírita conforme as necessidades particulares de aperfeiçoamento intelecto-moral identificadas;
- Cada membro buscará a harmonização da equipe, consciente de que ela é indispensável para o exercício seguro e produtivo da mediunidade;
- A assistência será indispensável, ficando automaticamente desligado do grupo o membro que faltar a três reuniões consecutivas ou alternadas sem justificativa prévia;
- Ausências inevitáveis serão comunicadas ao dirigente com a antecipação possível;
- O dirigente ou outro membro do grupo telefonará ao membro que faltar sem prévio aviso, o que não justificará sua ausência;
- Ausências inevitáveis serão compensadas com o estudo individual dos temas com assistência do coordenador ou outro membro do grupo capacitado para a tarefa;
- Não serão admitidas visitas ao grupo, salvo casos excepcionais e esporádicos a critério do dirigente e consentimento do grupo;
- A entrada de possíveis novos membros será analisada criteriosamente pelo grupo e a decisão de admissão será tomada em comum acordo.

---

* Nota dos autores: Consulte Parte I, cap. 2, it. "Iniciando o estudo" deste livro.

4. Bases de avaliação:

- Observância da disciplina, humildade, interesse fraterno e auxílio mútuo entre os membros do grupo em suas necessidades específicas e gerais de aperfeiçoamento intelecto-moral;
- Reuniões periódicas, uma a cada dois meses como mínimo, de avaliação dos procedimentos e resultados do trabalho e das condições de harmonização do grupo;
- Apresentação ou entrega dos resumos dos livros, conforme decisão do grupo;
- Acompanhamento do estudo de *O livro dos espíritos*, de *O livro dos médiuns* e de *O evangelho segundo o espiritismo*, da leitura dos livros indicados, da colaboração em outras atividades do Centro Espírita e da frequência às reuniões;
- No encerramento do programa, os participantes deverão ter estabelecido um grupo de intercâmbio mediúnico consciente, disciplinado, harmônico e espiritualmente produtivo;
- Os que não tiveram frequência assídua, não preencheram os requisitos para a participação, não atingiram os objetivos propostos ou não desejarem participar do grupo mediúnico poderão integrar outros grupos de estudo e trabalho do Centro.

Anexo 3 | Caso: Os primeiros passos de um grupo de estudo da mediunidade

Ao mudar de uma cidade para outra, percebemos, na nova localidade, carência na área da mediunidade. Conhecemos, logo nos primeiros dias, uma pessoa que já tinha sido convidada anteriormente a formar um grupo de estudo do Espiritismo. A amizade nasceu espontânea e imediata. Com o tempo, depois de muitas conversas em torno do Espiritismo e sua divulgação na região, decidimos iniciar um novo grupo espírita. Combinamos com ela que convidaríamos alguns amigos para participar de um estudo de *O evangelho segundo o espiritismo* para o quê ela ofereceu sua casa. Com isso, nos animamos a oferecer a sala de nossa casa para reunir interessados no estudo da mediunidade. Divulgamos, igualmente, as duas atividades. Para o estudo do Evangelho, compareciam cerca de seis a oito pessoas. Para o da mediunidade, o dobro, no início, e, depois, o triplo. Quando a sala da casa já não comportava o número de assistentes, foi proposto alugar um local. Depois de relutâncias e vencidas as inseguranças, o grupo decidiu-se pelo aluguel. O estudo do Evangelho foi transformado em palestra pública, e o estudo informal da mediunidade tornou-se o primeiro grupo de estudo do assunto no novo Centro.

Não havia como exigir conhecimento prévio do Espiritismo para que as pessoas participassem do estudo da mediunidade, pois eram raros os que haviam lido algum dos livros de Allan Kardec. Sentimos a inspiração de propor um acordo de grupo para que as pessoas, ao aderir ao estudo, se sentissem responsáveis pelos resultados obtidos individualmente, como fruto de seu esforço pessoal, e dos progressos do grupo, como coletividade, pela contribuição de cada um para a organização e o funcionamento de um possível futuro grupo mediúnico.

Essa atividade é sempre um grande desafio, mas, se o dirigente for disciplinado e fizer um bom planejamento de como orientar e dinamizar o processo de interação e aprendizado do grupo, as chances de obter bom resultado são grandes.

No primeiro dia do estudo da mediunidade, compareceram 24 pessoas. Pedimos que os participantes se apresentassem e respondessem a três perguntas, uma a uma, primeiro oralmente, tendo alguém do próprio grupo anotando as manifestações. As perguntas estavam relacionadas com os seguintes assuntos:

- O que o(a) trouxe a este grupo? ou Por que você veio para este grupo de estudo da mediunidade?
- O que você espera do grupo?
- O que você espera oferecer para o grupo?

Cumprida essa etapa, pedimos que as mesmas perguntas fossem respondidas por escrito, com o acréscimo de uma quarta proposição. As manifestações escritas foram colocadas em envelopes, identificados pelos próprios participantes, para serem devolvidos a eles dentro de um período aproximado de seis meses. A quarta proposição teve relação com o seguinte assunto:

- O que você gostaria de deixar registrado para você mesmo(a) sobre sua integração neste grupo de estudo da mediunidade para ser lido, passados seis meses?

Os envelopes foram guardados em segurança, sem possibilidade de acesso a ninguém além da diretoria do Centro, para serem entregues para os próprios interessados passados os seis meses. Ninguém leu as respostas a não ser o próprio interessado. Quando não foi possível entregar ao interessado, o envelope foi destruído com seu conteúdo, sem que tenha sido aberto.

Essa dinâmica contribuiu para uma atividade de autoavaliação, que foi realizada ao cabo dos seis meses, com o objetivo do aprofundamento do esforço de autoconhecimento e de integração do indivíduo com o grupo.

Ainda nesse primeiro dia de reunião, propusemos ao grupo o acordo, que teve, por ponto de partida, experiências realizadas em outros Centros e que seria adaptado à realidade do grupo conforme as manifestações anotadas pela pessoa encarregada.

Durante a semana, trabalhamos com pequena equipe, comparando o texto que tínhamos com as expectativas e necessidades identificadas nos apontamentos feitos, e promovemos alterações na proposta básica para submeter à apreciação do grupo na reunião seguinte.

No segundo encontro, compareceram 22 pessoas. Apresentamos a proposta de acordo, explicando item a item, atendendo às dúvidas, e colhemos observações e sugestões para promover alterações, se compatíveis com as diretrizes do Espiritismo. Explicamos ainda que a proposta somente seria aprovada pelo grupo na próxima reunião e que poderia ser examinada durante toda a semana para sugestões que deveriam ser encaminhadas para o dirigente até o dia combinado.

No terceiro encontro, compareceram 20 pessoas, com a desistência, agora, de quatro. Soubemos, posteriormente, que suas expectativas eram outras. Uns desejavam a mediunidade prática de imediato e não era o que estávamos oferecendo, pois propúnhamos o estudo prévio para um exercício seguro e produtivo. Outros acharam esse negócio de acordo fora de propósito.

Apresentamos a versão final do acordo, dando ainda oportunidade para exame das manifestações ao dirigente no decorrer daquela semana. Ainda nesse dia, apresentamos o material que seria utilizado para o estudo da mediunidade, explicando, com o máximo de detalhes, como ele deveria ser utilizado pelo participante durante a semana para que as reuniões tivessem o maior proveito possível. Entre as recomendações estavam a leitura individual do material, a pesquisa à bibliografia indicada, a realização de possíveis pesquisas indicadas ou sugeridas pelo dirigente.

No quarto encontro, o grupo aprovou o acordo e iniciamos a primeira reunião baseada no programa escolhido para nortear a etapa do *estudo-harmonização*. Informamos ao grupo que não admitiríamos mais participantes e que, a partir daquele momento, estava iniciado o grande desafio. Explicamos algumas das lutas que teriam que enfrentar, pois seriam convidados, de múltiplas formas, para abandonar o grupo. Falamos da possível ação de Espíritos inferiores que não desejam nossa iluminação. Recomendamos que cuidassem, inclusive, dos convites para ascensão profissional, que tivessem sempre em mente a necessidade do comparecimento no dia da reunião. Enfim, ficava sempre claro que somente os perseverantes, os que tivessem firmeza de propósitos conseguiriam chegar à etapa da prática mediúnica.

Muitas vezes fomos procurados por membros da equipe que vinham nos informar sobre os convites que recebiam de "amigos" claramente intuídos pelos Espíritos das trevas para afastá-los do compromisso. Um, inclusive, recusou um convite de ascensão profissional que o levaria a deixar o grupo, pois teria que trabalhar justamente no horário. Menos de um mês depois, o chefe cedeu e o colocou no cargo sem a necessidade de ele ir ao trabalho naquele dia e horário específicos.

Enfim, lutas acerbas foram enfrentadas no primeiro ano com o acompanhamento particular de cada situação e de cada problema, com o desenvolvimento de práticas de apoio mútuo para a superação dos obstáculos pessoais ou de relacionamento no grupo, identificados durante o estudo e a convivência. Atividades extras relacionadas com a reforma íntima e a integração do grupo foram desenvolvidas em diversas oportunidades. Os compromissos eram relembrados periodicamente, solicitando-se a sua observância com o esclarecimento de que somente poderia ir para a prática mediúnica quem os cumprisse.

Alguns não resistiram, apesar do apoio, inclusive por meio de visitas aos seus lares para deixar claro que eles estavam se afastando por vontade própria e não porque o grupo não quisesse sua participação. A partir do fechamento do grupo, ninguém saiu sem que o próprio grupo fosse convidado a envolver a pessoa no máximo de carinho, em orações e vibrações positivas, com o apoio das amizades cultivadas ao longo do tempo.

Depois de um ano de *estudo-harmonização*, já havendo chegado à prática da percepção mediúnica, o grupo contava com 16 participantes, nem todos aptos para a prática mediúnica. O que fazer em situação como essa? Para isso serve o acordo de grupo. Apesar das avaliações periódicas feitas ao longo do ano, era necessário, agora, fazer uma avaliação que pudesse indicar, de forma clara e objetiva para todos, os que haviam conseguido alcançar as condições propostas e os que ainda precisariam mais tempo para isso.

Pedimos que cada um fizesse sua autoavaliação e nos dissesse, na semana seguinte, se se considerava ou não apto para a prática mediúnica. Dos 16, metade disse que estava apta e metade que não estava. Entre os que disseram que não estavam, havia duas pessoas que, na avaliação dos dirigentes (o do *estudo-harmonização,* o do *estudo-prática* e a presidente do Centro), estavam preparadas. E entre as que disseram que estavam, havia duas que não tinham alcançado as condições propostas no acordo. Cada um foi chamado individualmente para conversar com dois dirigentes.

Os dois que disseram que não estavam preparados foram convidados a refletir sobre o assunto até a próxima semana. Se seguissem considerando que não estavam prontos, não passariam para a prática mediúnica. Os dirigentes poderiam afirmar que eles, apesar de não se considerarem preparados, seriam admitidos pela simples avaliação positiva dos dirigentes. No futuro, ante qualquer dificuldade, poderiam simplesmente afirmar que o problema era dos dirigentes, pois eles haviam dito que não estavam prontos. Quando perceberam a situação, mudaram de opinião e decidiram assumir a responsabilidade pela própria decisão.

Os dois que disseram que estavam, mas não foram considerados aptos por não cumprirem o acordo, se revoltaram e deram a prova de que realmente não estavam prontos, pois deixaram o Centro. Um deles levou consigo o cônjuge, que tinha melhores condições que ele para participar da atividade mediúnica.

Resultado: das 16, oito pessoas iniciaram a prática mediúnica, três saíram e os outros cinco, depois de mais quatro meses, ao entenderem que não haveria outra forma de integrar a atividade mediúnica a não ser pelo cumprimento do acordo, se habilitaram e acompanharam os demais. Com isso, foi possível ao grupo alcançar a segunda etapa do processo passando do *estudo-harmonização* para o *estudo-prática*.

O processo não é infalível, pois tivemos algumas situações difíceis dentro da equipe. Houve quem cumpriu todas as etapas e atendeu aos aspectos evidentes do acordo, no entanto, ao ser admitido para a prática mediúnica, relaxou o processo de reforma íntima, trazendo dificuldades para o grupo pelas companhias que atraía para dentro da atividade. Todos, como seres humanos que são, seguem suas lutas, com altos e baixos, mas não têm motivos para afirmar que não tiveram a oportunidade de compreender o que significa trabalhar com a mediunidade no Espiritismo.

* * *

Fazemos ainda alguns comentários com o objetivo de ajudar no entendimento dos processos que auxiliam para o êxito no esforço de formar um grupo mediúnico em uma Casa Espírita.

Durante o período inicial e no decorrer das primeiras reuniões de estudo, pode-se admitir novos participantes, desde que eles sejam atendidos individualmente pelo dirigente e entendam as etapas já superadas pelo grupo. Eles sempre devem escrever as respostas às proposições e preparar os seus envelopes para leitura no tempo previsto. Esses novos participantes devem conhecer e aceitar o acordo de grupo, pois já não é mais o caso de fazer mudanças. Caso não aceitem o acordo, não devem ser admitidos no grupo.

Nessa etapa inicial, durante os dois primeiros meses de existência do grupo, se ele não conta com o mínimo de 20 participantes, pode-se fazer a campanha "cada participante traz mais um", referida no texto deste livro, Parte I, capítulo 1, item "A quantidade de participantes". Ou seja, cada membro do grupo convida um amigo ou familiar ou pessoa de seu conhecimento que gostaria de estudar a mediunidade. Não importa que não conheça o Espiritismo, pois a pessoa, para manter-se e ser admitida na possível futura atividade mediúnica, terá que estudar e conhecer o Espiritismo e aspectos fundamentais do processo mediúnico. É uma oportunidade desafiadora, mas possível de ser realizada, de auxiliar a desenvolver o hábito salutar do estudo sério e continuado do Espiritismo.

Após a aprovação do acordo de grupo, há dirigentes que solicitam aos participantes que assinem um original que servirá de registro histórico da criação do grupo de estudo e também de formalização de um compromisso conjunto. Nesse caso, o documento é arquivado pela secretaria da Instituição.

Anexo 4 | Algumas sugestões para o acordo de grupo – estudo/prática

REUNIÃO MEDIÚNICA

Acordo de grupo

Requisitos para a participação:

1. Conduta espírita, ética e moral baseada no Evangelho de Jesus;

2. Disciplina, humildade, sincero interesse fraterno pelos membros do grupo e demais Espíritos encarnados e desencarnados;

3. Estudo das obras de Allan Kardec;

4. Busca constante de ampliação do conhecimento doutrinário, extraído das obras espíritas codificadas por Allan Kardec, e das complementares a estas, de autores fiéis às orientações da Doutrina Espírita;

5. Leitura dos livros selecionados pelo grupo;

6. Colaboração em outras atividades do (inserir o nome do centro), especialmente naquelas dedicadas à assistência e promoção social;

7. Frequência assídua às reuniões.

Objetivos:

1. Objetivos gerais:

    a. Manter um grupo dedicado:

    i. ao estudo da mediunidade – suas manifestações e mecanismos;

    ii. ao intercâmbio mediúnico equilibrado para orientação e assistência fraterna a encarnados e desencarnados.

    Obs.: O amadurecimento dos participantes e o encaminhamento dado pela equipe espiritual responsável definirá se e quando o grupo atuará no campo da desobsessão;

2. Objetivos para os membros do grupo:

    a. Assimilar e vivenciar os princípios educativos oferecidos pela Doutrina Espírita e o Evangelho de Jesus;

    b. Manter a harmonia entre todos e a homogeneidade do grupo;

    c. Buscar o aperfeiçoamento constante de suas capacidades para o melhor cumprimento de suas funções no grupo com vistas à atuação mediúnica equilibrada e produtiva.

Funcionamento:

1. A reunião ocorrerá nos (dia da semana), das xx:xx às xx:xx horas (tempo ideal de 2 horas) e terá por base as obras codificadas por Allan Kardec;

2. O dirigente identificará e, de comum acordo com o grupo, definirá as funções de cada membro para o melhor funcionamento da equipe, podendo indicar estudos e recomendar procedimentos baseados na Doutrina Espírita de acordo

com as necessidades particulares de aperfeiçoamento intelecto-moral identificadas;

3. A porta será fechada com chave e a reunião terá a seguinte sequência:

   a. leitura individual de páginas edificantes, oração e/ou meditação com o propósito de harmonização íntima e preparação do ambiente: 15 minutos;

   b. Oração inicial a ser feita por quem esteja responsável pelo estudo: 2 minutos;

   c. Estudo baseado no material selecionado (indicar o material): 30 minutos;

   d. Oração a ser feita pelo dirigente da atividade mediúnica: 2 minutos;

   e. Disponibilidade para eventual manifestação de um mentor amigo por algum dos médiuns: 5 minutos;

   f. Atendimento aos Espíritos necessitados, que serão encaminhados para a reunião pela equipe espiritual: 54 minutos;

   g. Avaliação: 10 minutos;

   h. Oração de encerramento a ser feita por um membro indicado pelo dirigente: 2 minutos;

   Obs.: Os médiuns psicofônicos poderão ou não, conforme decisão do grupo, exercer a atividade de psicografia. A psicografia poderá ser exercida durante o atendimento aos Espíritos necessitados. A leitura poderá ser feita antes da avaliação. Sendo necessário, 10 minutos do tempo de estudo serão destinados a essa finalidade. As mensagens serão avaliadas pelos critérios estabelecidos na Codificação e serão de propriedade do Centro, não podendo ser divulgados sem prévia aprovação de sua diretoria;

4. A orientação do mentor espiritual poderá ser gravada para uso exclusivo do grupo mediúnico e será também de

propriedade do Centro. Caso a diretoria decida por sua publicação, esta somente deverá ocorrer depois de avaliação feita com base nos critérios estabelecidos na Codificação;

5. A frequência será indispensável para a harmonização entre os participantes, ficando automaticamente desligado do grupo o membro que faltar a três reuniões consecutivas ou alternadas sem justificativa;

6. Ausências inevitáveis serão comunicadas ao dirigente com a antecipação possível;

7. O dirigente ou outro membro do grupo telefonará ao membro que faltar sem prévio aviso, o que não justificará sua ausência;

8. Ausências inevitáveis serão compensadas com o estudo individual dos temas, com assistência do coordenador ou outro membro do grupo capacitado para a tarefa;

9. A harmonização do grupo será de responsabilidade de cada membro de forma permanente;

10. Todas as atividades, análises e avaliações serão mantidas no âmbito do grupo, vedados comentários fora do horário e do ambiente da reunião;

11. As mensagens recebidas no grupo, via psicofonia ou psicografia, serão transcritas com a indicação do nome do Espírito comunicante e do médium e ordenadas por data. Essas mensagens serão analisadas por equipe indicada dentro do grupo para possíveis orientações aos médiuns, em sendo o caso, e para destaque dos aspectos que auxiliam no crescimento e desenvolvimento do grupo. Se houver possibilidade, as que tiverem condições serão selecionadas para publicação.

12. Não serão admitidas visitas ao grupo mediúnico, salvo casos excepcionais e esporádicos a critério do dirigente em comum acordo com a equipe;

13. A entrada de possíveis novos membros será analisada criteriosamente pelo grupo e a decisão de admissão será tomada em comum acordo;

14. Caso se observe que o grupo não está em condições ideais de harmonização para o exercício equilibrado da mediunidade, as atividades mediúnicas deverão ser interrompidas pelo tempo que for necessário ao restabelecimento da harmonia, sendo toda a reunião dedicada ao estudo e atividades de integração da equipe.

Bases de avaliação:

1. Observância da disciplina, humildade, interesse fraterno e auxílio mútuo entre os membros do grupo em suas necessidades específicas e gerais de aperfeiçoamento intelecto-moral;
2. Reuniões periódicas, uma a cada dois meses como mínimo, de avaliação dos procedimentos e resultados do trabalho e das condições de harmonização do grupo;
3. Apresentação ou entrega dos resumos ou estudos dos livros escolhidos pelo grupo dentro do tema da obsessão e desobsessão;
4. Acompanhamento do estudo da obra de Allan Kardec, da leitura dos livros indicados, da colaboração em outras atividades do Centro Espírita e da frequência às reuniões.

Manutenção da equipe:

1. Cada membro assume a responsabilidade de cumprir este acordo;
2. Cada membro cultivará a amizade pelos demais, tendo a fraternidade como base do relacionamento;
3. A observância do acordo será examinada a qualquer momento e em avaliações periódicas coletivas e individuais com o dirigente e um assistente;
4. Se estiver em desacordo, o próprio membro solicitará seu desligamento, temporário ou permanente, do grupo para

ligar-se ou não a outro grupo de estudo da mediunidade, ou poderá solicitar para permanecer no grupo sem função definida até o seu reajustamento aos objetivos e procedimentos do acordo de grupo;

5. A readmissão ou o reinício da colaboração interrompida será aceita com aprovação dos demais membros se e quando o participante desligado estiver em condições para respeitar o acordo de grupo;

6. Se o membro em desacordo não solicitar o desligamento e sua ação for prejudicial ao cumprimento dos objetivos do grupo, poderá ser convidado, pelo dirigente, em nome da equipe, a permanecer no grupo sem função definida até o seu reajustamento ao acordo feito;

7. Cada um concorda que a acomodação, a rotina e a inércia são fatores desagregadores da equipe e se comprometem a fazer todo esforço necessário para evitar que se instalem no grupo;

8. Todos os membros concordam em orar uns pelos outros todos os dias, se comprometem a não falar nem admitir que lhe falem mal do grupo, de seus membros, do Centro ou de quaisquer outras pessoas, instituições ou situações da vida;

9. Todos aceitam que, se o grupo não vai bem, a responsabilidade é de todos e cada um, não cabendo críticas fora do grupo ou que não sejam construtivas dentro do próprio grupo. Problemas e dificuldades que comprometam a segurança e continuidade do trabalho produtivo no grupo serão comunicadas ao dirigente. Se este não estiver em boas condições de equilíbrio, a comunicação será feita para todo o grupo, em reunião de avaliação, com vistas ao encaminhamos das soluções necessárias.

ÍNDICE GERAL

A

Acordo de grupo
    adaptação do – 112
    aprovação do – 92-93, 331
    avaliação e – 90-92, 106-111,
        132, 324, 329, 337
    compromisso e – 62
    conhecimento do Espiritismo e – 326
    consulta periódica ao – 91, 133, 230
    diretrizes e – 77-78, 90-93
    dirigente e – 77, 91, 93, 228, 327, 331
    Espíritos inferiores e – 230
    esquecimento do – 228, 230
    estudo-harmonização e – 90, 229, 321
    estudo-prática e – 333
    exceção ao – 229
    formalização do – 331
    manutenção da equipe e – 337-338
    não cumprimento do – 108, 109
    novos membros e – 232, 330
    prática mediúnica e – 94
    procedimentos e – 78-81
    responsabilidade e – 77
    sugestões de – 61, 76-81, 112,
        321-324, 333-338
    uso do – 228-230, 329

Amor
    a Deus – 293
    à família – 254
    ação do – 141-142, 303
    adversários e – 141-142
    ambiente mediúnico e – 71-72
    antídoto ao mal – 243
    atendimento espiritual e – 253
    de mãe – 296-297
    definição – 141-142
    desorientado – 242
    dialogador e – 137, 140, 143, 146-148,
        181,250, 260, 279, 301, 307, 312
    dirigente e – 133, 136, 181
    dívidas e – 304
    equilíbrio e – 242
    Espíritos sofredores e – 142,
        257-258, 266, 279
    Espíritos superiores e – 141-142, 196
    Evangelho e – 251
    flexibilidade do – 292
    gradações do – 257-258
    instrumento básico – 141
    Jesus e – 147-148
    linguagem universal – 297
    médium e – 143, 157, 168, 169
    membros do grupo e – 180-181
    mentor espiritual e – 187-188
    natureza do trabalho mediúnico e – 42-43
    oração e – 141
    poder transformador do – 16
    próprio – 263
    religiões e – 290, 297
    sabedoria e – 7
    sala mediúnica e – 176
    sentimento e – 141
    servir à causa do – 47
    sinônimo de trabalho mediúnico – 37
    trabalhadores espirituais e – 186
    vários por grupo – 132

Animismo
    diálogo e – 164-165

Apoio vibratório
    ao dialogador – 127
    atendimento e – 36
    atribuições do – 127, 175-176, 180-181
    avaliação e – 127
    cooperação mental e – 122
    desânimo e – 228
    dialogador e – 117
    doação fluídica e – 172
    meditação e – 176

médium e – 282-283
quantidade de – 131
função fundamental – 117
harmonia do ambiente e – 126, 169
organização do trabalho e – 120
passes e – 181

Avaliação(ões)
   acordo de grupo e – 132, 337
   adaptação e – 112
   auto- – 107-109, 327, 329
   bases de – 90-93, 324, 337
   compreensão e – 88
   dialogador e – 111
   dinâmica e – 80
   dirigente e – 80, 90, 91, 109-112, 121, 133, 165, 282, 329
   do grupo pelas trevas e – 302
   estudo-harmonização e – 68
   fatores de desequilíbrio e – 227
   grupo mediúnico e – 24, 338
   humildade e – 108
   individual – 111, 233
   início da prática e – 329
   manutenção da – 224
   médium e – 282
   mensagens e – 335-336
   periódicas – 56, 90, 109-110, 129, 132
   reunião e – 80, 121
   reuniões de – 132
   seleção de participantes e – 55, 106, 329-330
   sigilo das – 336
   tempo para a – 80, 323, 335

C

Congregações inferiores
   desmantelamento das – 305-306
   "enviados" das – 301-311
   organização das – 287-289

Consulta(s)
   médiuns que oferecem – 173-175
   periódica ao acordo de grupo – 91
   trabalhadores espirituais e – 211-212

D

Desencarnação
   apego à matéria e – 262, 268
   causas das dores após a – 266-269
   desconhecimento da – 29, 35-36, 196, 249, 262-265
   enfermidades e – 198-199, 268
   espíritos e – 265-274
   orgulhosos e – 279-280
   perispírito e – 266-268
   plano espiritual e – 251
   purgação e – 256
   suicídio e – 270-272

Desobsessão
   amadurecimento e – 105, 334
   casos mais complexos e – 43
   encarnados e – 26-27
   equipe de – 117
   equipe espiritual e – 116
   equipe experiente e – 43
   local e – 70
   oração e – 87
   regressão de memória e – 199
   sacerdotes (Espíritos) e – 291
   trabalho de – 116
   visitas e – 178

Diálogo
   adaptação do – 138
   animismo e – 164-165
   apoio espiritual ao – 147
   assistência superior ao – 147
   benefícios do __ a outros Espíritos – 196
   boa vontade e – 28
   cada __ é único – 312
   capacitação para o – 145
   como começar o – 243-246
   como continuar o – 247-249
   rotativo – 132
   congregações inferiores e – 301-311
   conscientização e – 196
   consolo e – 266
   criatividade e – 265
   dificuldades no – 247-249
   dirigente e – 131-132, 138-139
   empatia e – 246-247, 250, 253
   equipe e – 224-225
   Evangelho e – 284

exemplos de – 37-38, 196, 202, 245, 248-249, 250, 262-263, 265, 272, 280, 283, 286-287, 294-297, 304-305, 310
experiência no – 29
lógica e – 143
médium e – 136-137
mistificação e – 164-165
necessidade de mais de um – 287
necessidade do – 35
observação e – 243-246
o quê dizer no – 247-249
perguntas e – 252
privacidade e – 252
problemáticas dos Espíritos e – 261
psicofonia e – 171
recusa ao – 249
regiões inferiores e – 287-289
rotativo – 131-132
sentido do – 301
sentimento e – 292
tédio e – 279, 287
útil a diversos Espíritos – 196

Dialogador(es)
amor e – 137, 140, 143, 146-148, 181. 250, 260, 279, 301, 307, 312
apoio ao dirigente e – 117
apoio a outro – 127
apoio vibratório e – 117, 122, 127
atribuições do – 133-134, 180-181, 260
avaliação e – 111
bom senso e – 252
capacidade e – 144
concentração do grupo e – 127
condições necessárias – 139-142
conhecimento e – 28, 145-146, 251
definição – 137-138
desafio para o – 237
desencarnados e – 29
doutrinador e – 137-138
empatia e – 246-247
estudo e – 146
função do – 139
iniciante – 28, 244
inspiração e – 252
intuição e – 169-171, 252
livros e – 251
lógica e – 143-144
médium e – 249

mentor espiritual e – 188, 203
organização do trabalho e – 118-119
passes e – 118, 177
perguntas e – 252-253
predisposição do Espírito e – 194
psicofonia e – 136-137
quantidade de – 131
raciocínio e – 143-144
reuniões – 132

Dirigente(s)
acordo de grupo e – 77, 91, 93, 133, 136, 181, 228, 327, 331
atenção ao grupo e – 60, 227
atribuições do – 111, 117, 132-133, 150, 180-181, 187, 315
ausências no grupo e – 68, 80, 323, 336
autoridade moral e – 116, 204
autosseleção e – 91
avaliação e – 80, 90, 91, 109-112, 121, 133, 165, 282, 329
"cabeça" do grupo – 111, 315
características necessárias – 133-134
concentração do grupo e – 127
conflitos e – 134-136, 223-225
conhecimento do grupo e – 55
convivência e – 90
consultas e – 211
críticas ao - 227
diálogo e – 131- 132, 138-139, 245
diretrizes do grupo e – 77-78
disciplina e – 76
endeusamento do – 34
estudo-harmonização e – 45
estudo-prática e – 113-114, 220, 221
experiência e – 46-47
funcionamento do trabalho e – 120-121
funções no grupo e – 80, 131
harmonização da equipe e – 76
harmonização psíquica e – 103
incautos – 34
incentivos ao grupo e – 231
integração do – 45-46
liderança e – 46
magnetizadores e – 310
manutenção do grupo e – 219, 337, 338
material de estudo e – 94, 95, 102, 104
meditação e – 102
médium e – 136-137

médium iniciante e – 161
membros do grupo e – 108, 187
mentor espiritual e – 187, 203-204
mistificação e – 163, 174-175,
  216-217, 282-283
monotonia e desânimo e – 228
objetivos do grupo e – 48
oração e – 79, 80, 120, 128, 323, 335
organização do trabalho e – 115, 119
paciência e – 175
participantes (seleção de) e – 53, 56,
  57, 60, 61, 63, 106, 108, 150, 187,
  219, 223, 229-233, 329-330
passes e – 123, 177
pode ser médium? – 136-137
ponto de vista e – 93
programa de estudo e – 46
pseudossábios e – 284
raciocínio, lógica e conhecimento
  e – 143-146
responsabilidade compartilhada e – 77, 80,
  81, 90, 91, 93, 102, 111, 114, 138-139,
  177, 224, 228-230, 313, 323, 334
trevas (das) – 311
visitas ao grupo e – 81, 178, 323, 336

Doutrina Espírita (ver também
  Espiritismo)
  amor e – 42
  autores e – 321, 333
  compreensão e – 26
  conhecimentos e – 42, 145
  dialogador e – 28
  estudo e – 67, 80, 323, 334
  estudo sistematizado da – 55, 56
  livro (este) e – 17
  materiais de estudo e – 75
  prática mediúnica e – 33-34
  princípios educativos e – 51, 112, 322, 334
  sacerdotes (Espíritos) e – 291-292

Doutrinador (ver Dialogador)

E

Egoísmo
  altruísmo e – 254
  amor e – 242
  Evangelho e – 260
  oração e – 260

origem de todo o mal – 253
origem do – 254
planos inferiores e – 290
raiz do problema – 253-254

Empatia
  atendimento mediúnico e – 246, 250
  definição – 246
  inspiração e - 246-247

Espiritismo (ver também
  Doutrina Espírita)
  adeptos do – 292
  candidatos à mediunidade
    e – 52, 54, 58, 63
  conduta e – 62
  conhecimento do – 105, 114,
    145, 231, 326, 331
  consolação e – 42
  cursos e estudos do – 54-56
  dirigente e – 46
  doutrinador e – 137
  estudo do – 26, 66
  fenômeno e – 25
  grupo mediúnico e – 34
  grupos afro – 300
  humanidade e – 217
  inimigos do – 222
  magnetismo e – 202
  mediunidade e – 23, 25, 33-34, 330
  pontos de vista e – 93
  reforma íntima e – 83

Espírito(s)
  ambiente e – 71, 104, 189-190
  amor e – 141, 142, 146
  aparelhos e – 192-193
  apoio vibratório e – 175
  atividade mediúnica e – 69
  aulas e – 39
  autoridade e – 140, 204
  comunicações e – 129
  cocriação e – 238
  concentração e – 127
  consulta aos – 211-212
  convidados e – 177
  cura e – 198-199
  desintegração de objetos e – 201-203
  educação moral dos – 33
  empatia e – 246-247

espíritas – 16
evocação e – 120
formação do grupo e – 183
hipnotismo e – 200-201
humildade e – 83
grupo mediúnico e – 241
imperfeitos (somos *) – 134, 140-141
influência dos – 40-41, 64, 69, 128, 134, 135, 154, 171
interesse fraterno pelos – 65
lógica e – 143-145
magnetismo e – 200-203
manifestações e – 121-122
mediana evolução (de) – 37
meditação e – 102
médium e – 104, 124, 127, 148, 152-163, 172, 174, 180, 204, 206
missão e – 148
nomes e – 158
objetos e – 201-202
painéis fluídicos e – 199-200
passes e – 122, 124-126
perispírito e – 266-267
processo evolutivo e – 237
proteção e – 101
raciocínio e – 143-145
ser humano e – 244, 261
sintonia e – 87, 99, 120, 171
sono e – 208-210
trabalhadores – 36, 41, 184, 185, 191, 212-214, 265, 269
vigilância e – 83-84, 98-99, 101
visitas e – 51

Espíritos inferiores
ação dos – 26, 224, 230, 328
acidente e – 268
acompanhamento dos – 204-205
acordo de grupo e – 230
ambientes espirituais e – 238, 240-241, 251
arrependidos – 275
atendimento aos – 26-29, 35-38, 40-41, 51, 58, 98, 105, 116, 119, 121, 124, 139, 185, 191, 197-205, 241, 243-251, 257-260, 266-313, 335
ateus – 284-285
acompanhamento dos – 204-205
carnaval e – 195-196
choque mediúnico e – 195

coletores de informações – 308-309
congregações e – 287-312
contenção de – 204
culpados e arrependidos – 274-276
decomposição e – 263-264, 272
desencarnação e – 239, 265-274
desequilíbrio e – 241-243
diálogo com os – 136, 138-141, 144, 171, 237, 312
dificuldades de falar e – 247-248
dirigentes – 311
distraídos – 269-270
dominação de outros e – 256
dor e – 256, 258
egoísmo – 253-254
"enviados" – 301-311
escolhos da mediunidade e – 158-159
escravos (antigos) – 298-301
estudo dos – 276-312
familiares e – 264
"ficha" (dos trabalhadores) e – 207
fonte de enfermidades – 310-311
grupo e – 228, 230, 232
ignorância e – 43
imperfeições morais e – 82
índios – 299-300
inferioridade deliberada e – 276-312
influências dos – 95, 134
interferência dos – 64
judeus – 297-298
juristas – 307-308
livre-arbítrio e – 64
magnetizadores e – 127, 310
manipulação e – 174
materialistas – 263
mensagens e – 217
mistificação e – 163
mistificador(es) – 121, 127, 174, 213-214, 224, 245, 280-283
morte e – 265
mundo íntimo dos – 241-243
necessitados – 35
o que necessita – 254-256
o quê, quando e como dizer aos – 247-249
obsessores – 284-287
oração e – 86, 97, 128, 250, 260, 266
orgulhosos – 279-280
perguntas aos – 252-253
perispírito e – 267, 268

perseguição dos – 86
planejadores – 309
prece e – (ver oração)
presença de – 216
pseudossábios – 284
rabinos e judeus radicais – 297-298
raiz da problemática e – 253-254
rebeldes – 279-287
reencontro consigo mesmos e – 256
reequilíbrio e – 260, 278
regressão de memória e – 199-200
religiosos – 290-301
sacerdotes católicos – 291-297
seleção e preparação dos – 193-196
sensações e – 213
sintonia com – 87
sofredor(es) – 40, 58, 254-260
suicidas – 116, 265, 270-274
superiores e – 36
telas fluídicas e – 199-200
tipos de – 262-312
tratamento no plano espiritual e – 205
verdugos – 309-310
viciados – 276-279
vida física e – 262-265

Espíritos obsessores
abandono do grupo e – 225
ação dos – 225
auxílio aos – 98
desavenças e – 228-229
descrição dos – 285-287
Espíritos culpados e – 274-275
grupo e – 225
inferioridade deliberada e – 276
magnetismo e – 200
mediunidade especial e – 174
passes e – 40
presença de – 216
rebeldes – 279
sexo e – 278
vingança e – 285

Espíritos sofredores (ver
   Espíritos inferiores)

Espíritos superiores
ação dos – 206-207, 247
ação no Umbral e – 193, 194, 196
amizade com os – 41

amor e – 141-142, 196
apoio dos – 25
auxílio aos – 37
bem e – 64
bons – 33, 35
capacidade do grupo e – 179
características dos – 267
colônias e – 238-239
desencarnação e – 269
discrição dos – 191, 241
estudo e – 197
grupo mediúnico e – 179
influência dos – 212
inimigos e – 142
livre-arbítrio e – 64
mediunidade e – 156
mensagens dos – 214-215-217
mentores e – 183-184
percepção dos – 36
perispírito e – 267
sensação e – 213
sintonia e – 87, 156, 158

Espíritos trabalhadores
ação dos – 36, 175, 185-207, 224, 269
consulta aos – 211-212
cursos e aulas para – 39
equipamentos e – 191-193
equipe de – 183-186
especialização e – 184, 197
harmonização com os – 104, 178
reconhecimento dos – 212-214
simpatia e proteção dos – 41
sintonia com os – 120, 208

Estudo
acordo de grupo e – 77, 112, 228
atendimento e – 49
auxílio no – 65
avaliação e – 90-91, 324, 337
benfeitores e – 197
capacitação e – 52, 123
Codificação e – 58, 92
comunicações e – 216
conhecimento básico e – 48, 105
consciência espírita e – 57, 65
continuidade do – 66-67, 113-115,
   132, 146, 171, 220-221, 230, 232
democratização do – 57-58
desânimo e – 223-224, 228

desobsessão e – 43
despertar da mediunidade e – 152
dialogador e – 146
diálogo e – 28
diferenças e – 135
direção do – 45-46
dirigente e – 111, 323, 334
equipe espiritual e – 49
ESDE e – 55-56
espírita e – 23
Espiritismo e – 25-26, 42, 54
Espíritos (dos) – 276
Evangelho (do) – 70, 284, 325
experiência e – 46
frequência e – 68
grupo (mediúnico) e – 26,
   34, 39, 45, 49, 62
   113-115, 171, 220-221
harmonização e – 45-46, 47-52, 55,
   58, 60, 61, 62, 66, 68, 78, 79, 90,
   93-94, 111, 113, 132, 136, 165,
   219, 229, 321, 328, 329, 330
homogeneidade e – 48
gerais – 55
identificação das faculdades e – 149
individual – 66, 81, 227,
   284, 321, 323, 336
iniciando o – 93
Livro dos espíritos, O, e – 66, 90
Livro dos médiuns, O, e – 23, 66, 76, 90
livro (este) e – 18, 23, 29
livros e – 251, 317-319
local e – 69-70, 72, 190
manutenção do – 26
materiais de – 28, 42, 46, 54, 75-
   76, 96, 104, 145, 220
médium e – 49, 161, 169, 174, 212
mediunidade (da) – 39, 45,
   48, 54, 55-58, 77
metódico – 251
novo integrante e – 232-233
novos grupos de – 233-234
objetivo e – 48
obra básica e – 56, 67, 333
obras espíritas e – 157
oportunidade e – 108, 110-111, 150
oração e – 95, 98-101
outras obras e – 67
paralisação do – 224

passista e – 177
planejamento do – 39
prática – 45, 62, 106, 111, 329, 330
prática mediúnica e – 26, 40, 45, 55, 56-
   57, 62, 70, 92, 94, 112, 113-115, 179
preparação do – 133
procedimentos para o – 78-81
programas de – (ver materiais de)
reforma íntima e – 81, 84-86
responsabilidade individual e – 326
responsabilidade pelo grupo e – 326
resultados e – 49
resumo e – 81, 90, 229, 230, 324, 337
retomada do – 144, 230, 284, 337
rotina e – 221
sério e – 43-45, 47, 57, 66-67, 251, 331
sofrimento e – 152-153
sono e – 210
suporte espiritual e – 50
tempo e – 24, 56, 67, 105, 106, 112,
   114-115, 220, 232, 332, 335
visão do plano espiritual e – 251

Estudo-harmonização
   acordo de grupo e – 62, 321-324
   avaliação e – 111, 329
   novos grupos de – 61
   obstáculos pessoais ou no grupo e – 328
   quantidade de participantes e – 60

Estudo-prática
   acordo de grupo e – 62, 333-338
   avaliação e – 111, 329
   participantes e – 104, 330
   trabalho mediúnico e – 45

Evocação
   Espírito e – 120
   geral – 120

F

Frequência
   acordo de grupo e – 112, 321, 334
   avaliação e – 90-91, 324, 337
   conhecimento e – 68
   dirigente e – 68
   estudo e – 66
   harmonização do grupo e – 68, 336
   importância da – 68, 157

G

Grupo
- acordo de – 61-62, 76-93, 112, 228-230, 315, 321-324, 333-338
- ser coletivo – 126

Grupo mediúnico (ver tb Trabalho mediúnico)
- amor e – 42-43
- atendimento fraterno e – 43
- avaliação e – 24, 109-110
- características do – 30, 41-43
- características dos membros do – 179-181
- como formar – 43-73
- criação de – 27, 41
- desejo de abandonar o – 225
- desafios do – 223-226
- desânimo e – 223-224
- desentendimentos e – 34
- desequilíbrio e – 227
- diálogo e – 224-225
- direção do – 131-132
- dirigente do – 132
- diretrizes do – 77-78
- dirigente e – 45-47
- equilíbrio e – 227-228
- erros no – 225
- Espíritos inferiores e – 35-38, 228, 230, 232
- Espíritos superiores e – 179
- estudo e – 26, 34, 39, 45, 49, 62, 113-115, 171, 220-221
- experiência e – 29
- família e – 226
- formação do – 34-35, 43-73, 313, 325-331
- funções no – 117-118, 131
- homogeneidade e – 230-231
- incentivo ao – 230-231
- iniciantes – 28
- inimigos dos – 222, 223
- manutenção e – 24, 219-234
- materiais de estudo e – 28
- membros novos e – 231-233
- mentores e – 183-185
- natureza dos – 43
- novos – 24
- objetivos e – 47-48
- obsessão e – 222
- oportunidades e – 225-226
- outras funções no – 175-177
- papel do – 48
- procedimentos do – 78
- quantidade de participantes e – 60
- renovação de – 24
- rotina e – 26

Grupos afro
Evangelho segundo o Espiritismo, O, e – 300

H

Humildade
- acordo de grupo e – 321, 324, 333
- avaliação e – 90, 108, 324, 337
- benfeitores espirituais e – 206
- dirigente e – 133
- Espíritos inferiores e – 194-195
- exercício da – 93
- médium e – 168, 169
- mediunidade e – 34, 64
- orgulho e – 82-83, 108
- trabalhadores e – 181

I

Inspiração
- acordo de grupo e – 326
- definição – 170-171
- dialogador – 137, 245, 250, 252, 295
- dirigente e – 133, 136-137
- empatia e – 246-247
- Espíritos superiores e – 50, 212-213
- intuição e – 170-171
- médiuns e – 278
- mensageiros de Jesus e – 98
- mentor e – 188
- participantes e – 50
- passista e – 123-124

Intuição
- definição – 169-170
- dialogador e – 137, 250, 252
- dirigente e – 133, 137
- faculdade do futuro – 169
- inspiração e – 170-171
- mentores e – 170

K

Kardec (Allan)
  acordo de grupo e – 76-77
  amor aos inimigos e – 141
  animismo e – 160
  atividade mediúnica e – 40
  candidatos à mediunidade e – 52
  centros pequenos e – 234
  comunicações e – 129
  conhecimento e – 55
  conhecimento de si mesmo e – 84
  convidados e – 177
  escolhos de mediunidade e – 158-159
  Espírita sincero e – 62
  Espiritismo (fim do) e – 217
  Espíritos (influência dos) e – 171
  Espíritos (linguagem dos) e – 215
  Espíritos (sensação dos) e – 266, 269
  Espíritos (superioridade dos) e – 204
  estudo e – 25, 43, 48, 57, 66, 67, 221, 333
  feitiços e – 201
  grupo e – 126
  grupo familiar e – 89
  harmonização e – 85
  homogeneidade e – 47, 48, 55, 59
  intuição e – 169
  Livro dos médiuns, O, e – 23
  magnetismo e – 202
  médium e – 148, 155-156
  médium perfeito e – 180
  mediunidade e – 117, 136, 149-152
  mediunidade equilibrada e – 48
  mentores (características dos) e – 184
  mistificação e – 177
  moral e – 140
  número de participantes e – 59-60
  obra de – 21, 24, 67, 145, 317, 334, 337
  oração e – 96
  orgulho e – 82
  reencarnação compulsória e – 294
  regras e – 76-77

L

Livro(s)
  avaliação e – 337
  básicos – 251
  estudo de – 58, 65, 67, 146, 251
  fonte de informações – 145
  indicados – 317-319
  leitura de – 54, 66, 114, 321, 333
  lista de – 67, 90, 317, 324
  médium iniciante e – 155
  objetivo deste – 24, 27-30, 47, 262, 313
  organizações inferiores e – 240
  passistas e – 177
  peritos e estudiosos e – 27
  resumo de – 90, 324, 337
  trabalhador e – 145
  transporte e resgate de Espíritos e – 196
  Umbral e – 193

M

Manifestações
  sequenciais – 121-122, 196
  simultâneas – 121-122

Meditação
  apoio vibratório e – 176
  autoconhecimento e – 102
  definição – 102
  desânimo e – 223
  desde o começo – 157
  dirigente e – 102
  equilíbrio e – 94
  Espíritos inferiores e – 275
  fatores de equilíbrio e – 227
  hábito da – 102
  importância da – 102-103
  leitura e – 210
  médium e – 157, 169
  preparação e – 123, 322, 335

Médium(ns)
  amor e – 143, 157, 168, 169
  apoio vibratório e – 282-283
  atribuições dos – 181
  ausência de – 116
  avaliação e – 282
  características desejáveis – 166-169
  choque anímico e – 38
  compromisso e – 81
  consultas e – 172-175
  dialogadores e – 119
  disciplina e – 104
  especial – 34, 82
  estudo e – 49, 161, 169, 174, 212

funções e – 117, 249
manifestação (uma por vez) e – 122
manipulação dos – 34, 174
meditação e – 157, 169
mediunidades e – 148-149
mentor espiritual e – 187-188
missionário e – 82-83, 155
mistificação e – 281-283
organização do trabalho e – 119
preparação e – 86
psicofonia e – 116, 177
psicografia e – 119
responsabilidade dos – 172-173
sofrimento e – 15
todos somos – 117, 136
videntes – 121

Mediunidade(s)
ampla literatura sobre a – 27
amuletos e – 202-203
animismo e – 160-162
compreensão e – 50-51
controle da – 172-173
definição – 26
desenvolvimento e educação da – 149
equilibrada – 48
escolhos da – 158-166
espíritos superiores e – 156
estudo e – 24, 48-49
falar com simplicidade da – 17
feitiços e – 201-203
inspiração e – 170-171
labor transcendental e – 15
médiuns e – 148-149
mistificação e – 162-166
pontos essenciais da – 18
primeiras manifestações da – 149-158
psicometria e – 202
relação do Espiritismo com a – 25, 33
tipos de * mais úteis na
    reunião – 169-172
vidência e – 172

Mensagens
análise das – 128-129
Espíritos superiores e – 215-217

Mentor espiritual
interferência do – 203-204

Missionário
médium e – 82-83, 155
Francisco de Assis – 293-295

Mistificação
diálogo e – 164-165
dirigente e – 163, 174-175,
    216-217, 282-283
escolho da mediunidade e – 159, 162-166
Kardec e – 177
inconsciente – 119
médium e – 165, 281-283
Revista Espírita e - 177

O

Objetivos
grupo mediúnico e – 47-48
participantes e – 48-52
permanentes – 226-231

Evangelho segundo o Espiritismo, O
Grupos afro e – 300

Oração
amor e – 141
dirigente e – 79, 80, 120, 128, 323, 335
espíritos inferiores e – 86, 97,
    128, 250, 260, 266
material de estudo e – 96
pensamento e – 141
por todos – 86
sintonia superior e – 301
uso da - 128

P

Participantes
amizade e – 88-89
ausências e – 80-81
autoavaliação e – 107-109, 329
autosseleção e – 91-92, 329-330
auxílio mútuo e – 88
avaliações com o dirigente e – 110-112
colaboração e – 67-68
compromissos dos – 81-93
conduta e – 62-63
disciplina e – 64
estudo individual e – 66-67
falar mal e – 86-88

frequência e – 68
funções dos – 80
harmonização e – 85-86
humildade e – 64, 82-83
interesse fraterno e - 65
novos – 81
objetivos e – 48-52
oração e – 86
orgulho e – 82-83
quantidade de – 58-61
reforma íntima e – 83-84
seleção dos – 52-58, 60, 61, 63,106-112, 150, 187, 219, 223, 229-233, 329-330
vigilância e – 83-84

Passes
dialogador e – 118
médium iniciante e – 122-123
prática mediúnica e – 122-126, 250

Passistas
atribuições dos – 181
desânimo e – 228
preparação dos – 177

Pensamento
oração e – 141

Perispírito
dores e – 266-267
Espírito e – 266-267
órgãos e – 268
plasticidade do – 267
sofrimento e – 276-277

Plano espiritual
breve visão do – 238-241
regiões de sofrimento e – 240-241

Prática mediúnica (ver Trabalho mediúnico)

Prece (ver Oração)

Princípios espíritas
assimilação dos – 51-52
vivência dos – 51-52

Psicofonia
diálogo e – 171

Psicografia
momento para a – 121

R

Reencarnação
compulsória – 294, 296

Reunião mediúnica (ver também Trabalho mediúnico)
definição de – 77

S

Sala mediúnica
amor e – 176
preparação da – 69-73, 175-176

Suicídio
Espíritos e – 265, 270-274
inconsciente – 268, 270-271
oração e – 273
passes e – 273
vícios e – 277

T

Trabalhadores
consulta aos __ espirituais – 211-212
desencarnados – 183
encarnados – 131
espirituais – 185-186, 212-214
interação entre os __ encarnados e desencarnados – 205-207
preparação dos – 144, 207
seleção dos – 281
sono e – 208-211

Trabalhadores espirituais
amor e – 186
ação dos – 185-186, 212-214

Trabalho mediúnico (ver também Grupo mediúnico)
ação espiritual e – 186-189
ambiente e – 68-73, 189-193
assiduidade e – 178
avaliação e – 90-91
concentração e – 94-95, 126-128
casa espírita e – 40-41

convidados e – 177-179
desde o início – 93-104
desenvolvimento do – 79-80, 120-128
encarnados e – 38-40
equipamentos e – 191-193
ESDE e – 55-56
Espíritos e – 35-38, 241
estudo e – 113-115
harmonia e – 126-128
harmonização e 85-86
harmonização psíquica e – 103
horário e – 73, 78-79
irradiação mental e – 101-102
local e – 68-73
mentor espiritual e – 203-204
natureza dos – 43
novos membros e – 81
oração – 128
organização do – 105, 118-120
papel da – 33-34
passes e – 122-126
percepção psíquica e espiritual e – 103-104
por que formar um – 34-35
promoção e – 68
público e – 214
requisitos para participação – 61-68
sinônimo de amor – 37
tipos de – 115-117
vigiai e orai e – 95-101
visitas ao – 81, 178-179, 186, 323, 336

Referências

1. KARDEC, Allan. *Instruções de Allan Kardec ao Movimento Espírita*. Org. Por Evandro Noleto Bezerra. Rio de Janeiro: FEB, 2005. Cap. 3.
2. DENIS, Léon. Condições de experimentação. In: ____. *No invisível*. Trad. de Leopoldo Cirne. 26. ed. Brasília: FEB, 2014. Primeira parte, cap. IX, p. 85.
3. XAVIER, Francisco Cândido. Mediunidade. In: ____. *No mundo maior*. Pelo Espírito André Luiz. 1. ed. especial. Brasília: FEB, 2003. Cap. 9, p. 133.
4. XAVIER, Francisco Cândido. Mediunidade. Desenvolvimento. In: ____. *O consolador*. Pelo Espírito Emmanuel. 7. ed. Rio de Janeiro: FEB, 1977. Q. 385, p. 215.
5. KARDEC, Allan. Das reuniões em geral. In: ____. *O livro dos médiuns*. Trad. de Guillon Ribeiro. 58. ed. Rio de Janeiro: FEB, 1991. Cap. XXIX, it. 327, p. 415-416.
6. KARDEC, Allan. Os falsos profetas da erraticidade. In: ____. *O evangelho segundo o espiritismo*. Trad. de Guillon Ribeiro. 105. ed. Rio de Janeiro, FEB, 1991. Cap. XXI, it. 10, p. 339–341.
7. XAVIER, Francisco Cândido. Doutrinação. In: ____. *Missionários da luz*. Pelo Espírito André Luiz. 1. ed. especial. Rio de Janeiro, FEB, 2003. Cap. 17, p. 303.
8. XAVIER, Francisco Cândido. Nos serviços de doutrinação. In: ____. *Voltei*. Pelo Espírito Irmão Jacob. 10. ed. Rio de Janeiro: FEB, 1985. Cap. 13, p. 129-130.
9. XAVIER, Francisco Cândido. Doutrinação. In ____. *Missionários da luz*. Pelo Espírito André Luiz. 11. ed. Rio de Janeiro: FEB, 1978. Cap. 17, p. 278-296.
10. XAVIER, Francisco Cândido. Finalmente, o socorro. In: ____. *Libertação*. Pelo Espírito André Luiz. 15. ed. Rio de Janeiro: FEB, 1992, p. 200-201.
11. XAVIER, Francisco Cândido. Aula de preparação espiritual. In: ____. *Voltei*. Pelo Espírito Irmão Jacob. 10. ed. Rio de Janeiro: FEB, 1985. Cap. 13, p. 127-128.
12. XAVIER, Francisco Cândido. Doutrinação. In: ____. *Missionários da luz*. Pelo Espírito André Luiz. 1. ed. especial. Rio de Janeiro, FEB, 2003. Cap. 17, p. 303-304.
13. XAVIER, Francisco Cândido. Nos serviços de doutrinação. In: ____. *Voltei*. Pelo Espírito Irmão Jacob. 10. ed. Rio de Janeiro: FEB, 1985. Cap. 13, p. 129.
14. KARDEC, Allan. Introdução. In: ____. *O livro dos médiuns*. Trad. de Guillon Ribeiro. 58. ed. Rio de Janeiro: FEB, 1991, p. 13.
15. KARDEC, Allan. Organização do Espiritismo. In: ____. *Revista Espírita*. Trad. de Evandro Noleto. 1 ed. Brasília, FEB, 2004. Ano IV, 1861, p. 538.
16. KARDEC, Allan. Das reuniões em geral. In: ____. *O livro dos médiuns*. Trad. de Guillon Ribeiro. 58. ed. Rio de Janeiro: FEB, 1991. Cap. XXIX, it. 331, p. 419.

[17] DENIS, Léon. Primeiras experiências. In: ____. *No invisível*. Trad. de Leopoldo Cirne. 26. ed. Brasília: FEB, 2014. Primeira parte, cap. X, p. 103.
[18] KARDEC, Allan. Do método. In: ____. *O livro dos médiuns*. Trad. de Guillon Ribeiro. 58. ed. Rio de Janeiro: FEB, 1991. Cap. III, it. 34 e 35, p. 46-48.
[19] ____. O papel dos médiuns nas comunicações espíritas. In: ____. *O livro dos médiuns*. Cap. XIX, it. 225, p. 269.
[20] XAVIER, Francisco Cândido. Possessão. In: ____. *Nos domínios da mediunidade*. Pelo Espírito André Luiz. 8. ed. Rio de Janeiro: FEB, 1976. Cap. 9, p. 85.
[21] KARDEC, Allan. Organização do Espiritismo. In: ____. *Revista Espírita*. Trad. de Evandro Noleto. 1 ed. Brasília, FEB, 2004. Ano IV, 1861, p. 538.
[22] DENIS, Léon. Primeiras experiências. In: ____. *No invisível*. Trad. de Leopoldo Cirne. 26. ed. Brasília: FEB, 2014. Primeira parte, cap. X, p. 103.
[23] KARDEC, Allan. Do método. In: ____. *O livro dos médiuns*. Trad. de Guillon Ribeiro. 58. ed. Rio de Janeiro: FEB, 1991. Cap. III, it. 31 a 33, p. 43-46.
[24] KARDEC, Allan. Introdução. In: ____. *O livro dos espíritos*. Trad. de Guillon Ribeiro. 72. ed. Rio de Janeiro: FEB, 1992. It. VIII, p. 31.
[25] KARDEC, Allan. Das reuniões em geral. In: ____. *O livro dos médiuns*. Trad. de Guillon Ribeiro. 58. ed. Rio de Janeiro: FEB, 1991. Cap. XXIX, it. 332, p. 420.
[26] XAVIER, Francisco Cândido. O psicoscópio. In: ____. *Nos domínios da mediunidade*. Pelo Espírito André Luiz. 8. ed. Rio de Janeiro: FEB, 1976. Cap. 2, p. 21.
[27] DENIS, Léon. Condições de experimentação. In: ____. *No invisível*. Trad. de Leopoldo Cirne. 26. ed. Brasília: FEB, 2014. Primeira parte, cap. IX, p. 85.
[28] DENIS, Léon. Primeiras experiências. In: ____. *No invisível*. Trad. de Leopoldo Cirne. 26. ed. Brasília: FEB, 2014. Primeira parte, cap. X, p. 103.
[29] XAVIER, Francisco Cândido; VIEIRA, Waldo. Componentes da reunião. In: ____. *Desobsessão*. Pelo Espírito André Luiz. 19. ed. Rio de Janeiro: FEB, 1999. Cap. 20, p. 85.
[30] MIRANDA, Hermínio C. A instrumentação. O grupo. In: ____. *Diálogo com as sombras*. 7. ed. Rio de Janeiro: FEB, 1993. Cap. I, p. 30.
[31] KARDEC, Allan. Das sociedades propriamente ditas. In: ____. *O livro dos médiuns*. Trad. de Guillon Ribeiro. 58. ed. Rio de Janeiro: FEB, 1991. Cap. XXIX, it. 335, p. 423.
[32] KARDEC, Allan. Das sociedades propriamente ditas. In: ____. *O livro dos médiuns*. Trad. de Guillon Ribeiro. 58. ed. Rio de Janeiro: FEB, 1991. Cap. XXIX, it. 334 e 335, p. 421-423.
[33] DENIS, Léon. Formação e direção dos grupos – Primeiras experiências. In: ____. *No invisível*. Trad. de Leopoldo Cirne. 26. ed. Brasília: FEB, 2014. Primeira parte, cap. X, p. 103.
[34] KARDEC, Allan. Do método. In: ____. *O livro dos médiuns*. Trad. de Guillon Ribeiro. 58. ed. Rio de Janeiro: FEB, 1991. Cap. III, it. 28, p. 41-42.
[35] KARDEC, Allan. Os bons espíritas. In: ____. *O evangelho segundo o espiritismo*. Trad. de Guillon Ribeiro. 105. ed. Rio de Janeiro: FEB, 1991. Cap. XVII, it. 4, p. 287-288.
[36] KARDEC, Allan. Do método. In: ____. *O livro dos médiuns*. Trad. de Guillon Ribeiro. 58. ed. Rio de Janeiro: FEB, 1991. Cap. III, it. 27, p. 40.
[37] KARDEC, Allan. Do método. In: ____. *O livro dos médiuns*. Trad. de Guillon Ribeiro. 58. ed. Rio de Janeiro: FEB, 1991. Cap. III, it. 18, 19, 30 e 31, p. 35-37 e 42-45.
[38] MIRANDA, Hermínio C. A instrumentação. O grupo. In: ____. *Diálogo com as sombras*. 7. ed. Rio de Janeiro: FEB, 1993. Cap. I, p. 37-38.
[39] MIRANDA, Hermínio C. A instrumentação. O grupo. In: ____. *Diálogo com as sombras*. 7. ed. Rio de Janeiro: FEB, 1993. Cap. I, p. 39.
[40] PASTORINO, Carlos Torres. Linha de força. In: ____. *Técnica da mediunidade*. 3. ed. Rio de Janeiro: Sabedoria, 1975, p. 18.
[41] XAVIER, Francisco Cândido. O psicoscópio. In: ____. *Nos domínios da mediunidade*. Pelo Espírito André Luiz. 8. ed. Rio de Janeiro: FEB, 1976. Cap. 2, p. 25.
[42] KARDEC, Allan. Organização do Espiritismo. In: ____. *Revista Espírita*. Trad. de Evandro Noleto. Brasília: FEB, 2004. Ano IV, 1861, p. 538.
[43] KARDEC, Allan. Da influência moral do médium. In: ____. *O livro dos médiuns*. Trad. de Guillon Ribeiro. 58. ed. Rio de Janeiro: FEB, 1991. Cap. XX, it. 228, p. 279.

44 KARDEC, Allan. Um caso de possessão. In: ____. *Revista Espírita*. Trad. de Evandro Noleto Bezerra. Rio de Janeiro: FEB, 2004. Ano VII, 1864, p. 33.
45 KARDEC, Allan. É permitido repreender os outros, notar as imperfeições de outrem, divulgar o mal de outrem? In: ____. *O evangelho segundo o espiritismo*. Trad. de Guillon Ribeiro. 105. ed. Rio de Janeiro: FEB, 1991. Cap. X, it. 20 e 21, p. 187-188.
46 WOOD, Ernest. The practice of recall. In: ____. *Concentration*: an approach to meditation. 11. ed. Wheaton, Illinois: Quest Books, 1997, p. 20-22.
47 KARDEC, Allan. Ação da prece. Transmissão do pensamento. In: ____. *O evangelho segundo o espiritismo*. Trad. de Guillon Ribeiro. 105. ed. Rio de Janeiro: FEB, 1991. Cap. XXVII, it. 9, p. 389.
48 XAVIER, Francisco Cândido. Em torno da prece. In: ____. *Entre a Terra e o Céu*. Pelo Espírito André Luiz. 6. ed. Rio de Janeiro: FEB, 1978, p. 9-10.
49 PERALVA, Martins. Definindo a prece. In: ____. *Estudando a mediunidade*. 6. ed. Rio de Janeiro: FEB, 1975. Cap. 33, p. 174-175.
50 KARDEC, Allan. O espírito e o jurado. In: ____. *Revista Espírita*. Trad. de Evandro Noleto Bezerra. Rio de Janeiro: FEB, 2004. Ano II, 1859, p. 451.
51 PERALVA, Martins. Problemas mentais. In: ____. *Estudando a mediunidade*. 6. ed. Rio de Janeiro: FEB, 1975. Cap. 2, p. 21.
52 FIORE, Edith. Técnica da luz branca. In: ____. *Possessão espiritual*. Trad. de Octavio Mendes Cajado. São Paulo, Pensamento Ltda, 1990, p. 176-179.
53 PERALVA, Martins. Renovação. In: ____. *Estudando o evangelho*. 3. ed. Rio de Janeiro: FEB, 1975. Cap. 3, p. 32.
54 FRANCO, Divaldo Pereira. A mente alerta. In: ____. *Impermanência e imortalidade*. Pelo Espírito Carlos Torres Pastorino. 3. ed. Rio de Janeiro: FEB, 2004, p. 33.
55 XAVIER, Francisco Cândido. Nem todos. In: ____. *Caminho, verdade e vida*. Pelo Espírito Emmanuel. 1. ed. especial Rio de Janeiro: FEB, 2011. Cap. 105, p. 225-226.
56 XAVIER, Francisco Cândido. O psicoscópio. In: ____. *Nos domínios da mediunidade*. Pelo Espírito André Luiz. 8. ed. Rio de Janeiro: FEB, 1986. Cap. 2, p. 23-24.
57 KARDEC, Allan. Dos médiuns. In: ____. *O livro dos médiuns*. Trad. de Guillon Ribeiro. 58. ed. Rio de Janeiro: FEB, 1991. Cap. XIV, it. 159, p. 195.
58 PASTORINO, Carlos Torres. Corrente parasita. In: ____. *Técnica da mediunidade*. 3. ed. Rio de Janeiro. Sabedoria, 1975, p. 28-29.
59 PEREIRA, Yvonne do Amaral. A comunhão com o alto. In: ____. *Memórias de um suicida*. Pelo Espírito Camilo Cândido Botelho. 5. ed. Rio de Janeiro: FEB, 2006, p. 181-202.
60 VIEIRA, Waldo. Perante os espíritos sofredores. In: ____. *Conduta espírita*. Pelo Espírito André Luiz. 22 ed. Rio de Janeiro, FEB, 2000. Cap. 24, p. 91.
61 XAVIER, Francisco Cândico; VIEIRA, Waldo. Cooperação mental. In: ____. *Desobsessão*. Pelo Espírito André Luiz. 19 ed. Rio de Janeiro, FEB, 1999. Cap. 38, p. 147-148.
62 FRANCO, Divaldo Pereira. Alucinações espirituais. In: ____. *Tormentos da obsessão*. Pelo Espírito Manoel P. de Miranda. Salvador, Leal, 2001, p. 239.
63 FRANCO, Divaldo Pereira. A luta prossegue In: ____. *Trilhas da libertação*. Pelo Espírito Manoel P. de Miranda. 10. ed. Brasília: Feb, 2011, p. 254.
64 KARDEC, Allan. Organização do Espiritismo. In: ____. *Revista Espírita*. Trad. de Evandro Noleto. Dez. 1861. Brasília: FEB, 2004, p. 539.
65 KARDEC, Allan. É permitido repreender os outros, notar as imperfeições de outrem, divulgar o mal de outrem? In: ____. *O evangelho segundo o espiritismo*. Trad. de Guillon Ribeiro. 105. ed. Rio de Janeiro: FEB, 1991. Cap. X, it. 21, p. 188.
66 TEIXEIRA, J. Raul. Sobre as reuniões mediúnicas. In: ____. *Desafios da mediunidade*. Pelo Espírito Camilo. 2. ed. Niterói: Fráter, 2004. Pergunta 101, p. 118-119.
67 FERREIRA, Aurélio Buarque de Holanda. Verbetes dialogador e dialogar. In: ___. *Aurélio Século XXI: O dicionário da língua portuguesa*. 4. impressão. Rio de Janeiro: Nova Fronteira, 1999, p. 676.
68 FERREIRA, Aurélio Buarque de Holanda. Verbetes doutrinador, doutrinar e doutrina. In: ____. *Aurélio Século XXI: O dicionário da língua portuguesa*. 4. impressão. Rio de Janeiro: Nova Fronteira, 1999, p. 707.

⁶⁹ XAVIER, Francisco Cândido. Realização. In: ____. *O consolador*. Pelo Espírito André Luiz. 7. ed. Rio de Janeiro: FEB, 1977. Q. 237, p. 142-143.
⁷⁰ HOUAISS, Antônio. VILLAR, Mauro de Salles ; FRANCO, Francisco Manoel de Mello. Verbete evangelizar. In: ____. *Dicionário Houaiss da língua portuguesa*. Rio de Janeiro: Objetiva, 2011, p. 1277.
⁷¹ FERREIRA, Aurélio Buarque de Holanda. Verbete orientador. In: ___. *Aurélio Século XXI: O dicionário da língua portuguesa*. 4. imp. Rio de Janeiro: Nova Fronteira, 1999, p. 1456.
⁷² KARDEC, Allan. As relações no Além-túmulo. In: ____. *O livro dos espíritos*. Trad. de Guillon Ribeiro. 72. ed. Rio de Janeiro: FEB, 1992. Parte segunda, cap. VI, q. 274, p.179.
⁷³ KARDEC, Allan. Retribuir o mal com o bem. In: ____. *O evangelho segundo o espiritismo*. Trad. de Guillon Ribeiro. 2. ed. especial. Rio de Janeiro: FEB, 2004. Cap. XII, it. 3, p. 246-248.
⁷⁴ XAVIER, Francisco Cândido. Prática. In: ____. *O consolador*. Pelo Espírito André Luiz. 7. ed. Rio de Janeiro: FEB, 1977. Q. 374, p. 209.
⁷⁵ HOUAISS, Antônio; VILLAR, Mauro de Salles; FRANCO, Francisco Manoel de Mello. Verbete raciocínio. In: ____. *Dicionário Houaiss da língua portuguesa*. Rio de Janeiro: Objetiva, 2011, p. 2373.
⁷⁶ XAVIER, Francisco Cândido. Estudando o cérebro. In: ____. *No mundo maior*. Pelo Espírito André Luiz. 8. ed. Rio de Janeiro: FEB, 1979. Cap. 4, p. 65.
⁷⁷ XAVIER, Francisco Cândido. O poder do amor. In: ____. *No mundo maior*. Pelo Espírito André Luiz. 8. ed. Rio de Janeiro: FEB, 1979. Cap. 5, p. 79.
⁷⁸ KARDEC, Allan. Dos médiuns. In: ____. *O livro dos médiuns*. Trad. de Guillon Ribeiro. 58. ed. Rio de Janeiro: FEB, 1991. Parte segunda, cap. XIV, it. 159, p. 195.
⁷⁹ KARDEC, Allan. Bons médiuns. In: ____. *O livro dos médiuns*. Trad. de Guillon Ribeiro. 58. ed. Rio de Janeiro: FEB, 1991. Parte segunda, cap. XVI, it. 198, p. 235.
⁸⁰ KARDEC, Allan. Desenvolvimento da mediunidade. In: ____. *O livro dos médiuns*. Trad. de Guillon Ribeiro. 58. ed. Rio de Janeiro: FEB, 1991. Parte segunda, cap. XVII, 200, p. 237-238.
⁸¹ KARDEC, Allan. O sentido espiritual. In: ____. *Revista Espírita*. Ano X, jun. 1867. v. 6. Trad. de Evandro Noleto Bezerra. Rio de Janeiro: FEB, 2005, p. 244.
⁸² KARDEC, Allan. Influência dos Espíritos em nossos pensamentos e atos. In: ____. *O livro dos espíritos*. Trad. de Guillon Ribeiro. 1. ed. especial. Rio de Janeiro: FEB, 2005. Parte segunda, cap. IX, q. 471, p. 309.
⁸³ KARDEC, Allan. Não são os que gozam saúde que precisam de médico. In: ____. *O evangelho segundo o espiritismo*. Trad. de Guillon Ribeiro. 105. ed. Rio de Janeiro: FEB, 1991. Cap. XXIV, it. 1, p. 368.
⁸⁴ XAVIER, Francisco Cândido. Psicofonia sonambúlica. In: ____. *Nos domínios da mediunidade*. Pelo Espírito André Luiz. 1. ed. especial. Rio de Janeiro: FEB, 2003. Cap. 8, p. 67-74.
⁸⁵ KARDEC, Allan. A formação dos médiuns. In: ____. *O livro dos médiuns*. Trad. de Guillon Ribeiro. 58. ed. Rio de Janeiro: FEB, 1991. Parte segunda, cap. XVII, it. 211, p. 244-245.
⁸⁶ KARDEC, Allan. Sobre os médiuns. In: ____. *O livro dos médiuns*. Trad. de Guillon Ribeiro. 58. ed. Rio de Janeiro: FEB, 1991. Parte segunda, cap. XXXI, it. XII, p. 454.
⁸⁷ PERALVA, Martins. Escolhos da mediunidade. In: ____. *Mediunidade e evolução*. Rio de Janeiro: FEB, 1980. Cap. 13, p. 51-58.
⁸⁸ KARDEC, Allan. Do papel dos médiuns nas comunicações espíritas e Da influência moral do médium. In: ____. *O livro dos médiuns*. Trad. de Guillon Ribeiro. 58. ed. Rio de Janeiro: FEB, 1991. Parte segunda, cap. XIX e XX, p. 259-284.
⁸⁹ XAVIER, Francisco Cândido. Mediunidade. In: ____. *No mundo maior*. Pelo Espírito André Luiz. 1. ed. especial. Brasília: FEB, 2003. Cap. 9, p. 127-128.
⁹⁰ XAVIER, Francisco Cândido. Mediunidade. In: ____. *No mundo maior*. Pelo Espírito André Luiz. 1. ed. especial. Brasília: FEB, 2003. Cap. 9, p. 129-130.
⁹¹ FRANCO, Divaldo Pereira. Requisitos para o médium seguro. In: *Intercâmbio mediúnico*. Pelo Espírito João Cleofas. Salvador, LEAL, 1986. Cap. 12, p. 49-51.
⁹² KARDEC, Allan. Médiuns intuitivos e Médiuns inspirados. In: ____. *O livro dos médiuns*. Trad. de Guillon Ribeiro. 58. ed. Rio de Janeiro: FEB, 1991. Parte segunda, cap. XIV, it. 180 e 182, p. 213-214 e 215-217.
⁹³ HOUAISS, Antônio. VILLAR; Mauro de Salles; FRANCO, Francisco Manoel de Mello. Verbete intuição. In: ____. *Dicionário Houaiss da língua portuguesa*. Rio de Janeiro: Objetiva, 2011, p. 1640-1641.
⁹⁴ HOUAISS, Antônio. VILLAR; Mauro de Salles; FRANCO, Francisco Manoel de Mello. Verbete inspiração. In: ____. *Dicionário Houaiss da língua portuguesa*. Rio de Janeiro: Objetiva, 2011, p. 1626.

⁹⁵ KARDEC, Allan. Influência oculta dos Espíritos em nossos pensamentos e atos. In: ____. *O livro dos espíritos*. Trad. de Guillon Ribeiro. 72. ed. Rio de Janeiro: FEB, 1992. Parte Segunda, cap. IX, q. 459, p. 246.

⁹⁶ DENIS, Léon. Primeiras experiências. In: ____. *No invisível*. Trad. de Leopoldo Cirne. 26. ed. Brasília: 2014. Primeira parte, cap. X, p. 112.

⁹⁷ KARDEC, Allan. Médiuns videntes. In: ____. *O livro dos médiuns*. Trad. de Guillon Ribeiro. 58. ed. Rio de Janeiro: FEB, 1991. Parte segunda, cap. XIV, it. 167, p. 202-206.

⁹⁸ XAVIER, Francisco Cândido. Operemos em Cristo. In: ____. *Vinha de luz*. Pelo Espírito Emmanuel. 4. ed. Rio de Janeiro: FEB, 1977, p. 229-230.

⁹⁹ XAVIER, Francisco Cândido. Arquitetos espirituais. In: ____. *Instruções psicofônicas*. Por Espíritos diversos. Organizado por Arnaldo Rocha. 3. ed. Rio de Janeiro: FEB, 1974. Cap. 44, p. 204-205.

¹⁰⁰ KARDEC, Allan. Sexta-feira, 18 de maio de 1860 – sessão particular. In: ____. *Revista Espírita*. Ano III. Jun. 1860. Trad. de Evandro Noleto Bezerra. Rio de Janeiro: FEB, 2004, p. 247-251.

¹⁰¹ MIRANDA, Hermínio C. Os assistentes. In: ____. *Diálogo com as sombras*. 17. ed. Rio de Janeiro: FEB, 2003, p. 86-91.

¹⁰² XAVIER, Francisco Cândido. O psicoscópio. In: ____. *Nos domínios da mediunidade*. Pelo Espírito André Luiz. 8. ed. Rio de Janeiro: FEB, 1976. Cap, p. 23.

¹⁰³ KARDEC, Allan. Da influência moral do médium. In: ____. *O livro dos médiuns*. Trad. de Guillon Ribeiro. 58. ed. Rio de Janeiro: FEB, 1991. Parte segunda, cap. XX, it. 226 – 9ª. Pergunta, p. 259-284.

¹⁰⁴ KARDEC, Allan. O homem de bem. In: ____. *O evangelho segundo o espiritismo*. Trad. de Guillon Ribeiro. 105. ed. Rio de Janeiro: FEB, 1991. Cap. XVII, it. 3, p. 284-287.

¹⁰⁵ KARDEC, Allan. Diferentes ordens de Espíritos. In: ____. *O livro dos espíritos*. Trad. de Guillon Ribeiro. 43. ed. Rio de Janeiro: FEB, 1977. Q. 96 e seguintes, p. 86-95.

¹⁰⁶ XAVIER, Francisco Cândido. Prosélitos. In: ____. *O consolador*. Pelo Espírito Emmanuel. 29. ed. Brasília: FEB, 2013, p. 239-240.

¹⁰⁷ XAVIER, Francisco Cândido. Assimilação de correntes mentais. In: ____. *Nos domínios da mediunidade*. Pelo Espírito André Luiz. 1. ed. especial, Brasília: FEB, 2003. Cap. 5, p. 43.

¹⁰⁸ XAVIER, Francisco Cândido. O psicoscópio. In: ____. *Nos domínios da mediunidade*. Pelo Espírito André Luiz. 1. ed. especial, Brasília: FEB, 2003. Cap. 2, p. 21.

¹⁰⁹ XAVIER, Francisco Cândido. Assimilação de correntes mentais. In: ____. *Nos domínios da mediunidade*. Pelo Espírito André Luiz. 1. ed. especial, Brasília: FEB, 2003. Cap. 5, p. 44.

¹¹⁰ XAVIER, Francisco Cândido. Psicofonia consciente. In: ____. *Nos domínios da mediunidade*. Pelo Espírito André Luiz. 1. ed. especial, Brasília: FEB, 2003. Cap. 6, p. 52.

¹¹¹ XAVIER, Francisco Cândido. Materialização. In: ____. *Nos domínios da mediunidade*. Pelo Espírito André Luiz. 4. ed. Brasília: FEB, 2013. Cap. 10, p. 117.

¹¹² XAVIER, Francisco Cândido. Mandato mediúnico. In: ____. *Nos domínios da mediunidade*. Pelo Espírito André Luiz. 1. ed. especial, Brasília: FEB, 2003. Cap. 16, p. 145.

¹¹³ XAVIER, Francisco Cândido. Socorro espiritual. In: ____. *Nos domínios da mediunidade*. Pelo Espírito André Luiz. 1. ed. especial, Brasília: FEB, 2003. Cap. 7, p. 62, 63 e 65.

¹¹⁴ XAVIER, Francisco Cândido. Em serviço. In: ____. *Nosso lar*. Pelo Espírito André Luiz. 20. ed. Rio de Janeiro: FEB, 1978. Cap. 28, p. 152.

¹¹⁵ XAVIER, Francisco Cândido. Psicofonia sonambúlica. In: ____. *Nos domínios da mediunidade*. Pelo Espírito André Luiz. 1. ed. especial, Brasília: FEB, 2003. Cap. 8, p. 67.

¹¹⁶ XAVIER, Francisco Cândido. Psicofonia consciente. In: ____. *Nos domínios da mediunidade*. Pelo Espírito André Luiz. 1. ed. especial, Brasília: FEB, 2003. Cap. 6, p. 51.

¹¹⁷ XAVIER, Francisco Cândido. Psicofonia sonambúlica. In: ____. *Nos domínios da mediunidade*. Pelo Espírito André Luiz. 1. ed. especial, Brasília: FEB, 2003. Cap. 8, p. 74.

¹¹⁸ SCHUBERT, Suely Caldas. Equipe espiritual. In: ____. *Dimensões espirituais do centro espírita*. Brasília: FEB, 2007. Cap. 7, p. 81.

¹¹⁹ XAVIER, Francisco Cândido. O psicógrafo. In: ____. *Missionários da luz*. Pelo Espírito André Luiz. 1. ed. especial, Brasília: FEB, 2003. Cap. 1, p. 12.

¹²⁰ XAVIER, Francisco Cândido. Doutrinação. In: ____. *Missionários da luz*. Pelo Espírito André Luiz. 1. ed. especial, Brasília: FEB, 2003. Cap. 17, p. 315.

[121] FRANCO, Divaldo Pereira. O sanatório esperança. In: ____. *Tormentos da obsessão*. Pelo Espírito Manoel P. Miranda. Salvador: Leal, 2001, p. 40.
[122] KARDEC, Allan. Poder oculto. Talismãs. Feiticeiros. In: ____. *O livro dos espíritos*. Trad. de Guillon Ribeiro. 43. ed. Rio de Janeiro: FEB, 1977. Q. 552, p. 278.
[123] KARDEC, Allan. Poder oculto. Talismãs. Feiticeiros. In: ____. *O livro dos espíritos*. Trad. de Guillon Ribeiro. 43. ed. Rio de Janeiro: FEB, 1977. Q. 555, p. 279.
[124] XAVIER, Francisco Cândido. Interferência do benfeitor. In: ____. *Desobsessão*. Pelo Espírito André Luiz. 19. ed. Brasília: FEB, 1999. Cap.41, p. 155.
[125] KARDEC, Allan. As relações no Além-túmulo. In: ____. *O livro dos espíritos*. Trad. de Guillon Ribeiro. 43. ed. Rio de Janeiro: FEB, 1977. Q. 274, p. 179.
[126] XAVIER, Francisco Cândido. Evangelização dos desencarnados. In: ____. *Emmanuel*. Pelo Espírito Emmanuel. 8. ed. Rio de Janeiro: FEB, 1977. Cap. 30, p. 157-158.
[127] XAVIER, Francisco Cândido. Pavor da morte. In: ____. *Os mensageiros*. Pelo Espírito André Luiz. 15. ed. Rio de Janeiro: FEB, 1983. Cap. 48, p. 248.
[128] XAVIER, Francisco Cândido. O umbral. In: ____. *Nosso Lar*. Pelo Espírito André Luiz. 20. ed. Rio de Janeiro: FEB, 1978. Cap.12, p. 72.
[129] XAVIER, Francisco Cândido. Luta expiatória. In: ____. *Nos domínios da mediunidade*. Pelo Espírito André Luiz. 1. ed. especial, Brasília: FEB, 2003. Cap. 24, p. 231.
[130] PEREIRA, Yvonne do Amaral. Sutilezas da mediunidade. In: ____. *Devassando o invisível*. 3. ed. Rio de Janeiro: FEB, 1976. Cap. 8, p. 185.
[131] XAVIER, Francisco Cândido. No plano dos sonhos. In: ____. *Missionários da luz*. Pelo Espírito André Luiz. 1. ed. especial, Brasília: FEB, 2003. Cap. 8, p. 85-99.
[132] XAVIER, Francisco Cândido. Observações e novidades. In: ____. *Libertação*. Pelo Espírito André Luiz. 15. ed. Rio de Janeiro: FEB, 1992. Cap. VI, p. 82.
[133] KARDEC, Allan. Do papel dos médiuns nas comunicações espíritas. In: ____. *O livro dos médiuns*. Trad. de Guillon Ribeiro. 58. ed. Brasília: FEB, 1991. Cap. XIX, it. 223-15ª, p. 264.
[134] KARDEC, Allan. Processo para afastar os maus espíritos. *Revista Espírita*. Trad. de Evandro Noleto. Brasília: FEB, 2004. v. 2, set. 1859, p. 345-346.
[135] KARDEC, Allan. Autoridade da doutrina espírita. *Revista Espírita*. Trad. de Evandro Noleto. Brasília: FEB, 2004. v. 7, abr 1864, p. 141.
[136] KARDEC, Allan. Das mistificações. In: ____. *O livro dos médiuns*. Trad. de Guillon Ribeiro. 58. ed. Rio de Janeiro: FEB, 1991, p. 397.
[137] XAVIER, Francisco Cândido e VIEIRA, Waldo. Alma e fluidos. In: ____. *Evolução em dois mundos*. Pelo Espírito André Luiz. 1. ed. especial, Brasília: FEB, 2003. Cap. 13, p. 106.
[138] XAVIER, Francisco Cândido. A casa mental. In: ____. *No mundo maior*. Pelo Espírito André Luiz. 1. ed. especial, Brasília: FEB, 2003. Cap. 3, p. 38.
[139] XAVIER, Francisco Cândido. O umbral. In: ____. *Nosso lar*. Pelo Espírito André Luiz. 1. ed. especial, Brasília: FEB, 2003. Cap. 12, p. 72.
[140] XAVIER, Francisco Cândido. Atravessando sombria região. In: ____. *Voltei*. Pelo Espírito Irmão Jacob. 23. ed., Brasília: FEB, 2003. Cap. 7, p. 74.
[141] MIRANDA, Hermínio C. Campo de trabalho. In: ____. *Diálogo com as sombras*. Rio de Janeiro: FEB, 1979, p. 181-182.
[142] XAVIER, Francisco Cândido. Prática. In: ____. *O consolador*. Pelo Espírito Emmanuel. 7. ed., Rio de Janeiro: FEB, 1977. Q. 379, p. 212.
[143] HOUAISS, Antônio. Empatia. In: ____. *Dicionário Houaiss da língua portuguesa*. Rio de Janeiro: Objetiva, 2011, p. 1125.
[144] KARDEC, Allan. O egoísmo. In: ____. *O livro dos espíritos*. Trad. de Guillon Ribeiro. 43. ed. Rio de Janeiro: FEB, 1977. Q. 913, p. 418-419.
[145] XAVIER, Francisco Cândido. Realização. In: ____. *O consolador*. Pelo Espírito Emmanuel. 7. ed., Rio de Janeiro: FEB, 1977. Q. 232, p. 139.
[146] KARDEC, Allan. Conhecimento de si mesmo. In: ____. *O livro dos espíritos*. Trad. de Guillon Ribeiro. 43. ed. Rio de Janeiro: FEB, 1977. Q. 919, p. 423-426.
[147] XAVIER, Francisco Cândido. Amor. União. In: ____. *O consolador*. Pelo Espírito Emmanuel. 7. ed., Rio de Janeiro: FEB, 1977. Q. 322, p. 184-185.

[148] XAVIER, Francisco Cândido. Predisposições mórbidas. In: ____. *Evolução em dois mundos*. Pelo Espírito André Luiz. 1. ed. especial, Brasília: FEB, 2003. Pt. 2. Cap. 19, p. 244.

[149] XAVIER, Francisco Cândido. O trabalho, enfim. In: ____. *Nosso Lar*. Pelo Espírito André Luiz. 1. ed. especial, Brasília: FEB, 2003. Cap. 27, p. 165.

[150] SANT'ANNA, Hermani T. Fluido magnético. In: ____. *Universo e vida*. Pelo Espírito Áureo. Rio de Janeiro: FEB, 1980. Cap. V, it. 18, p. 98.

[151] XAVIER, Francisco Cândido. Irmão Gotuzo. In: ____. *Obreiros da vida eterna*. Pelo Espírito André Luiz. 2. ed. especial, Brasília: FEB, 2003. Cap. 5, p. 74.

[152] XAVIER, Francisco Cândido. Treva e sofrimento. In: ____. *Obreiros da vida eterna*. Pelo Espírito André Luiz. 2. ed. especial, Brasília: FEB, 2003. Cap. 8, p. 137.

[153] KARDEC, Allan. Ensaio teórico da sensação nos Espíritos. In: ____. *O livro dos espíritos*. Trad. de Guillon Ribeiro. 43. ed. Rio de Janeiro: FEB, 1977. Q. 257, p. 165-170.

[154] XAVIER, Francisco Cândido. O médico espiritual. In: ____. *Nosso lar*. Pelo Espírito André Luiz. 1. ed. especial, Brasília: FEB, 2003. Cap. 4, p. 30.

[155] XAVIER, Francisco Cândido. A serva fiel. In: ____. *Obreiros da vida eterna*. Pelo Espírito André Luiz. 2. ed. especial, Brasília: FEB, 2003. Cap. 19, p. 311-312.

[156] XAVIER, Francisco Cândido. Provação. In: ____. *O consolador*. Pelo Espírito Emmanuel. 7 ed. , Rio de Janeiro: FEB, 1977. Q. 251, p. 149.

[157] XAVIER, Francisco Cândido. Numa cidade estranha. In: ____. *Libertação*. Pelo Espírito André Luiz. 1. ed. especial. Brasília: FEB, 2003. Cap. 4, p. 59.

[158] FRANCO, Divaldo Pereira. *Sexo e obsessão*. Pelo Espírito Manoel P. de Miranda. Salvador: Leal, 202, p. 331.

[159] MIRANDA, Hermínio C. O poder. In: ____. *Diálogo com as sombras*. Rio de Janeiro: FEB, 1979, p. 191.

[160] KARDEC, Allan. Prelúdio da volta. In: ____. *O livro dos espíritos*. Trad. de Guillon Ribeiro. 43. ed. Rio de Janeiro: FEB, 1977. Q. 337, p. 197.

[161] SANT'ANNA, Hermani T. O poder das trevas. In: ____. *Universo e vida*. Pelo Espírito Áureo. Rio de Janeiro: FEB, 1980. Cap. V, it. 15, p. 93.

[162] SANT'ANNA, Hermani T. O poder das trevas. In: ____. *Universo e vida*. Pelo Espírito Áureo. Rio de Janeiro: FEB, 1980. Cap. V, it. 15, p. 93-94.

[163] MIRANDA, Hermínio C. Processos de fuga. In: ____. Diálogo com as sombras. Rio de Janeiro: FEB, 1979, p. 194

TRABALHO MEDIÚNICO - DESAFIOS E POSSIBILIDADES					
EDIÇÃO	IMPRESSÃO	ANO	TIRAGEM	FORMATO
1	1	2014	3.000	16x23
1	2	2015	2.000	16x23
1	3	2016	4.000	16x23
1	4	2019	500	16X23
1	IPT*	2023	150	15,5x23
1	IPT	2024	350	15,5x23
1	IPT	2024	410	15,5x23

*Impressão Pequenas Tiragens

O LIVRO ESPÍRITA

Cada livro edificante é porta libertadora.

O livro espírita, entretanto, emancipa a alma nos fundamentos da vida.

O livro científico livra da incultura; o livro espírita livra da crueldade, para que os louros intelectuais não se desregrem na delinquência.

O livro filosófico livra do preconceito; o livro espírita livra da divagação delirante, a fim de que a elucidação não se converta em palavras inúteis.

O livro piedoso livra do desespero; o livro espírita livra da superstição, para que a fé não se abastarde em fanatismo.

O livro jurídico livra da injustiça; o livro espírita livra da parcialidade, a fim de que o direito não se faça instrumento da opressão.

O livro técnico livra da insipiência; o livro espírita livra da vaidade, para que a especialização não seja manejada em prejuízo dos outros.

O livro de agricultura livra do primitivismo; o livro espírita livra da ambição desvairada, a fim de que o trabalho da gleba não se envileça.

O livro de regras sociais livra da rudeza de trato; o livro espírita livra da irresponsabilidade que, muitas vezes, transfigura o lar em atormentado reduto de sofrimento.

O livro de consolo livra da aflição; o livro espírita livra do êxtase inerte, para que o reconforto não se acomode em preguiça.

O livro de informações livra do atraso; o livro espírita livra do tempo perdido, a fim de que a hora vazia não nos arraste à queda em dívidas escabrosas.

Amparemos o livro respeitável, que é luz de hoje; no entanto, auxiliemos e divulguemos, quanto nos seja possível, o livro espírita, que é luz de hoje, amanhã e sempre.

O livro nobre livra da ignorância, mas o livro espírita livra da ignorância e livra do mal.

Emmanuel[*]

---

[*] Página recebida pelo médium Francisco Cândido Xavier, em reunião pública da Comunhão Espírita Cristã, na noite de 25 de fevereiro de 1963, em Uberaba (MG), e transcrita em *Reformador*, abr. 1963, p. 9.

www.febeditora.com.br
@febeditoraoficial
@febeditora

Conselho Editorial:
Carlos Roberto Campetti
Cirne Ferreira de Araújo
Evandro Noleto Bezerra
Geraldo Campetti Sobrinho – Coord. Editorial
Jorge Godinho Barreto Nery – Presidente
Maria de Lourdes Pereira de Oliveira
Miriam Lúcia Herrera Masotti Dusi

Produção Editorial:
Elizabete de Jesus Moreira

Revisão:
Anna Cristina de Araújo Rodrigues

Capa:
Thiago Pereira Campos

Foto de Capa:
istockphoto.com | luminis

Projeto Gráfico e Diagramação:
Rones José Silvano de Lima – instagram.com/bookebooks_designer

Normalização Técnica:
Biblioteca de Obras Raras e Documentos Patrimoniais do Livro

Esta edição foi impressa no sistema de Impressão pequenas tiragens, em formato fechado de 155 x 230 mm e com mancha de 120 x 190 mm. Os papéis utilizados foram Off white 80 g/m² para o miolo e o Cartão 250 g/m² para a capa. O texto principal foi composto em fonte Minion Pro 12/15 e os títulos em Myriad Pro 20/24. Impresso no Brasil. *Presita en Brazilo.*